가톨릭대학교 글로컬문화스토리텔링 연구총서 1

인문 콘텐츠와 대중매체

글로컬문화스토리텔링 연구총서 1
인문 콘텐츠와 대중매체

초판인쇄 2016년 12월 20일 **초판발행** 2016년 12월 30일
엮은이 가톨릭대학교 글로컬문화스토리텔링연구소 **펴낸이** 박성모 **펴낸곳** 소명출판 **출판등록** 제13-522호
주소 서울시 서초구 서초중앙로6길 15, 1층
전화 02-585-7840 **팩스** 02-585-7848 **전자우편** somyungbooks@daum.net **홈페이지** www.somyong.co.kr

값 20,000원   ⓒ 가톨릭대학교 글로컬문화스토리텔링연구소, 2016
ISBN 979-11-5905-131-9 94680

이 저서는 2016년 정부(교육부)의 재원으로 '대학인문역량강화사업(CORE)'의 지원을 받아 제작되었음.

인문 콘텐츠와 대중매체

HUMANITIES CONTENT AND MASSMEDIA

가톨릭대학교 글로컬문화스토리텔링연구소 엮음

가톨릭대학교 글로컬문화스토리텔링 연구총서 1

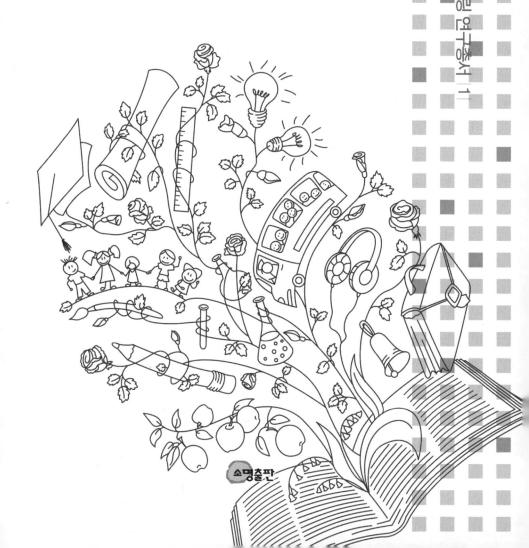

소명출판

인문학의 본질은 인간의 삶과 지적 활동에 대한 총체적 이해라고 할 수 있습니다.

인문학은 현대 사회의 다양한 매체 발달과 사회 변화의 기저에 분명히 자리하고 있습니다. 하지만 사회의 빠른 변화에 발맞춰 가는 명확한 모습이 눈에 띄지 않아 항상 인문학의 존재 및 고유한 의미는 의심받고 있습니다. 이러한 인문 생태계 변화에 따라 인문학의 사회적 적합도를 제고(提高)하는 요구가 점점 늘어가고 인문학과 여타 실용 학문과의 조화·발전을 추구하는 노력들도 활발하게 이루어지고 있습니다.

가톨릭대학교 글로컬문화스토리텔링연구소는 인간 존중의 이념 아래 확고한 인문학 전통을 유지하며 동시에 사회적 수요와 교육적 요구의 변화에 부응한 인문학 변화 발전을 추구하기 위한 연구를 수행하기 위하여 설립되었습니다. 인문학을 기반으로 하여 문화 콘텐츠·미디어·스토리텔링 분야에 적합한 인문 인재를 육성하기 위한 제반 연구를 수행하는 것을 목표로 합니다.

가톨릭대학교 글로컬문화스토리텔링 연구총서가 인문학 내부의 소통과 인문학 외연의 확장·발전에 도움이 되기를 기대합니다.

가톨릭대학교 글로컬문화스토리텔링연구소장 이 지 양

인류는 구술문화 시대를 거쳐 문자문화 시대에 도달하였으며, 현재 이르러서는 새로운 단계의 문화 시대로 진입하고 있다. 시·공간적 제약의 극복이라는 문자문화의 특징을 그대로 유지하면서도 구술문화의 미덕인 시각적·청각적인 직접 대면을 가능케 함으로써 보편과 개별, 이성과 감정이 어울려 발산될 수 있는 여건이 마련된 것이다. 변화를 이끌어낸 가장 중요한 요인은 과학기술의 발달이며, 이는 새롭게 출현한 매체를 통하여 우리 삶의 곳곳에서 막강한 영향력을 행사하고 있다. 자아 정체성의 구성 방식이라든가 의사소통의 방식 변화, 상상력의 확장, 경제·정치·사회 영역에서 분출하는 다양하고 진보적인 요구 등은 이를 증명하는 사례들이다.

그동안 인문학은 문자문화의 울타리 안에서 웅숭깊은 세계를 일구는 데 몰두해 왔다. 이는 그 자체로 충분히 의미 있는 작업이므로 폄하하여야 할 까닭이 없다. 하지만 시대가 변화하고, 이에 따라 인간과 사회 또한 질적으로 변화하고 있다면, 지금-여기의 인문학은 이러한 양상까지 끌어안아 범주를 넓혀 나가고자 시도해 나아가야만 할 것이다. 경박한 이들은 일도양단하듯 성급한 단절을 통하여 새로움을 강조할 터이나, 문화의 변화는 본디 습합(褶合)의 경로를 따라 흘러가는 법. 그러한 까닭에 가톨릭대학교 글로컬문화스토리텔링연구소에서는 기왕의 인문학적 전통이 날로 위세를 더해가는 대중매체와 마주치는 접점 지점에 관심을 두고 연구를 진행해 왔다. 이 책에 실린 논문들은 그러한 노력의 성과이다.

축적된 성과 가운데 텍스트를 구체적으로 설정하여 분석해 나간 논문을 뽑아 가톨릭대학교 글로컬문화스토리텔링 연구총서 첫 번째 『인문 콘텐츠와 대중매체』 기획을 묶어낸다. 영상자막, 광고, 그림책, 만화, 웹툰, 게임 분석에서부터 고전소설의 TV 드라마 및 콘텐츠 활용 방안, 문자매체에서 다른 매체로의 텍스트 변환 등 다양한 주제가 실려 있다. 옥고를 보내주신 선생님들께 고마운 마음을 전하며, 이러한 연구소의 시도가 인문학의 새로운 영역을 계발하는 데 기여할 수 있기를 바란다.

가톨릭대학교 글로컬문화스토리텔링연구소 편집부장 홍 기 돈

차례

Ⅰ. 언어와 대중매체

프로그램의 성격에 따른 TV 영상 자막의 분석

이지양

1. 서론

최근 TV 프로그램에서의 영상 자막 사용 빈도는 폭발적으로 증가하고 있다. 1999년 평균 70분 방송에서 191개의 영상 자막이 사용된 것에 비해 2001년에는 평균 80분 방송에서 무려 1,020개의 영상 자막이 사용되었다는 조사 결과가 보고된 바 있다.[1] 분당 자막수로 환산하면 1999년에는 평균 2.7개이던 것이 2001년에는 13.2개로 거의 다섯 배에 달하는 증가세를 보여주고 있다. 다시 3년이 지났으니 그 숫자는 더욱 늘어났을 것으로 추측된다. 이제는 자막이 주먹구구식으로 만들어져 제작자의 직관에 의해 감각적으로 사용되는 것이 아니라 체계적으로 필요한 곳에 적절하게 사용되어야 할 때가 되었다고 생각된다.

TV 영상 자막은 프로그램에 따라서는 필수적인 요소로 자리잡아 가

---

[1] 박은희 · 이수영, 「영상자막의 표현양식과 수용자 시청행위」, 『TV 프로그램 / 텍스트』 제5호, 2001.

고 있다. 또한 필수적이지는 않더라도 분위기를 살려 주거나 내용을 보충해 주는 등 보조적인 역할을 수행해 낼 때가 많다. 그러나 TV 영상 자막은 때때로 너무 지나치게 남발되는 경향을 보이고 있어서 시청자들을 위해 오히려 부정적으로 작용하는 경우가 많아지고 있다. 그러나 현재까지 자막에 대한 연구는 TV 방송에서 자막이 일정한 역할을 하고 있다는 정도의 결과만 보고되고 있을 뿐,[2] 프로그램의 종류나 성격에 따라서 얼마나 사용되고 있고 얼마나 체계적으로 사용되고 있는지에 대한 연구는 찾아보기 어렵다.

　프로그램의 성격에 따라 자막의 어떤 기능이 자주 사용되고 있는가를 검토해서 프로그램과 자막 사이의 일반적인 연관성을 도출해 내는 데에 이 논문의 일차적인 목적이 있다. 이러한 연구 결과가 더욱 발전되면 특정한 프로그램의 자막이 적절한 역할을 하면서 사용되고 있는지를 검토하는 도구적인 성격을 가질 수도 있게 된다. 또한 방송 자막에 대한 체계적인 분석과 검토를 통하여 실제적인 방송 자막의 올바른 사용을 위한 학문적 근거를 제공하는 것도 본고의 또 다른 목적이다.

　이 글은 우리나라에서 방송되는 공중파 방송 3사의 프로그램들을 대상으로 한다. kbs, mbc, sbs TV방송 프로그램들 가운데 보도, 교양, 시사, 오락 등 그 종류 별로 자막의 쓰임을 조사 분석하게 된다. 이미 이지양(2004)에서 논의된 바 있는 자막의 기능을 실제적인 프로그램 자막의 성격을 규명하는 데에 적절하도록 정보적 측면에서 수정 보완한 다음(2장), 각각의 프로그램들이 어떤 기능을 중점적으로 사용하고 있는가를

2　　이지양, 「TV 방송 자막의 기능과 우리말」, 『성심어문논집』 26, 성심어문학회, 2004.

조사하여 분석하고, 그것이 각각의 프로그램 성격에서 적절하게 제약되어 사용되고 있는가를 검증해 보는 과정(3장)을 거칠 것이다.

이런 과정을 거친 결과는 우리에게 자막을 체계적으로 살펴볼 수 있는 준거를 제시할 수 있을 것이다. 프로그램의 종류에 따라 자막이 가지는 정보의 확인 기능, 프로그램 진행 수단으로서의 기능, 흥미 유발 및 관심 유지 등 자막의 어떤 기능이 주로 활용되고 있는지 검토해 봄으로써 프로그램이 성격과 격조를 판단하는 기준으로 삼을 수 있다. 이러한 접근은 방송 자막의 효율성을 검증하는 도구를 만들 수 있는 기초가 되며 궁극적으로는 한국 방송의 질을 한 단계 향상시키는 일에 기여할 수 있을 것이다.

이 글에서는 편의상 기능에 따른 사용 빈도를 보여주는 통계적 결과를 도출할 것이다. 그러나 통계적 수치는 우리가 논의를 통해서 알게 된 사실을 뒷받침해주는 보조적인 자료로만 이용할 것이고 그 수치 자체에 적극적인 의미를 부여하지는 않는다. 왜냐하면 이 논문에서의 분류 기준이 아직도 소략한 수준이기도 하고, 또한 분석한 자료 자체가 전체 TV 프로그램을 망라한 것이 아니라 표본조사 정도에 해당되는 대표적인 자료들에 한정되어 있기 때문이다. 또한 한정된 프로그램을 대상으로 했기 때문에 경우에 따라서는 프로그램 종류 전체의 특성을 보여주기보다는 해당 프로그램에서 두드러지게 나타나는 특성이나 특정 방송분에서 우연히 나타나게 된 특성도 있을 수 있다. 그러나 이런 문제점들의 가능성에 대해 면밀하게 주의를 기울이면 프로그램의 종류에 따른 자막의 특성이 잘 반영된 결론에 도달할 수 있으리라고 믿는다.

이 글에서 조사된 프로그램과 약호는 다음과 같다.

① 교양 프로그램(205 항목)

    SBS, TV 동물농장 11월 28일 …………………………………… S동

    KBS, 도전 골든벨 11월 28일 ……………………………………… K벨

② 보도 프로그램(185 항목)

    KBS2 추적60분 11월10일 ……………………………………… K추

    SBS 그것이 알고싶다 11월 13일 ……………………………… S알

③ 시사 프로그램(196 항목)

    MBC 신강균의 뉴스 서비스 사실은... 11월 12일,18일,27일 ····· M사

    MBC 시사매거진 2580, 11월 19일 ………………………………… M시

    MBC 아주 특별한 아침, 11월 23일 …………………………… M아

    MBC 생방송 화제집중, 11월 25일 …………………………… M화

    KBS 생방송 시사 투나잇, 11월 26일 ……………………… K투

    SBS 임성훈의 세븐데이즈 11월 19일 …………………………… S세

④ 다큐 프로그램(212 항목)

    KBS 인간극장

    공명규의 탱고 아리랑 4부 11월 18일 ……………………… K탱4

    공명규의 탱고 아리랑 5부 11월 19일 ……………………… K탱5

    새아기는 열아홉 1부 11월 22일 …………………………… K새1

    새아기는 열아홉 2부 11월 23일 …………………………… K새2

    새아기는 열아홉 3부 11월 24일 …………………………… K새3

    새아기는 열아홉 4부 11월 25일 …………………………… K새4

    새아기는 열아홉 5부 11월 26일 …………………………… K새5

⑤ 오락 프로그램(총 314 항목)

프로그램 종류별로 대략 200개 안팎의 항목들을 조사했다. 다만 오락 프로그램들은 예상과 마찬가지로 다수의 자막이 쏟아져 나오는 현상이 드러나고 있어서 이를 반영하여 항목 수가 늘어나게 되었다. 또한 다큐, 시사 프로그램에서는 자막이 나타나는 빈도가 적으므로 여러 프로그램 혹은 여러 차례의 방송분을 모아야만 했다. 보도, 교양 프로그램에서도 유사한 현상이 나타날 것으로 예상되지만 개별 프로그램에 따라서는 비교적 잦은 자막 출현 빈도를 보이는 프로그램이 있으므로 위에 제시한 프로그램을 선택하여 조사를 수월하게 할 수 있었다.

2. 자막의 기능과 정보

1) 기존의 기능 분류

프로그램의 성격에 따른 자막의 기능을 체계적으로 살펴보기 위해서는 우선 프로그램의 성격을 잘 포착할 수 있는 기능들을 설정해야 할 것이다. 그러나 지금까지 자막에 대한 연구들에서 이러한 역할을 할 수 있는 예는 발견하기 어렵다. 고작해야 자막의 기능 전체를 포괄적으로 고려하고 있는 논문[3]이 거의 전부라고 할 수 있다. 이 논문에서는 우선 위 논문에서 제시된 자막의 기능들을 검토하여 그 각각의 기능들 가운

[3]   위의 글, 2004.

데에 프로그램의 종류나 성격과 밀접한 연관을 맺고 있는 것들을 찾고, 이들을 적절히 수정, 보완하여 본격적인 프로그램 자막 분석의 준거를 만들 필요가 있다.

우선 위 논문에서 제시된 자막의 기능을 다시 가져와 보자.

① 자막의 기능[4]

    A. 말소리의 재확인 기능

        ㉠ 음성 변조

        ㉡ 외국어

        ㉢ 부정확한 발음

        ㉣ 환경적 요인

        ㉤ 요약정리 기능

    B. 프로그램 진행 수단으로서의 기능

        ㉠ 장면전환

        ㉡ 상황, 화면의 내용 설명

        ㉢ 인물, 장치, 프로그램 내용 소개

    C. 추가 정보 제공 수단으로서의 기능

        ㉠ 흥미, 관심의 유지 증폭 기능

        ㉡ 말소리의 시각적 반복

        ㉢ 잘 안 보이는 부분의 시각화

        ㉣ 제작자의 의견 표출

---

4   위의 글, 2004.

ⓜ 오류 수정 효과

　이 분류는 나름대로 각각의 자막이 가지는 기능을 항목화하는 데에
서는 의의가 있었다고 할 수 있지만 실제로 프로그램의 성격에 따라 자
막이 얼마나 효율적으로 사용되고 있는지를 판단하기 위해서는 만족
할 만한 것이라고 할 수 없다.

　또 다른 해결해야 될 문제는 각각의 기능들이 사용되는 구체적인 상
황들에 대한 검토를 통해 그들이 사용될 타당성을 확인할 수 있는 기준
을 설정해야 한다는 점이다. 각각의 기능들이 적절히 사용되는 기준을
정하면 여기에서 일탈되어 과도하게 남발되거나, 부적절하게 사용되
는 자막을 가려낼 수 있게 될 것이기 때문이다.

　다음 절에서 각 기능들이 가지는 특성을 보다 세밀하게 살펴보기로
하자.

2) 정보적 관점에서의 자막의 기능

　자막이 수용자들에게 남발된다는 느낌을 주는 경우는 주로 필요 이
상의 정보가 제공되어 오히려 거추장스러워질 때일 것이다. 일반적인
대화에 대한 화용론적 관점에서의 연구 결과 가운데 '대화상의 격률'
과 관련된 이론은 우리가 방송 자막의 정보가 적절한지 아닌지를 판단
하기 위한 연구를 할 때도 잘 활용될 수 있는 것으로 보인다.[5] '대화상

5　Grice(1975)에서 논의되었고, 화용론을 다루고 있는 개설서(심재기 외, 1984; 장석진, 1992 등)에서도
　빠짐없이 논의되는 사항이다.

의 격률'은 정보의 '양, 질, 관계, 양태'의 네 가지로 구성되는데 이러한 격률이 지켜지지 않는 경우에 듣는 사람(방송의 경우에는 수용자)이 제공된 정보를 그대로 받아들이기보다는 말하는 사람이 다른 의도가 있을 것으로 생각하고 이를 파악하기 위한 추리의 단계에 들어가게 된다. 추리는 또 다른 고도의 정신 작용이므로 듣는 사람은 단순하고 편안하게 대화를 계속 이어가기가 어렵게 된다. 방송 자막의 경우에 이러한 격률이 지켜지지 않아도 다른 의도가 있을 것으로 생각하고 추리의 단계까지 진전되지는 않겠지만, 수용자는 뭔가 복잡하고 피곤하다는 느낌을 받게 된다. 방송 자막에서 주로 문제가 되는 경우는 정보의 과잉 제공 즉 필요한 양 이상의 정보가 제공되었을 때와 질적으로 새로울 것이 없는 정보가 반복해서 제공되었을 때일 것이다.

여기서는 이지양(2004)에서 들었던 자막의 기능들을 다시 검토하여 구체적인 상황에서 각각이 가지는 정보적 측면을 검토해 보기로 한다.

(1) 말소리의 재확인 기능

말소리의 재확인 기능은 다양한 모습으로 나타나는 정보 전달 장애 요소를 극복하기 위하여 사용된다. 이지양(2004)에서 여기에 포함되었던 기능은 ① 음성변조, ② 외국어, ③ 부정확한 발음, ④ 소음, 말소리의 중복 등의 환경적 요인, ⑤ 요약정리 기능의 다섯 가지였는데, 다섯 번째의 요약정리 기능은 정보의 측면에서 보면 앞의 넷과는 약간 다른 성격을 가진다. 앞의 네 기능은 본래 말소리의 복원을 위해 자막이 사용된 경우인데 요약정리 기능은 단순한 복원이라기보다는 보완 수정을 통하여 보다 명확한 전달을 추구하므로, 적극적인 의미에서의 재확인 과정을 보여 준다. 뒤에서 다시 논의하겠지만, 요약정리 기능은 오류 수정 기능과 함께 말소리의 재확인 기능 중에서도 적극적인 역할을 담당하는 것으로 분류될 수 있다.

⏹ 음성변조: 실제의 방송에서 음성 변조가 이루어지는 경우에 의사 전달이 불명확한 부분이 있기도 하지만, 어떤 경우에는 주의를 기울이면 내용의 전달에는 지장이 없는 경우도 있다.

① 소록도 원생
　이것들이 배고파 죽겠거든.
　그러면 이것들이 뻘뻘 기어 내려와요, 뭘 얻어먹으려고 (K추)
② 여기에 (어머니를) 놔두고 두드려 패고 질질 끌고 와서 신발이
　여기 있고 저기 있고…….(M아)

음성 변조는 등장인물의 신원이 노출시키지 않으려는 목적으로 사용되지만, 마치 잘 닦지 않아 뿌옇게 된 안경 너머로 세상을 보는 것처럼 답답함을 느끼게 됨은 여전하다. 자막은 이런 갑갑함을 제거해 산뜻하게 내용을 전달해 주는 역할을 하게 된다. 어떤 경우에도 자막은 정보의 명확한 확인을 담보해 주는 장치가 된다고 할 수 있다.

② 외국어: 국제화 시대의 직접적인 반영은 TV에서 나타난다. 단순히 프로그램을 수입하는 것이 아니라 우리 방송사들이 직접 세계의 구석구석을 누비며 프로그램을 제작하는 일이 많아지면서 우리에게 비교적 친숙한 영

어, 일본어뿐만 아니라 세계의 거의 모든 언어들이 방송 전파를 타게 되었다고 해도 과언이 아니다. 결과적으로 수용자들이 접하는 방송 프로그램들에서 외국어를 접하는 일은 다반사가 되었다. 방송 프로그램들에서 이들 외국어를 더빙을 통하여 외국어를 직접 노출시키지 않고 처리할 수도 있다. 그러나 더빙 대신에 자막을 사용하면 등장인물의 음성을 직접적으로 들을 수 있으므로 현장감을 잃어 버리지 않은 채 내용을 전달할 수 있다는 장점을 살릴 수 있다.

③ 고이즈미 일본 총리
　　이번 판결을 신중히 받아들이고 (K추)
④ 모니카. 애니멀 커뮤니케이터
　　딩구에게 새끼는 고통과 연결되어 있어요.
　　왜냐하면 딩구가 제왕절개 수술에서 깨어났을 때 옆에 있던 새끼를
　　고통과 연결시키기 때문입니다. (S동)
⑤ 특히 탱고를, 한국 무용수가 우리 음악을 너무나도 잘 표현해 주어서
　　(K탱5)

외국어를 자막으로 처리하는 것은 엄밀하게 말하면 말소리를 단순하게 재확인하는 과정은 아니다. 말과 글이 일치하지 않기 때문이다. 따라서 외국어를 말소리의 재확인 기능으로 분류할 때 거기에는 자막을 사용하지 않을 때의 장치 즉 더빙을 염두에 두고 있다고 할 수 있다. 또한 등장인물이 말하는 내용을 수정하지는 않는 것이 보통이므로 외국어를 우선 정보의 재확인 기능으로 분류하기로 한다.

③ 부정확한 발음 : 타고난 것이든, 상황에 따른 것이든 부정확한 발음은 개인적인 문제이겠지만, 방송에서 언제나 적합하고도 이상적인 인물들만 등장할 수는 없으므로, 부정확한 발음의 해소는 방송에서 해결해야 할 숙제이다. 자막은 가장 효율적으로 말소리를 재확인할 수 있는 기능이다.

⑥ 내 마음 심령에 아무것도 얽매이고 거리끼는 것이 없이

　　깨끗하게 해 달라고 기도하고 (K추)

⑦ 야, 저 아파트 5층에 있는 아파트 누구거냐?

　　─이따가, 좀 이따가 하세요 (S그)

⑧ 사람이 너무 많아서 배용준씨의 머리밖에 못 봤다. 너무 아섭다 (K투)

⑥은 소록도에서 생활한 나이가 많은 사람들과의 인터뷰로 치아에 문제가 있기도 하고, 교육 정도도 낮아서 말이 분명하지 않은 경우이며, ⑦은 정신장애 여성과의 인터뷰로 발음이 역시 명확하지 않은 경우이다. ⑧은 한국말을 서툴게 사용하는 외국인의 발음을 재확인하는 자막이다.

④ 환경적 요인 : 방송은 방음 시설이 잘 갖추어진 스튜디오 안에서도 진행되지만, 열악한 환경 속에서도 이루어진다. 놀이터, 시장, 공장 등 소음이 많은 장소, 감이 떨어지는 전화 인터뷰, 멀리 떨어진 곳에서 전달되는 말소리, 작은 소리, 여럿이 동시에 떠들어대는 곳에서의 인터뷰 등은 정보를 정확하게 전달하는 데에 장애가 되는 요인들이다. 이런 정보들을 명확하게 확인하는 방식은 자막 이외에는 너무 거추장스러울 것이다.

⑨ 동사무소 관계자

　　남편 분이 92년도에 사망하셨네요. (S그)

⑩ 그건 잘 모르죠.

　　여기 중대장 없어요, 지금? 누가 막으라고 지시했어요, 여기? (M사)

⑪ 남경필 의원 한나라당―반말하지 마라

　　김형오 의원 한나라당 사무총장―의장이 사과 발언할 때까지 우리

　　모두 퇴장합시다

이상배 의원 한나라당―총장이 뭐 하는 거야, 올라와 대표가 가 (S세)

　⑨는 사람이 많은 동사무소에서의 인터뷰로 소음이 같이 들리는 경우 말소리를 정확히 전달하기 위하여 사용된 자막이며, ⑩은 마이크에서 떨어져 있는 사람의 작은 말을 위한 자막이고, ⑪은 여러 사람이 동시에 말을 하는 상황에서 그 말들을 분간해 내기 위하여 사용된 자막이다.

　⑤ 요약정리 : 앞의 네 기능이 정보의 명확한 확인을 위한 반복의 성격임에 비해 요약정리 기능은 보완적 성격을 가진다. 소제목이나 주제를 자막으로 제시하기도 하고, 혼란스럽거나 어려운 내용을 담고 있는 대사, 긴 대사나 인터뷰 내용을 요약정리하여 시청자들이 내용이나 상황을 한눈에 파악할 수 있도록 해 주는 적극적 성격을 띤다.

　요약정리 기능을 수행하는 것은 제작자이므로, 때로는 제작자의 의견을 표출하는 기능과 혼동되기도 하는데 제작자 의견 표출 기능이 대사나 상황에 대하여 새로운 평가를 내리거나 새로운 시각의 제시를 포함하는 반면에

요약정리 기능은 새로운 평가를 포함하지 않은 채 이미 있는 내용의 압축, 정리하는 것으로 제한된다는 점에서 구별될 수 있다.

⑫ 아픈 아버지를 치매 걸린

    간호하고 재산을 관리 부모님이 부동산을 했는데

    다른 형제가 매각하여

    의심한다. 입원비를 쓰고 싶다.

    부모님이 사망한 뒤

    정신 장애를 가진 아이의

    미래가 걱정된다. (S—그)

⑬ '사실은'을 시청한 경험이 있는지?

    58.5% 본적 없다

    41.5% 본적 있다. (그래프) (M—사)

⑭ ① 요금오류 문제 보도

    ② 교통카드 단말기 오작동 문제 보도

    ③ 새 교통종합관리 정보 시스템의 문제 보도

    ④ 새 교통카드 사업 의혹 보도 (M—사)

⑮ 1위 술 취한 사람이나 차가 지나갈 때 살짝 나를 안쪽으로 보호하는 모
    습 1367명 (S—야)

⑫는 특정한 사건에 관련된 사람들의 복잡해 보이는 입장 차이를 한 눈에 볼 수 있도록 표로 요약한 것이며, ⑬은 실제 방송 자막에서는 그래프를 통하여 조사 결과를 요약한 것이다. ⑭는 다양한 내용을 간단하게 요약정리한 예이며, ⑮는 조사 결과에 대한 장황한 말을 자막에서 요약한 것이다. 이외에도 자막에서의 요약정리 기능은 지도나 도표, 그림 등을 통하여 나타나기도 한다.

이 기능과 관련하여 망설이게 되는 부분은 단순히 말소리로 드러난 내용만을 대상으로 하여 요약정리 기능을 설정할 것인지, 아니면 말을 포함하여 복잡하고 다양한 상황을 모두 정리한 내용도 요약정리 기능으로 설정할 것인지 인데, 본고에서는 말을 포함한 정보 전달 수단이 모두 자막을 표현될 수 있다는 점에 초점을 두고 있으므로 후자의 입장을 택하기로 한다.

(2) 프로그램 진행 수단으로서의 기능

TV 방송에서는 장면 전환이 잦거나, 상황 설명을 진행자가 매끄럽게 해내기에는 거추장스러운 부분도 존재할 수 있다. 또한 속도나 편집의 문제 등 시간상의 제약을 극복하여 간단하고 신속하게 처리할 수 있는 도구로 자막이 유용하게 사용될 수 있다. 어떤 경우에는 전문적인 방송인들이 아니기 때문에 짜여진 경로를 따라 움직여지기 어려우므로 나타나게 되는 난삽함을 정리하는 수단으로 자막이 사용되기도 한다.

① 장면 전환 : 자막은 사건 진행 장소나 시간의 확인과 전환, 화면의 이동을 보여주는 역할을 할 수 있다. 진행자의 대사로 처리할 수도 있는 부분이

지만, 자막은 긴장감의 고조라든가 하는 특유의 역할을 더할 수 있는 장점이 있는 것으로 보인다.

⑯ 1930년대 소록도 (K추)

⑰ 강원도 춘천 10월 10일 (M시)

⑱ 충남 아산 고등학교 (K골)

⑲ 세르만테스 국립극장 (K탱5)

⑳ 며칠 후 (S동)

㉑ 한편, 영구는? (S동)

⑯, ⑰은 새로운 화면으로 이동하면서 시간과 장소를 자막으로 보여 주고 있으며, ⑱, ⑲는 장소, ⑳은 시간의 전환, ㉑은 새로운 인물로의 초점 전환을 보인다. 자막이 말 대신에 글자로써 프로그램을 진행해 나가며 일정한 효과를 얻고 있는 전형적인 모습이 나타나고 있다.

② 상황, 화면의 내용 설명 : 여기서의 상황 화면의 내용 설명은 화면으로 분간하기 어려운 복잡한 상황이나 작은 소품, 말로만은 이해하기 어려운 내용 보충, 어려운 말에 대한 보충 설명 등을 그 기능으로 하는 것이다. 화면의 내용을 말 대신 자막으로 보여 진행자의 역할을 대신할 때 이 기능은 최대로 발휘될 수 있다. 실제로 이러한 내용 설명은 목소리만으로도 가능하고, 자막 만으로도 가능하며, 목소리와 자막이 함께 등장할 수도 있다.

㉒ 장기진 / 법정진술

신사참배 거부했다가

단종(거세)수술 받았다.

강제노역으로

손가락전부와

한쪽 다리도 잃었다 (K추)

㉓ '몰랐던 사실을 알았다. 통쾌하다. 속시원하다'

'편파·왜곡보도다. 불공정하다' (M사)

㉒는 자막과 목소리가 함께 나오는 예인데, 목소리와 동일한 자막이 등장할 때 자막이 부수적인지 아니면 일정한 역할을 더하고 있는지의 판단 여부는 사실 간단하지 않다. 내용이 복잡하거나 어려운 개념, 상황을 담고 있을 때는 목소리만으로 부족한 느낌이 들어 자막이 일정한 보완 역할을 한다고 보아야 한다. ㉓은 인터넷 게시판의 내용을 요약하여 설명하고 있는 예로 자막만 나오는 경우이다. 이 예와 같은 경우는 목소리로 내용을 전달하기에는 너무 소략하여 자막이 오히려 적절하게 보인다. 이와 같이 자막이 가지는 비중은 경우에 따라 달라질 수 있음은 언제나 염두에 두어야 한다.

또한 화면의 내용 설명에는 제작자의 주관이나 평가가 개입될 여지도 있다. 이때는 단순히 프로그램의 진행 역할을 넘어서서 새로운 정보 제공의 기능도 가지게 된다. 여기서의 화면의 내용 설명 기능은 단순히 프로그램의 진행 역할만을 담당하는 것으로 한정되어야 한다. 추가적 정보의 제공은 프로그램의 순탄한 진행 자체를 위한 것이 아니기 때문

이다. 추가적이고 부수적인 정보를 제공하는 자막인가 아니면 빠지면
안 되는 필수적인 정보로 이루어진 자막인가의 판단은 수용자가 자막
없이도 알아차릴 수 있는 내용인가 아니면 자막 없이는 내용 판단에 혼
란이 생길 수 있는 정도의 내용인가에 달려 있다고 할 수 있다.

ⓐ 84인 학살사건 희생자 추모비 (K추)

ⓑ THC : 테트라 하이드로 카나비놀 환각 유발 물질 (M시)

ⓒ '대마의 공포' 1976년 제작

  자료 제공 : KTV (M시)

ⓓ 외모와는 달리 날카로운 이빨을 가진 맹수 수달 (S동)

ⓔ 그림만으로 해석 불가 (K골)

ⓕ 관자놀이를 잘못 짚은 9명 탈락 (K골)

ⓖ 미국─서울 화상전화 연결 (S동)

ⓐ는 화면에 등장하는 비석에 대한 설명, ⓑ는 인터뷰 도중 튀어나
온 일반인들이 잘 알지 못하는 전문용어에 대한 해설, ⓒ은 자료화면
의 출전 표시, ⓓ은 시청자가 놓치기 쉬운 부분에 대한 주의 환기를 위
한 설명 ⓔ, ⓕ는 프로그램의 진행 중 일일이 말로 상황을 설명하는 것
을 피하고 진행 속도를 높이기 위해 자막을 사용한 예들, ⓖ은 화면 왼
쪽 위에 나온 자막으로 화면의 상황을 설명해 준 예이다. 이 예들은 자
막이 프로그램의 진행을 직접 담당하면서도 효율성을 높일 수 있음을
보여주는 전형적인 것들이라고 할 수 있다.

③ 인물, 장치, 프로그램 내용 소개

인물 등의 소개는 프로그램의 도입 단계에서 자주 등장하는 포맷이지만 속도감 있는 진행을 위하여 이미 잘 알려진 인물은 자막으로 간단히 보여주거나, 인물의 이름 정도만 말로 간단히 소개하고 좀더 자세한 인물 정보는 자막으로 나타내기도 한다. 프로그램의 예고나 내용을 간략하게 자막으로 표시하는 일도 잦아졌다

㉛ 윤현진 신동엽 정선희 (S동)

㉜ 임종인 열린우리당 국회의원, 전 법무관 (K투)

㉝ 오스카 다헤스 / 태권도 사범 / 정말 운동에 재능이 많으신 사범입
    다. (K탱4)

㉞ 虎파 일인자 호비 (S동)

㉟ 虎파 행동대장 달래 (S동)

㊱ 그것이 알고싶다에서는 '뺑소니 사고'와 관련된 제보를 받습니다.
    '뺑소니 사고'로 가 족이 사망하거나 심각한 장애를 겪으신 분들의 제
    보를 기다립니다. TEL (02) 2113-5500 (S그)

㉛, ㉜, ㉝은 인물 소개로 등장인물의 이름, 직업, 특징 등을 소개하고 있으며, ㉞, ㉟는 동물들 단순하게 소개하는 데서 그치지 않고, 그 특징과 역할까지 자막을 통하여 진행자와는 별도의 진행을 담당하고 있다고 할 수 있다. ㊱은 다음 프로그램을 위한 제보 요청을 자막으로 처리한 예이다.

(3) 추가 정보 제공 수단으로서의 기능

추가 정보 제공 수단으로서의 기능은 기존의 자막의 기능과는 성격을 달리한다. 정보의 관점에서 다른 기능들이 기존 정보의 부족한 부분을 보충하거나, 기본적인 방송의 틀을 유지해 나가기 위한 역할을 하는 반면, 추가 정보 제공 수단으로서의 자막은 없어도 특별한 문제는 생기지 않지만 시간과 공간의 제약을 받을 수밖에 없는 TV 프로그램에서 보다 많은 양의 정보를 제공하고자 하는 제작자의 욕구를 어느 정도 충족시켜 줄 수 있는 수단이 되고 있다.

이지양(2004)에서의 분류는 자막의 특성을 위주로 한 분류이었는데, 다음에서 이들의 기능을 정보적 관점에서 재조명해 보기로 한다.

① 흥미 관심의 유지·증폭 기능

흥미 관심의 유지·증폭 기능은 추가 정보 제공 기능을 가장 잘 드러내는 기능이다. 대부분의 프로그램들이 이미 잘 짜여진 기획에 따라 불필요하거나 즉흥적인 효과를 노리기보다는 제작 의도에 맞춰 진행되기 때문에 별도로 흥미를 유발하거나 관심을 높이기 위한 장치를 마련할 필요성은 드물게 나타난다. 그러나 오락 프로그램이나 오락성을 가미하는 성격의 프로그램들에서는 자막이 흥미와 관심을 고조시키는 역할을 하게 된다.

이 경우에 자막이 활용되는 양상은 다양하다. 자막의 기능이 최대한 발휘되는 부분이다. 말소리가 아닌 소리나 모습을 의성어나 의태어로 처리하기도 하고, 대사에서 나온 것보다 의도적으로 강한 어휘를 사용하기도 하며, 자막 자체를 변용하여 한자나 기호를 사용하거나 글자의 크기를 변화시키기도 하며, 장식을 달거나 글자에 색깔을 입히기도 하는 등 글자가 가지고 있는 시각적 측면을 최대한 활용하는 모습이 보인다.

⑰ 우린 엘리베이터 탔다! / 엄마야……! / 엘리베이터가 꽉 차고……/
삐...!! //

아줌마 내려요 뚱뚱해요 / 올라갑니다~내려갑니다~ / 네! 〈M아〉

⑱ $#$#*%#@

민망 망신 (M화)

⑲ 동물농장 신개념 프로젝트 개과천선! (S동)

⑳ 獅虎爭血 (S동)

㉑ 외~면 (S야)

㉒ 눈뜨면서 자는 척~ (S야)

㉓ 버벅~ 버벅~ (S야)

⑰은 여러 기호를 사용하여 단순한 말소리의 전달이 아니라 다른 종
류의 느낌을 전달하려는 시도이며, ⑱의 기호는 등장인물이 외워야 할
대목을 외우지 못하고 얼버무리는 모습을 자막으로 보인 것이며 '민망
망신'은 등장인물의 모습을 고개 숙인 머리 위에 자막으로 표시함으로
써 흥미를 높이기 위한 자막이다. ⑲는 글씨의 모양, 크기, 굵기, 색 등
을 다르게 표현하여 색다른 느낌을 수용자들이 가져주기를 요망하는
양식으로 보인다. ⑳ 역시 까만 화면 전체에 빨간 글씨로 강한 느낌을
전달하려 애쓰는 자막이다. ㉑, ㉒, ㉓은 출연자의 태도를 자막으로
드러내 언어로 치환하여 수용자들에게 전달한 것이다. 자막은 단순히
말소리와 평행하게 존재하는 것이 아니라 상황이나 태도, 모습, 소리

등도 표현함으로써 소리언어가 가지지 못하는 측면을 문자언어로 표현하는 장치일 수 있다는 점을 잘 보여주고 있다.

자막의 이러한 기능은 적절하게 제어되면 효과를 잘 발휘할 수 있지만, 지나치면 글자의 공해를 일으키게 된다. 좁은 화면, 짧은 시간에 지나치게 많은 양의 정보를 욕심껏 제공하는 것이 바람직한지는 숙고해 보아야 할 문제일 것이다.

　② 말소리의 시각적 반복

이 기능은 출연자가 말한 내용을 다시 한 번 제시해 주는 역할을 하는데 귀로 듣는 것에 그치지 않고 눈으로 확인을 함으로써 좀더 명확하게 그 내용을 이해하도록 도와주기 위한 것이라고 할 수 있다. 특히 프로그램의 종류에 따라서는 단순히 분위기를 만드는 것 말고도 전문적인 용어의 사용 등 명확한 이해가 필요한 부분에서는 도움이 될 수도 있다. 그러나 말로만으로도 쉽게 이해가 되는 부분을 글자가 다시 반복됨으로써 화면을 어지럽히는 경우도 많이 발견된다. 흥미를 끄는 효과가 극대화되기를 기대하는 것이지만 추가적인 정보를 제공해 주지 못하는 단순한 반복은 잉여적이 될 위험이 크다.

예를 들어 KBS의 인간극장과 같은 프로그램에서 내레이터의 말은 자막으로 보이지 않지만, 그 외의 등장인물들의 말은 거의 모두 자막으로 반복시키고 있다. 여기서의 등장인물은 전문적인 방송인이 아닌 일반의 보통 사람들인 경우가 많으므로 경우에 따라서는 사투리를 사용하기도 하고, 말소리가 작거나 소음이 섞이는 때도 있어서 자막을 활용할 필요가 있는 부분들도 있다. 그러나 웬만하면 아무 부담 없이 잘 알아들을 수 있는 대화들을 포함하여 모든 대화를 자막으로 표시함으로써 필요한 자막에 대한 엄밀한 판단이 없음을 드러낸다.

이 기능은 정보의 측면에서 말소리와 다른 차이를 잘 보여주지 않으므로 따로 예를 들지 않는다.

③ 잘 안 보이는 부분의 시각화

TV에서 잘 안 보이는 부분이라고 하는 것은 화면 밖의 상황, 작은 소품, 심리상태, 청중들의 반응 등이 있을 수 있다. 이외에 화면으로 나타나기는 하지만 언어적으로 표현되기 어려운 등장인물의 태도, 표정 등 비언어적 사실도 이런 범주에 포함시킬 수 있다. 이들 가운데 대부분은 언어에 의해 직접적으로 치환되기 어려운 것이라는 점에서 어느 정도의 주관적인 판단이나 평가를 포함하게 되며, 이는 일종의 연출 기법이라고 할 수 있는 부분이다.

㊹ ??? (S동)

㊺ 호동도 그런 경험이 있는 듯~ (S야)

㊻ 그녀는 전화 끊고 울기 시작했을 수도... (S야)

㊼ 전혀 감이 안 잡히는 왕눈이파~ (S야)

㊽ 바나나 절대 사절! (S동)

㊾ 쟤, 원숭이 맞아? (S동)

㊿ 오늘따라 유난히 큰 함성 (K골)

㊹는 어리둥절한 태도를, ㊺는 출연자의 태도에서 알아차릴 수 있는 사실, ㊻은 출연자의 생각을 자막으로 추정, ㊼은 연출자들에게서 보이는 집단적인 태도 혹은 상황과 같은 비언어적인 모습을 자막으로

치환한 것이다. ⑭은 원숭이가 보이는 태도로부터 원숭이가 했을 법한 말을 추정한 예이고, ⑭는 원숭이의 태도에 대한 제작자의 판단, ㊿은 방청석에서 들리는 함성을 다시 자막으로 언어화한 것이다.

   ④ 제작자의 의견 표출
   자막은 제작자의 연출 수단의 하나가 되기도 한다. 실제로는 제작자가 겉으로 자신이 신분을 밝히고 자막을 사용하는 일은 없지만, 진행자나 출연자가 하는 말과 직접 연관되는 대상을 자막을 드러내는 것이 아닌 만큼 제작자가 관여하는 양상을 띠게 된다. 이때 자막으로 표현되는 언어를 사용하는 방송 참여자는 제작자의 관점일 수도 있고, 가상의 시청자의 관점일 수도 있지만, 어차피 구체적인 인물을 상정할 필요는 없을 듯하다.

   ○51 어머나~ 비가 성형외과에?!! (S야)

   ○52 또 뭉쳤다! 눈두덩 클럽~ (S야)

   ○53 열심히 그리는데……. (K골)

   ○54 데이트 때마다 키스는 할 수 있을 듯~ (S야)

   ○55 두통의 아픔이 남다른 것 같습니다 (K골)

   ○56 과연, 다른 원숭이도 숟가락질을 할까? (S동)

   ○57 하핫~ 물이 오는 날?! (S야)

   ○58 못 말리는 두 남자 (S야)

   ○59 이해 불가~ (S야)

○51은 주어진 상황이 놀랄만한 일이라는 점을 자막을 통해 제시하는

역할, ⑤, ⑤은 역시 말이 개입되기 어려운 상황을 자막으로 처리하여 명시적으로 보여주는 역할, ⑤, ⑤는 상황 전개 자체를 넘어서서 이를 토대로 추정하거나 파악할 수 있는 내용을 드러내고 있다. ⑤은 누구나 궁금함을 가질 수 있는 상황에서 그 내용을 자막을 명시적으로 보여주며, ⑤은 재미있다고 판단되는 대사를 다시 한 번 자막으로 되짚음으로써 재미를 강조하는 자막이다. ⑤, ⑤는 상황에 대한 평가를 언어적 수단인 자막으로 강조하고 있다.

여기 제시된 자막들의 근원은 언어적으로 표현된 대상이 아니므로 자막 자체의 표현은 새로이 창조된 것이다. 따라서 자막이 스스로의 표현 양식을 자유로이 가질 수 있는 측면이 있으며, 이것이 자막 자체에 흥미를 고조시킬 수 있는 말장난이라든가 재미있는 표현의 선택과 같은 여유를 주고 있다고 하겠다.

그러나 시청자들이 이미 짐작할 수 있는 내용을 다시 자막으로 보일 때는 화면을 어지럽히는 결과만 가져올 위험이 따르게 되기도 하며, 언어로 보여주지 않아서 더 좋을 감동이나 재미 또는 상상력을 언어라는 틀로 고형화해 버리는 역효과가 나타날 수도 있다는 점은 이런 기능의 자막들을 사용할 때 언제나 유의해야 할 점이다.

⑤ 오류 수정 효과

이 기능은 이지양(2004)에서 추가 정보 제공의 기능으로 분류되었지만, 수정되어야 할 것이다. 왜냐하면 새로운 정보를 제공한다기보다는 정보 전달의 과정에서 생겨난 오류를 수정하여 정확한 정보를 전달하기 위해 자막을 활용한 것이므로, 요약정리 기능과 유사한 역할을 담당하여 이미 알려진 정보를 다시 확인하는 기능을 갖는다고 보는 것이 정확할 것이다.

　오류 수정 기능은 모든 종류의 프로그램에서 유용할 것이지만, 특히 일반인을 출연시키는 프로그램들에서는 그 중요성이 더욱 부각된다. 심한 사투리를 사용한다든가 정확한 어휘나 문장을 구사하지 못하여 부당하게 과도한 생략을 한 문장을 말하기도 하고 문법에 어긋난 문장을 말하는 빈도가 높기 때문이다. 실제로 이러한 기능을 가지는 자막을 조사한 결과는 주로 과도한 생략과 심한 사투리를 보완하고 교정하는 기능이 자주 나타나고 있다.

⑩ 그럼 (소금) 좀더 넣을까? (K탱4)

㉑ 막상 (군대) 보내려고 하니 그렇네. (K새5)

㉒ 잘했어요. 예, 잘했어요. 갑자기 바나나하고 한번 실험을 여러분 앞에 보여드리려고 했는데 갑자기 김치를 집어 먹는 바람에 제가 (바나나를) 못 줬어요. 아직도 김치를 씹고 있는데 잘 한 것 같아요. (S동)

㉓ 그러니까 (가족들이) 집에 오는 것을 썩 좋아하지 않았어요. (K추)

㉔ 시간되면 물 좀 데워 가지고 여기 연탄 있는데
거기에서 그렇게 (목욕)해요. 목간통(욕조)도 없어 (K추)

㉕ 티나 잘래? 언니랑 같이 잘까? (K새2)

㉖ 엄마가 옷 갈아입으려고 들어와 보니까 벌써 누워 자려고 폼 딱 잡고 누워 있나? (K새2)

㉗ 아니요, 아가씨 그냥 누어 있길래. 쓸쓸해 하는 것 같아서……(K새2)

⑩~㉔까지의 예들에서 괄호 안에 들어 있는 단어들은 실제 등장인물이 말한 내용은 아니며, 제작자가 명확한 정보를 전달하기 위해 보충

한 것들이다. 대화 상황에서는 화용론적 생략이 가능했던 것들이었을 수도 있겠지만 편집의 과정에서 필요하게 된 것들도 있고, 등장인물이 과도하게 생략하여 시청자들의 의미를 파악하기에 어려움을 겪는 예들도 있다. ⑥④의 '목간통'은 표준말이 아니므로 괄호 안에 표준말을 자막으로 병기한 예이다. ⑥⑤, ⑥⑥, ⑥⑦은 연속해서 이어지는 장면에서 나오는 등장인물들이 강한 경상도 사투리를 구사하는 상황인데 자막은 시청자의 이해를 돕기 위하여 모두 표준말로 바뀌어 있음을 볼 수 있다.

3) 자막 기능의 재분류

앞 절에서 우리는 자막의 기능들을 세밀하게 검토해 보았다. 그런데 이 기능들의 설정은 사실 일관된 기준 아래 이루어진 것은 아니었다. 자막의 기능에 관한 기존의 논의가 없는 상태에서 우리에게 가장 두드러져 보이는 기능들을 하나씩 살펴 자막이 가지는 특성을 드러낸 것이다. 이 절에서 우리는 두 가지 작업을 할 것이다. 첫째는 자막이 만들어져 사용되는 경로를 추적하여 자막이 이 경로들 중 어디에 초점을 맞추고 있는가를 고찰하는 것이며 둘째는 정보적 관점에서 이 자막들이 가지는 의미는 무엇인지를 확인하는 작업이다.

(1) 자막의 생성 경로

모든 도구적 성격을 가지는 것들이 그렇지만 자막도 처음에 그 필요성은 아주 단순한 데서 시작되었다. 청각 장애인을 위한 자막 방송이 아마도 그 시작일 것이다. 말소리를 들을 수 없는 청각 장애인들에게 정보를 전달하기 위한 수단은 그 말소리를 시각적으로 표현한 글자가 유용할 것이며, 그 글자는 TV 화면에서 자막으로 등장하게 된다. 초기에 자막으로 표현된 대상은 그 짝을 이루는 언어적 표현들이었으며, 비언어적 표현 수단인 분위기, 태도, 심리 상태 등에까지 확대된 것은 나중의 일이었다. 간단하고 필수적인 목적(눈으로 듣기)을 위한 것이었으므로 자막의 형식을 변용하는 일도 거의 없었다.[6]

그러나 최근 우리나라의 TV 방송 자막은 이런 단순한 기능을 넘어서서 자막이 가질 수 있는 모든 효과를 얻어내기 위해 다양한 기능을 부여하게 되었다. 앞에서 보았듯이 자막이 가지는 기능은 아주 다양하여 가닥을 잡기조차 어려울 정도이다. 자막의 기능을 체계적으로 검토하기 위해서는 자막이 생성되는 동기에서부터 시작하여 그것이 만들어내는 효과까지를 찬찬히 살펴볼 필요가 있다. 자막이 만들어지기 위해서는 그 필요성이 요구되는 동기가 존재할 것이고, 다음으로는 그 필요성을 가장 잘 충족시킬 수 있는 대상을 찾게 될 것이다. 이리하여 적합한 대상을 찾아 자막으로 보이게 되면 결과적으로 일정한 효과를 얻어내게 될 것이다. 이러한 경로를 간단하게 정리하면 다음과 같다.

⑥⑧ 자막의 생성 경로

동기(Cause) ⇒ ⇒ ⇒ 대상(Object) ⇒ ⇒ ⇒ 효과(Effect)

자막(Caption)

---

6   지금도 청각 장애인을 위한 자막은 단순한 형식을 가지는 것을 볼 수 있다.

이러한 경로를 거쳐 나타나게 되는 자막이 다양한 기능으로 분화되는 것은 경로에 놓여 있는 여러 요소들 중 주요 목표물이 상황에 따라서 각기 다를 수 있기 때문이다. 다음에서 각각의 요소에 따른 기능의 분화를 앞 절에서 보았던 자막의 기능과 연관시켜 고찰해 보기로 한다.

(2) 자막의 재확인 기능의 생성 경로

자막의 필요성이 가장 절실한 경우는 아마도 기본적인 정보를 전달하는 데에 문제가 생겨 프로그램의 목적을 달성하는 것조차 문제가 되는 경우일 것이다. 즉 완전하지 못한 손상된 정보를 말소리가 담고 있을 경우 이를 보상하는 수단으로 자막이 적절하게 사용될 수 있을 때이다. '말소리의 재확인 기능'이 여기에 해당된다. 그 하위 부류를 이루었던 기능들인 "음성 변조, 외국어, 부정확한 발음, 환경적 요인"은 자막이 생성 경로 중 두 번째 요소인 대상에 초점이 놓인 예들이라고 할 수 있다.

"요약정리 기능"은 말소리 자체의 손상이 문제가 되는 것은 아니지만, 정보 전달의 확실성이 담보되지 않을 경우에 나타난다. 즉 내용이 어렵거나, 복잡하고 산만해서 전달하고자 하는 내용이 쉽게 드러나지 않을 때, 정보 전달의 용이성을 위해 내용을 "가공"하기 위해 나타나는 기능이라고 할 수 있다. 이와 같이 "요약정리 기능"은 앞이 네 기능과는 구별되기는 하지만 근본적으로는 정보의 정확한 전달을 위해 마련된 기능이라는 점은 동일하다.

이와 유사한 목표를 가지는 기능이 추가 정보 제공의 기능의 하위 기능으로 분류되었던 오류 수정 기능이다. 오류 수정 기능은 말소리를 그대로 옮기는 것 이상의 차원에서 작용한다. 말소리를 그대로 옮겼을 때 정보 전달에 문제가 생길 가능성이 있는 경우에 그것을 수정, 보완하는 역할 다시 말해 "요약정리 기능"에서 보였던 "가공"의 역할을 담당하게 된다. "음성 변조, 외국어, 부정확한 발음, 환경적 요인"이 말소리 자체의 재생에 초점을 두는 역할을 한다면 "요약정리, 오류 수정" 기능은 그보다 더 적극적인 의미에서 정보 전달의 확실성과 용이성을 담보하기 위한 가공 수단이 될 것이다.

"정확한 전달의 욕구"가 동기가 되며, "손상된 말소리나 난해한 내용"은 대상이 된다. 이때 자막이 가지는 효과는 "불확실한 혹은 손상된 정보의 보상"이라고 할 수 있다. 결론적으로 정보의 재확인 기능이 분화되는 곳은 대상이며, 대상의 다양성이 기능의 다양성을 만들어내게 된다.

(3) 프로그램 진행 수단 기능의 생성 경로

TV 프로그램은 한정된 시간에 한정된 공간 안에서 목표로 하는 정보를 가능한 한 많이 그리고 효율적으로 전달할 수 있어야 한다. 그러나 현대 사회에서 쏟아지는 방대한 양의 정보는 TV 프로그램의 시공적 제약을 더욱 크게 만들고 있다. 프로그램 진행을 자막이 대신하는 경우가 생기는 것도 이러한 시공적 제약을 극복하기 위한 동기에서 출발되었다고 보인다.

현재까지 이러한 제약을 극복하기 위해 TV 방송에서 채택하고 있는 대상은 "장면 전환, 내용 설명, 인물 등의 소개"이며 이는 이 글의 앞 쪽에서 이미 프로그램 진행 수단의 하위 기능으로 논의된 바 있다. 장면

전환시 일일이 말로 하는 것보다 화면이 전환되면서 바로 자막으로 처리하면 신속하면서도 보다 많은 정보를 한 화면에 담아낼 수가 있다. 내용 전개의 신속성이 요구될 때도 마찬가지로 빠른 화면 전환과 함께 자막이 등장한다. 인물 소개에 들이는 시간도 줄일 수 있으며 적은 시간에 등장인물이나 대상에 관해 보다 더 상세한 정보를 프로그램의 진행 과정에 덧붙일 수 있다. 기본적인 정보를 자막이 제공하는 동안 프로그램은 이미 또 다른 상황으로 이어질 수 있는 것이다. 이는 자막이 말소리와의 공존뿐만 아니라 말소리와는 독립된 상태로 존재하는 병존성도 가짐을 말해 주는 것이다. 자막은 말소리의 재생에서 출발하였지만 말소리와 글자의 본질적인 차이로 인해 독자적인 영역도 만들어 가고 있는 것이다. 자막이 말소리와 분리될 수 있음을 인식함으로써 자막은 훨씬 자유롭게 프로그램 진행에 참여하게 되었으며, 보다 진전된 자막의 기능이 발굴된 결과라고 할 수 있다.

이런 자막의 독자성은 프로그램의 분위기에도 영향을 미치게 된다. 일반적으로 문어는 구어보다 정확하면서도 격식적인 모습을 가지는 언어이다. 따라서 말소리를 완전히 대체하여 나타나는 자막은 그 자신이 가지고 있는 정확성과 격식성을 프로그램에 투사함으로써 긴장을 유지시키기도 하고, 보다 공식적으로 확인되는 듯한 분위기를 만들어 내는 효과도 가질 수 있다.

(4) 추가 정보 제공 기능의 생성 경로

TV 방송에서 제공되는 정보는 화면이나 말소리를 통하여 두드러지게 구체화되는 정보가 가장 기본이 되지만, 그 외에도 모르는 사이에 흘러가 버리는 정보도 상당할 것이다. 이러한 정보는 추상적으로 수용자의 뇌리에 남아 상상력을 발휘할 수 있는 여지도 만들어낸다. 자막이 추가 정보 제공 기능을 가진다고 할 때 이는 바로 이러한 추상적 부분을 자막이라는 구체적인 정보로 재구성하여 전달함을 말한다고 할 수 있다.

이런 관점에서 보면 이지양(2004)에서의 추가 정보 제공 수단으로서 자막의 기능들은 재정리될 필요가 있다. 오류 수정 기능은 앞에서도 이미 지적했듯이 추가 정보의 제공이라기보다는 기존 정보의 정돈을 통한 소통의 원활함을 목적으로 하기 때문에 말소리의 재확인 기능에 편입된다. 나머지 기능들도 동일한 경로 요소에 작용되는 동일한 차원의 것들은 아니다.

TV 프로그램의 제작자들은 간혹 자기가 알고 있는 가능한 한 많은 정보를 자신의 프로그램에 담아내고 싶은 욕구를 느끼게 된다. 자신이 만든 프로그램 가운데 주어진 정보를 수용자들이 행여나 그냥 지나칠지 모른다는 점은 제작자를 불만족스럽게 만들 수 있다. 그러나 제작자가 가질 수 있는 이러한 욕구는 한정된 시간에 한정된 화면 안에서 모두 다 표출되기는 어렵다. 이런 경우에 자막은 제작자가 또 다른 정보를 구체적으로 전달할 수 있는 통로가 되어줄 수 있다. 제작자의 의견 표출 기능은 자막의 생성 경로 중 동기에 초점을 맞춘 기능이다.

초점에서 떨어져 있지만 시청자들이 알아주었으면 하는 부분, 등장인물의 심리 상태, 재미있는 상황 전개를 시청자들이 알아채지 못할 수 있는 부분, 제작자가 생각하고 있는 방식으로 초점을 맞추면 더욱 재미있을 듯한 상황 등 잘 안 보이는 부분의 시각화 기능은 생성 경로 중 대상에 해당되는 부분이다.

이렇듯 더 많은 정보 제공을 통해 제작자가 노리는 효과는 흥미를 높이고, 관심을 유지시키는 기능이다. 흥미, 관심의 유지, 증폭 기능은 생성 경로 가운데, 효과에 해당되는 부분이다.

결과적으로 추가 정보 제공 수단에서의 주요한 세 기능은 자막의 생성 경로의 각 단계에서 바라본 기능일 뿐이다. 따라서 이 기능들 중 어느 측면이 더 두드러지게 보이느냐의 판단은 객관적으로도 쉽게 가능할 때도 있지만 어떤 경우에는 엄격히 구별하기 어려울 수도 있다. 이들은 모두 정보를 추가하기 위한 동일한 목적을 각도만 달리하여 구별한 것이므로 정보의 측면에서만 보면 하나의 기능으로 통합하는 것이 나을 것으로 판단된다.

(5) 잉여적 정보의 생성

정보 전달이 불완전성을 보완하지도 못하고 정보 전달 수단의 대치 역할도 하지 못하면서 새로운 정보를 추가하지도 못하는 자막이 있다면 그 자막은 불필요하고 잉여적이 된다. 이런 경우에 자막을 생성하게 되는 동기는 뭔가 더 많이 확실하게 전달해야 한다는 제작자의 강박관념이겠지만 수용자에게 자막으로 인해 더 얻어지는 정보가 없다면 이는 잉여적 자막이다. 또한 대상으로 존재하는 모든 말소리를 그대로 반복한다면 잉여적 자막이 포함될 가능성은 높아진다. 잉여적 자막의 효과는 제로다. 아니 어쩌면 마이너스 효과가 나타날 수도 있다. 추가 정보 제공 수단 가운데 하나로 제시되었던 말소리의 시각적 반복 기능은 청각과 시각의 공존을 통하여 정보 전달의 확실성을 목표로 한 것이 제작자의 바람이겠지만 어느 한 가지로도 충분히 가능한 것이었다면 자막은 잉여적이 된다.

나머지 추가 정보 제공 기능들은 잉여적이지는 않겠지만 때로는 정보의 과잉으로 인해 효율성을 떨어뜨리게 만드는 경우들도 있다. 오락성을 목적으로 하지 않는 프로그램들은 대체로 정보의 정리 정돈을 통해 정확성과 간결성을 확인하려고 하므로 정보의 과잉은 잘 나타나지 않는다. 그러나 오락 프로그램들에서는 재미의 극대화를 노리고 재미있을 것이라고 판단되는 모든 정보를 쏟아 부으려 하고, 자막도 그 도구로 사용되는 경향을 보인다. 그러나 배설도 지나치면 시원해지기보다는 허탈해지듯이 범람하는 재미의 강요는 본래의 효과를 반감시킬 수도 있다.

2) 자막 기능의 재분류

지금까지 논의한 자막의 기능을 정보의 관점에서 정리하여 재분류해 보기로 하자.

말소리의 재확인 기능은 요약정리 기능과 오류 수정 기능을 포함하므로 단순히 말소리를 재확인한다기보다는 정보 전달의 불완전성을 보완(compensation)하는 기능이다. 이 가운데에 "음성 변조,외국어, 부정확한 발음, 환경적 요인"과 관련되는 기능은 말소리를 재확인하는 역할을 하므로 "요약정리 기능, 오류수정 기능"에 비해 소극적인 기능이라고 할 수 있다.

프로그램 진행 수단으로서의 기능은 정보의 관점에서 보면 정보 전달 수단의 대치(substitution)라고 할 수 있다. 진행자의 말에 의해 이루어지던 진행은 그 자체로 시간을 소모하게 되고, 따라서 보다 구체적인 정보를 제공할 필요가 있음에도 소략하게 다루어지던 정보들을 조금은 더 자세히 다룰 수 있게 해 준 것은 자막이다. 지금까지 이 기능을 사용하는 대상은 "장면 전환, 상황 설명, 인물·장치·프로그램 등의 소개"이다.

추가 정보 제공 수단으로서의 기능은 말 그대로 정보의 추가(addition)이다. 보다 많은 정보를 시청자들에게 제공하고자 하는 제작자의 욕구는 잘 드러나지 않는 부분들을 자막으로 구체화하게 되었고, 재미를 증폭시키는 효과를 기대하고 있다. 이런 일련의 경로들에 초점을 맞춘 기능들이 "제작자의 의견 표출, 잘 안보이는 부분의 시각화, 흥미·관심의 유지 증폭"이다.

정보 전달에 도움이 되지 않는 단순한 말소리의 시각적 반복은 잉여적 정보가 된다. 추가 정보 제공의 기능으로 사용된 자막들도 넘치면 잉여적 정보가 될 위험을 언제나 안고 있다.

이상에서 재분류된 자막의 기능을 정리하여 이 장의 결론으로 삼기로 한다.

⑥⑨ 자막의 기능

A. 정보 전달의 불완전성 보완

가. 소극적 기능

㉠ 음성 변조

㉡ 외국어

㉢ 부정확한 발음

ⓔ 환경적 요인

나. 적극적 기능

ⓜ 요약정리

ⓗ 오류 수정

B. 정보 전달 수단의 대치

㉠ 장면전환

㉡ 상황, 화면의 내용 설명

㉢ 인물, 장치, 프로그램 내용 소개

C. 정보의 추가

㉠ 제작자의 의견 표출

㉡ 잘 안 보이는 부분의 시각화

㉢ 흥미, 관심의 유지 증폭 기능

D. 잉여적 정보-말소리의 시각적 반복

3. 프로그램 종류별 자막의 특성

다음에서 프로그램 종류 별로 나타나는 자막의 특성과 개별 프로그램들에서의 자막의 사용 양상을 살펴보기로 하자.

1) 교양 프로그램

교양 프로그램은 시청자에게 정보전달과 교육기능에 초점을 둔다. 따라서 교양 프로그램은 시청자에게 프로그램을 통해서 어떤 메시지를 전달할 것인가를 명확히 설정하고, 주제의식이 우선시되며, 재미보다는 유익함에 비중이 주어진다.

방송환경이 변화하면서 정보와 지식에 대한 수용자의 요구가 다양해졌고, 교양 프로그램에 대한 명확한 규정도 없기 때문에 간혹 연예정보를 담고 있는 오락적 프로그램들도 교양 프로그램에 속할 수 있게 된 것이 오늘날이 현실이지만, 일반적으로 교양 프로그램은 연예오락 프로그램과 대칭되는 상대적 개념의 프로그램으로 이해된다.

이 논문에서 조사된 프로그램은 SBS의 〈TV 동물농장〉과 KBS의 〈도전 골든벨〉인데 진행자가 전문적인 방송인들이며, 대부분의 대사가 이들에 의해 진행되는 특징을 가진다. 이런 특징은 자막에서도 잘 반영되어 다양한 기능보다는 몇 가지 기능에 편중되어 있다. 대상 프로그램에서 자막의 사용 양상을 간단히 정리하면 다음과 같다.

⑦ 교양 프로그램에서 자막의 사용 양상(205항목)

A. 정보 전달의 불완전성 보완(51)
㉠ 음성 변조(0) ㉡ 외국어(1) ㉢ 부정확한 발음(0) ㉣ 환경적 요인(0)
㉤ 요약 정리(0) ㉥ 오류 수정(4)

B. 정보 전달 수단의 대치(99)

㉠ 장면전환(32) ㉡ 상황, 화면의 내용 설명(59)

㉢ 인물, 장치, 프로그램 내용 소개(18)

C. 정보의 추가[7] (40)

D. 잉여적 정보- 말소리의 시각적 반복(61)

　교양 프로그램은 프로그램의 특성상 음성변조나 요약정리가 나타나는 부분이 거의 없으며, 또한 프로그램의 진행자가 발음상의 교육을 받은 아나운서나 성우이기 때문에 발음상의 부정확함도 드물어서 정보 전달에 문제가 거의 눈에 띠지 않는데 위의 조사 결과도 정보 전달의 불완전성을 보완 기능은 거의 나타나지 않는다.

　반면, 이 프로그램들은 고정된 상황보다는 다양한 종류의 지식을 제공하기 위한 빠른 장면 전환이나 지식제공에 필요한 부연설명이 나타나는 부분에 자막을 많이 이용하게 되는데, 실제로 정보 전달 수단의 대치 기능이 다른 종류의 프로그램들에서보다 압도적인 비중을 차지하고 있음을 볼 수 있다.

　또한 이 프로그램들은 교양 프로그램의 딱딱함을 극복하는 수단으로 정보의 추가 기능을 사용하고 있음을 알 수 있다. 이 기능으로 사용된 항목은 모두 40항목인데 이 정도의 분량이면, 지나치지 않으면서도

---

[7]　정보의 추가는 본문에서도 지적하였듯이 그 하위 기능 세 가지가 서로 구분되기 어려운 경우가 많으므로 전체적인 자막의 빈도 하나만 제시하기로 한다.

적당히 재미를 더해주는 역할을 할 수 있을 것으로 판단된다.

잉여적 자막은 〈TV 동물농장〉에서만 나타나는데, 이는 일반적인 교양 프로그램의 특성이 아니라 개별 프로그램에 따라 잉여적 자막의 사용 양상이 달라짐을 볼 수 있다. 실제로 이 프로그램에서도 말소리의 시각적 반복이 가져다주는 효과는 거의 없다.

2) 보도 프로그램

보도 프로그램은 사실의 전달을 목적으로 하므로 정확성이 생명이라고 할 수 있다. 실제로 보도 프로그램이 전형이라 할 수 있는 뉴스 프로그램에서는 자막의 사용이 극도로 절제되어 있고, 필요성도 그렇게 많지는 않다. 대부분의 방송이 아주 잘 훈련받은 전문적인 방송인들에 의해 진행되기 때문이다.

그러나 기획보도 프로그램의 경우는 사정이 약간 다르다. 취재 대상인 일반인들이 방송 전체의 분량에서 차지하는 비율이 높기 때문이다. 이 논문에서 조사 대상 프로그램으로 선정한 것은 KBS2의 〈추적60분〉과 SBS의 〈그것이 알고싶다〉인데, 이들은 모두 기획 보도 프로그램으로 일반인 가운데서도 지적 수준이 낮은 편에 속하는 소록도의 사람들과 정신장애자와의 인터뷰를 포함하고 있어서 자막 사용의 필요성이 높아져 있다.

㉮ 보도 프로그램에서 자막의 사용 양상(185항목)

A. 정보 전달의 불완전성 보완(135)

㉠ 음성 변조(22) ㉡ 외국어(6) ㉢ 부정확한 발음(90) ㉣ 환경적 요인(7)

㉤ 요약정리(2) ㉥ 오류 수정(8)

B. 정보 전달 수단의 대치(25)

㉠ 장면전환(13) ㉡ 상황, 화면의 내용 설명(8)

㉢ 인물, 장치, 프로그램 내용 소개(4)

C. 정보의 추가(0)

D. 잉여적 정보−말소리의 시각적 반복(21)

이들 프로그램들에서는 인터뷰 대상자들의 얼굴을 직접 노출시키지 않을뿐더러 소리도 음성변조를 사용하고 있으며, 〈추적60분〉의 경우는 소록도에서 생활한 나이가 많은 피해자들이 치아의 손상으로 발음이 부정확했고, 교육 수준이 낮아 정확한 언어 구사가 잘 안되므로, 자막이 정보 전달의 보완을 위해 중요한 역할을 하고 있다. "그것이 알고 싶다"의 경우는 정신장애 여성과 인터뷰에서 역시 발음상의 문제가 많이 나타나므로 이를 보완하기 위한 자막이 자주 등장한다. 보도 프로그램이므로 현장의 환경적 요인도 정보 전달을 보완하기 위한 자막의 사용을 촉진하고 있다.

이 프로그램들에서 장면의 전환은 대부분 화제가 전환되는 경우로 각각의 화제에 관련된 장소를 자막으로 처리하고 있으며, 사건 진행 장소나 자료화면 장면 제시에도 유용하게 쓰이고 있다. 화면이 정지된 채 주요 상황과 화면에 대한 설명을 하는 자막들도 보인다.

프로그램의 성격 상 불필요한 정보의 추가 기능은 사용되지 않는데, 〈추적60분〉의 경우에 말소리의 시각적 반복이 사용되고 있는 것이 눈에 띈다. 이런 기능으로 자막이 사용되는 경우는 대부분 잉여적 정보인 경우가 많은데, 이때도 적절히 절제하여 사용하면, 분위기를 정확히 전달하기 위해 도움을 줄 수도 있으며, 때로는 이해가 어려운 전문적인 용어나 내용과 같은 정보들을 여러 방식으로 전달함으로써 이해를 높일 수도 있음을 보여 준다.

3) 시사 프로그램

시사프로그램은 다양한 정보와 여러 가지 문제들에 대하여 시청자가 깊이 있게 생각하고, 균형 잡히며 올바른 판단을 할 수 있도록 도와주는 기능을 한다. 시사 프로그램은 문제점들에 대하여 시청자들을 이해・설득시키는 것이 가장 큰 과제라고 할 수 있다. 따라서 불필요하고 거추장스러운 자막은 가급적 절제되어 있으며 과장은 금물로 여겨진다. 따라서 프로그램 전체적으로 자막의 빈도가 높지 않아서 여러 프로그램들을 모아서 검토하게 되었는데, 이 글에서 사용된 프로그램들은 MBC의 〈신강균의 뉴스 서비스 사실은……〉, 〈시사매거진 2580〉, 〈아주 특별한 아침〉, 〈생방송 화제집중〉, KBS의 〈생방송 시사 투나잇〉, SBS의 〈임성훈의 세븐데이즈〉이다.

⑦ 시사 프로그램에서 자막의 사용 양상(196항목)

A. 정보 전달의 불완전성 보완(56)

㉠ 음성 변조(2) ㉡ 외국어(0) ㉢ 부정확한 발음(2) ㉣ 환경적 요인(12)

㉤ 요약정리(40) ㉥ 오류 수정(0)

B. 정보 전달 수단의 대치(106)

㉠ 장면전환(35) ㉡ 상황, 화면의 내용 설명(54)

㉢ 인물, 장치, 프로그램 내용 소개(17)

C. 정보의 추가(7)

D. 잉여적 정보 – 말소리의 시각적 반복(27)

가장 많이 쓰인 자막의 기능은 정보 전달 수단의 대치 기능이고, 그 다음이 정보 전달의 불완전성 보완 기능이다. 정보 추가 기능은 거의 사용되지 않는다. 시사프로그램에서는 사건의 취재가 주요한 내용이 되는데, 기자가 취재한 사건의 내용을 화면을 통해 설명하므로 상황·화면의 내용 설명의 기능이 두드러짐을 볼 수 있다. 또한 취재를 한 장소나 시간, 프로그램이 본격적으로 시작하기 전 앞으로 다룰 소주제에 대한 예고 자막 등이 자주 나오므로 장면 전환의 기능이 있는 자막이 많이 나오고 있음도 알 수 있다. 그리고 사건에 대해 전문가의 의견을 묻는 경우가 많고 그 사건과 관련된 인물들도 등장하므로 이들 인물을 소개하는 자막도 사용되고 있음을 알 수 있다.

이처럼 시사프로그램에서는 정보 전달 수단의 대치 기능을 가진 자막이 많이 쓰였다. 이는 많은 설명을 요구하고 계속적으로 시청자들을 이해시켜야 하는 시사프로그램의 특성상 사회자나 패널이 직접 설명해야 하는 것 이외에 부수적인 것은 가급적이면 자막을 사용하여 시간을 절약하고 효과적으로 정보를 제공하기 위함이라고 할 수 있다.

프로그램 진행 수단으로서의 기능을 가진 자막 다음으로 많이 쓰인 자막은 말소리 재확인기능을 가진 자막이다. 이는 음성언어 전달 장애의 극복을 위한 자막과 요약정리 자막으로 나눌 수 있는데 전자는 대부분이 인터뷰를 할 때 쓰이고 있다. 외부에서 인터뷰를 할 경우 여러 가지 환경적인 요인 때문에 자막을 사용해야 하는 경우가 많다. 여기에서 조사한 프로그램의 경우에는 이 환경적인 요인으로 인한 자막 사용이 가장 많았다. 이 프로그램들에서 요약정리 기능을 가지는 자막은 아주 유용하게 사용되고 있다. 시청자의 이해를 돕기 위해 표나 도식을 이용하는데 이들 프로그램들에서는 특히 설문 조사의 결과를 보여주는 데에 사용하고 있고, 인터뷰나 화면의 상황을 한눈에 파악할 수 있도록 도와주는 요약정리 기능을 가지는 자막이 가장 많이 쓰이고 있다.

시사프로그램에서는 자막의 정보 추가 기능이 거의 사용되지 않는다. 정보의 추가 기능이 나타나게 된 것은 〈MBC 생방송 화제집중〉에 국한되는데 이 프로그램은 다른 프로그램에 비해 상대적으로 시사성이 높지 않은 가벼운 사건을 다루기 때문에 가끔씩 흥미·관심의 유지 기능의 자막이 쓰이기도 한다. 개별 프로그램의 성격에 따라 자막의 사용이 달라지는 것을 보여주는 좋은 예이다.

특이한 것은 말소리의 시각적 반복의 기능을 가진 자막인데, 이는 〈신강균의 뉴스 서비스 사실은……〉에서만 나타나고 있으며, 다른 프로그램에서는 특별한 이유 없이 이런 기능을 가지는 자막을 싣지 않고 있다. 제작자의 의욕이 이런 잉여적 기능을 만들어내게 되었지만 의미 없는 공해가 되고 있을 뿐이다.

4) 다큐멘터리 프로그램

일반적으로 다큐멘터리 프로그램들에서는 자막이 잘 사용되지 않는다. 잘 짜여진 기록들을 잘 훈련된 진행자에 진행되는 일이 보통이기 때문이다. 그러나 다큐멘터리 프로그램들 중에서도 이 논문에서 조사된 KBS의 〈인간극장〉은 일주일 동안 한 인물을 중심으로 해서 그가 생활하는 모습을 5부작의 형식으로 보여주는 프로그램이다. 이 프로그램은 다양한 사람들의 모습을 흥미롭게 다룬다는 점에서 꾸준한 관심을 받고 있으며 휴먼 다큐멘터리의 성격을 보여준다. 이와 같은 휴먼 다큐멘터리 프로그램들은 평범한 일반인들을 대상으로 하기 때문에 개별 프로그램에 따라서는 자막의 활용이 활발하게 이루어지는 일도 있다.

⑦ 다큐멘터리 프로그램에서 자막의 사용 양상(212항목)

A. 정보 전달의 불완전성 보완(77)
㉠ 음성 변조(0) ㉡ 외국어(12) ㉢ 부정확한 발음(0) ㉣ 환경적 요인(0)
㉤ 요약 정리(0) ㉥ 오류 수정(65)

B. 정보 전달 수단의 대치(18)

㉠ 장면전환(4) ㉡ 상황, 화면의 내용 설명(0)

㉢ 인물, 장치, 프로그램 내용 소개(14)

C. 정보의 추가(0)

D. 잉여적 정보–말소리의 시각적 반복(117)

이 프로그램에서의 자막 사용은 프로그램의 성격을 아주 잘 보여주고 있다. 일반인들을 소재로 하여 제작된 프로그램이므로 그들이 가지고 있는 특성에 따라 정보 전달의 불완전성을 노정할 수 있는데, 자막은 이들을 보완해 주는 역할을 한다. 외국어에 대한 자막의 사용은 프로그램에서 외국인이 등장하는 일이 많기 때문이며, 오류 수정 기능이 빈도가 높았던 것은 사투리를 심하게 사용하는 사람을 주인공으로 등장시킴으로써 프로그램 전반적으로 사투리를 표준어로 치환시키는 작업을 자막이 담당했기 때문이다. 잉여적 정보인 말소리의 시각적 반복이 자주 등장하는 일은 다소 의외이기는 하지만 두 가지 관점에서 이해할 수 있다. 하나는 잦은 사투리 사용으로 인하여 사투리가 사용된 말과 그렇지 않은 말을 일일이 분간하는 귀찮은 일을 하지 않고 전면적으로 자막을 사용했기 때문이다. 다른 하나는 전체적으로 흥분되지 않고 잔잔하게 흘러가는 프로그램의 특성 때문에 자막을 넣어 일종의 변화를 기대하는 제작자의 의도가 관여했을 가능성이다. 이 이외에는 불필요한 자막을 사용하지 않는 다큐멘터리 프로그램의 일반적인 속성을 그대로 보여주고 있다고 할 수 있다.

5) 오락 프로그램

오락 프로그램은 대체로 진행자나 게스트들이 모두 전문적인 방송인들이고 일반인이 등장하는 일은 드물다. 방송인들이 모두 다 정확한 언어를 구사하는 것은 아니겠지만, 대체로 TV 프로그램들 중에서도 오락프로그램은 최근 들어 그 자막수가 크게 늘어났다. 이 같은 오락프로그램 자막수의 급속한 증가는 진행자나 게스트들의 빠른 대화로 그 말소리를 제대로 알아들을 수 없어서이기도 하지만, 재미를 높여주기 위한 역할도 크다고 볼 수 있다.

74) 오락 프로그램에서 자막의 사용 양상(314항목)

A. 정보 전달의 불완전성 보완
㉠ 음성 변조(0) ㉡ 외국어(0) ㉢ 부정확한 발음(1) ㉣ 환경적 요인(0)
㉤ 요약 정리(0) ㉥ 오류 수정(0)

B. 정보 전달 수단의 대치
㉠ 장면전환(0) ㉡ 상황, 화면의 내용 설명(0)
㉢ 인물, 장치, 프로그램 내용 소개(0)

C. 정보의 추가(198)

D. 잉여적 정보-말소리의 시각적 반복(115)

오락 프로그램에서의 자막 사용은 철저하게 편중되어 있음을 볼 수 있다. 정보의 추가 기능이 대부분이며, 불필요하게 사용된 말소리의 시각적 반복도 상당히 많은 빈도로 나타나고 있다. 출연자들이 대부분 잘 훈련받은 방송인들이라고는 해도 정보 전달이 불완전한 경우가 발생하기 마련인데, 이들을 보완하는 기능은 철저히 외면당하고 있으며, 정보 전달 수단으로 사용되는 자막이라고 판단되는 것들도 있지만 이것들조차도 흥미를 고조시키는 기능을 더 두드러지게 사용하면서 제시되어 실제 통계로는 잡히지 않았다. 제작자가 오락성과 시청률을 의식하여 흥미를 끌기 위한 수단으로 자막을 최대한 활용하고 있는 것이다. 자막의 남발이 우려되는 일도 대개는 오락 프로그램들에서 나타나는 현상이다. 잉여적 정보인 말소리의 시각적 반복은 그렇지 않아도 혼란스러운 화면을 더욱 어지럽히고 있으며, 정보의 추가 기능도 너무 지나치게 사용되어 정돈된 모습을 보여주지 않는다. 수용자들이 판단하고 생각하고 느끼면 좋을 부분들도 자막을 사용하여 강제하는 느낌을 주고 있다.

6) 종합

우리는 이 장에서 프로그램의 종류에 따른 자막의 기능을 살펴보았다. 그러나 최근의 경향은 장르 간의 장벽 허물기이다. 예를 들어 교양 프로그램의 영역에는 각종 생활정보 프로그램뿐만 아니라 문화, 예술

프로그램과 어린이 프로그램, 토론 프로그램 등 아주 다양한 프로그램 들이 속하게 되는데, 방송프로그램의 탈장르화 현상으로 오락과 교양 프로그램의 특성이 혼합된 인포테인먼트성 프로그램의 성격을 보이는 프로그램이 점증하는 경향이 보인다.

어떤 정보가 해당 프로그램에서 필요하고 적합한 정보인지 아닌지 의 판단은 프로그램의 성격에 달려 있다. 오락 프로그램은 즉흥성, 오 락성 위주의 성격을 가지므로 흥미를 고조시키는 것이 중요한 과제이 고 따라서 정보의 추가 기능이 자주 사용되리라는 예측은 실제 자막의 조사에서 잘 드러나고 있다. 오락 프로그램을 제외한 다른 프로그램들 은 대체로 정확한 정보의 제시, 구성, 전달을 목표로 하고 있어서 불필 요한 자막의 사용은 많지 않은 편이다. 그러나 이들 프로그램들에서도 종류에 따라 선호하는 자막이 있음을 알 수 있다.

교양 프로그램들은 다양한 지식을 전달하기 위하여 빠른 장면 전환, 보다 구체적인 설명이 요구되는데, 한정된 화면과 시간에 이 모든 것을 충족시키기 어려운 상황이다. 자막은 이런 상황에 도움이 되는 중요한 역할을 한다.

보도 프로그램은 진행자의 정확성으로 인해 자막이 요구되는 강도 는 낮지만 기획 보도 프로그램의 경우에는 인터뷰 대상자들의 특성에 따라 특정한 기능이 자주 나타나기도 한다. 장면 전환 등의 정보 전달 수단이 대치 기능도 간혹 사용되어 프로그램의 진행에 관여한다.

시사 프로그램에서는 정보 전달 수단의 대치 기능을 가진 자막이 가 장 효율적으로 사용된다. 내용 설명과 이에 부수되는 수용자 설득의 필 요성에 따라 말로만 충족시키기 어려운 다양한 정보를 제공해 준다. 요약정리 기능을 가지는 자막이 많이 나타나는 것도 이와 평행한 이유에서인 것으로 판단된다. 때로는 설득력을 높이기 위하여 말을 과감히 생략하고, 자막만을 사용하는 경우도 있다.

다큐멘터리 프로그램은 대체로 진행자의 멘트가 대부분을 차지하므로 자막이 등장할 여지는 많지 않은데, 이 논문에서 조사한 휴먼 다큐 프로그램의 경우는 개별 프로그램에 등장하는 주인공의 특성에 따라 자막의 사용 양상이 상당히 달라질 수 있다. 잔잔하게 흘러가는 것이 일반적인 프로그램의 성격을 보완하는 의미에서 말소리의 시각적 반복이 사용되기도 하지만, 큰 효과가 있는 것으로 보기는 어렵다.

오락 프로그램은 철저하게 흥미 유발 위주의 자막으로 구성되고 있음을 볼 수 있다. 별로 눈에 띠지 않는 것이라도 약간의 가능성만 있으면, 자막으로 구체화시킴으로써 가능한 한 흥미로운 대상을 발굴하려는 제작자의 의욕이 쉽게 드러난다. 그러나 그러한 의욕은 지나친 자막의 남발로 인해 역효과를 불러일으키는 경우도 많다.

4. 요약 및 결론

지금까지 우리는 정보 전달의 관점을 유지하면서 자막의 기능을 확인했으며, 이를 토대로 하여 프로그램의 종류별 자막의 사용 양상을 고찰해 보았다. 이들을 요약하여 결론으로 삼기로 한다.

㉮ 이 연구에서 사용된 자료는 2004년 11월 중에 공중파 방송에서

방영되었던 프로그램들 중 교양 프로그램, 보도 프로그램, 시사 프로그램, 다큐멘터리 프로그램, 오락 프로그램들 등 장르 별로 200 항목 안팎의 자막을 조사한 것이다.

㉯ 기존의 자막 기능 분류가 프로그램의 성격과 잘 연관되지 않는 점에 주목하여 정보적 관점에서 자막의 기능을 다시 검토하고 이를 프로그램들에 적용해 보았다.

㉰ 자막의 생성 경로에 "동기, 대상, 효과"가 자리 잡고 있음을 밝혔고, 이들이 자막의 기능에 깊이 관여하고 있음을 알아낼 수 있었다. 자막이 다양한 기능으로 분화되는 것은 이들 경로에 놓여 있는 요소들 중 어느 것과 연관되어 있느냐가 문제되는 경우가 많다는 데서 기인된다.

㉱ 이리하여 기존의 분류 중 "오류 수정 기능"은 정보의 추가와 관련된 기능이 아니라 정보 전달에서 발생되는 문제를 극복하기 위해 작용하고 있음을 확인했으며, "요약정리 기능"과 함께 적극적인 보완의 기능을 가진다.

㉲ 정보의 추가 기능 가운데에 "제작자의 의견 표출" 기능은 자막의 생성 경로 중 '동기'에, "잘 안 보이는 부분의 시각화" 기능은 '대상'에, "흥미·관심의 유지 기능"은 효과에 초점을 둔 것이 결과적으로 다르게 보였던 것이었음도 알 수 있었다.

㉳ "말소리의 시각적 반복" 기능은 거의 대부분의 경우에 정보의 추가보다는 제작자의 의욕이 발현된 결과임을 알 수 있었으며, 거의 모든 프로그램에서 잉여적인 역할에 그치고 있다.

㉴ 기본적으로 오락 프로그램을 제외한 다른 종류의 프로그램들은 불필요한 자막을 절제하고 있다.

㉒ 교양 프로그램은 다양한 지식을 제공하기 위하여 빠른 장면 전환이나 부연 설명을 위한 목적으로 자막을 정보 전달 수단의 대치 기능으로 많이 사용하고 있다.

㉓ 보도 프로그램은 자막을 잘 사용하지 않지만, 취재 대상이 일반인인 경우에 그들의 특성에 따라 정보 전달의 불안정성을 보상하는 방법으로 자막을 잘 활용하고 있다.

㉔ 시사 프로그램은 정보 전달의 불안정성 보상 기능과 정보 전달 수단의 대치 기능이 많이 사용된다. 이는 시사 프로그램이 다양한 정보를 제공하기 위하여 빠른 장면 전환이 요구되며, 수용자들을 설득해야 한다는 프로그램의 성격과 밀접한 연관을 맺고 있다.

㉕ 다큐멘터리 프로그램의 자막은 보도 프로그램과 비슷한 성격을 띤다. 등장인물이 일반인인 경우에 그들의 특성에 따라, 자막이 활용된다.

㉖ 오락 프로그램은 재미를 유발시키기 위하여 자막을 최대한 활용하려는 모습으로 나타난다. 따라서 자막의 본래적 기능인 정보의 보완과 같은 기능은 잘 나타나지 않으며, 정보의 추가 기능이 압도적으로 많이 나타난다.

이상에서 살펴본 바와 같이 자막은 대부분의 경우에 그 기능과 프로그램의 성격이나 필요성에 따라 적절히 사용되는 것이 자연스럽다. 그러나 일부 프로그램의 경우에는 프로그램의 성격과 유리되는 기능을 하는 자막을 사용하고 있음을 볼 수 있었는데, 이와 같이 자막의 기능을 정보의 관점에서 고찰함으로써 자막이 막연한 껄끄러운 느낌을 주는 이유를 체계적으로 보일 수 있었음이 이 논문이 이루어낸 성과 중의 하나라고 생각한다.

　자막을 보는 이러한 관점은 더욱 발전되면 하나의 도구(tool)로 자리 잡을 수 있을 것이라는 판단이 든다. 각각의 프로그램들에서 잘 활용될 수 있는 자막의 기능을 확인하고, 이를 토대로 불필요한 자막들을 선별함으로써 우리는 자막이 공해에서 벗어날 수 있는 길을 찾을 수 있을 것이다.

‖ 참고 문헌 ‖

[논문 및 단행본]

박은희 · 이수영, 「영상자막의 표현양식과 수용자 시청행위」, 『프로그램 / 텍스트』 제5호, 2001.

손세모돌, 「토크쇼에서의 웃음 유발 장치」, 『한국언어문화』 18, 2001.

심재기 · 이기용 · 이정민, 『의미론 서설』, 집문당, 1984.

이수연, 「텔레비전 서술양식의 이론적 고찰을 통한 코믹한 자막의 이해」, 『한국언론학 보』, 1999.

이익섭, 「방송에서의 표준어와 비표준어」, 『방송언어연구논총』, KBS 한국어연구회, 1988.

이지양, 「국어 준말의 성격」, 『성심어문논집』 25, 성심어문학회, 2003.

_____, 「TV 방송 자막의 기능과 우리말」, 『성심어문논집』 26, 성심어문학회, 2004.

장석진, 『화용론 연구』, 탑출판사, 1992.

Grice,P, '*Logic and Conversation*' in P.Cole and J.L.Morgan, eds, 1975.

경실련미디어워치, 『자막을 중심으로 본 방송언어의 문제 – 방송 3사 오락프로그램 모니터 분석』, 2001.

바른 언론을 위한 시민 연합, 『프로그램의 넘쳐나는 자막』, 모니터 보고서.

최용기, 『국어순화자료집』, 국립국어연구원, 2002.

대중 매체 언어와 교육적 활용 방안 연구

광고 텍스트를 중심으로

윤신원

1. 서론

이 글의 목적은, 현재 대학 교육에서 필수적으로 이루어지고 있는
읽기 교육 안에 매체 읽기 교육을 포함함으로써, 대학생들의 매체 문식
성(Media Literacy)을 함양하는 교육이 필요함을 제안하는 데 있다.

우리나라 각 대학의 교육에서 중요시되고 있는 읽기 교육의 공통적
인 목표는, 비판적 사고와 창의적 문제해결능력을 바탕으로 하여 전공
학문에 필요한 기초적 도구 지식 및 사회 구성원으로서의 의사소통 능
력을 기르는 데 있다.

읽기 교육에서 전통적인 문식성(Literacy)은 문자를 읽고 쓰는 능력을
의미한다. 그러나 기술과 매체[1]의 변화로 인해 각각의 매체가 가지고

---

[1]   매체(Media)는 매개, 수단의 의미로 광범위하게 사용되고, 일상적으로는 기술 장치 매체라는 의미

있는 고유한 담화[2] 특성에 맞춰 텍스트[3]를 구성하는 기호[4]의 범위가 확대되고 사회에서 요구하는 읽기 능력의 범위도 확장되면서 문식성에 대한 개념도 변화되었다.[5]

1992년 애스펜 연구소는 매체 문식성을 "다양한 형태의 커뮤니케이션에 접근하고, 분석하고, 평가하고, 생산하는 능력"이라고 정의하였다.[6] 즉 매체 문식성은 다양한 매체를 수단으로 소통되는 텍스트를 읽고, 쓰는 능력을 의미한다.

매체 텍스트는 각각의 매체 특성에 알맞은 언어·비언어 기호 체계로 다채롭게 구성되며 이러한 매체 텍스트를 읽는 수용자는 다양한 기호로 구성된 텍스트의 의미를 종합적으로 탐색하고 해석하고 비판하는 태도와 능력을 갖춰야 한다. 또한 일반인들이 매체를 이용하여 쉽게 텍스트를 생산할 수 있게 됨으로써 매체 특성에 적합한 다양한 기호를 상황과 맥락에 맞게 고려하여 매체 텍스트를 생산하는, 텍스트 생산자

로 받아들여지고 있다. 이 밖에도 의사소통 모델에서 메시지를 전달하는 언어나 기호를 의미하는 경우, 불특정 다수를 대상으로 하는 사회적으로 제도화된 대중매체(massmedia)를 의미하는 경우, 문학이나 영화 등의 예술 형식이나 장르를 의미하는 경우 등 다양한 개념으로 사용된다. 김무규 (2003, 346~359) 이 글은 일상적으로 사용되는 매체 개념에 기반하여 텍스트가 구현된 기술 장치에 따라 인쇄 매체, TV와 영화와 같은 영상 매체, 인터넷 매체 등으로 구분한다.

2   담화(discourse)는 학자들에 따라 다양한 의미로 사용된다. 이 글에서는 채트먼의 정의에 따라 담화를 내용(story)을 전달하는 모든 형식으로 정의한다(Chatman.S., 한용환 역, 『이야기와 담론 (Story and Discourse)』, 푸른사상, 2006, 22~23쪽.

3   텍스트(text)는 여러 가지 의미로 해석되지만, 이 글에서는 기호학에서의 개념을 따라 텍스트를 '기호들의 결합체'로 정의한다(Chadler,D., 강인규 역, 『미디어 기호학(Semiotics for Beginners)』, 소명출판, 2006, 29~30쪽).

4   학자들에 따라 기호를 언어와 구별하여 언어 외에 메시지를 전달하는 수단을 의미하는 용어로 사용하기도 하지만, 이 글에서의 기호는, 언어를 포함하여 의미를 전달하는 모든 표상을 의미한다.

5   문식성의 개념은 사회적, 역사적, 문화적, 상황적 맥락에 따라 그 개념과 의미, 기능 등이 조금씩 다르게 나타나지만 '문자를 읽고 쓰는 능력'으로 규정되는 전통적인 문식성 개념은 모든 문식성 개념의 원형이 된다. 요즘 범람하고 있는 다양한 문식성 용어에 대해 그 기준과 범위, 위계 등에 대한 고민은 차후 연구 과제로 남긴다.

6   Sugaya,A., 안해룡·안미라 역, 『미디어 리터러시(Media Literacy)』, 커뮤니케이션북스, 2001, 8쪽.

로서의 능력도 습득해야 한다.

현재 대부분의 대학에서 이루어지는 읽기 교육에서는 주로 문자로 이루어진 텍스트를 활용하여 전통적인 문식 능력을 함양하는 데에는 큰 역할을 하고 있지만, 다양한 매체 텍스트는 보조적인 수단으로만 한정적으로 활용하여 현대 사회에서 필요한 매체 문식성을 함양하는 데는 만족스럽지 않은 실정이다.

매체 텍스트를 활용하는 경우에도 문자 중심의 쓰기 교육에 초점을 맞춘 매체 텍스트 읽기[7]이거나 매체를 활용한 교수 방법에 대한 고찰,[8] 그리고 텍스트의 내용이나 서사적인 요소에 초점을 두어 매체 텍스트를 해당 교육 목표에 맞는 문자 중심의 텍스트로 치환해도 내용의 차이가 크게 나지 않는 교육[9] 등이 많아, 대학생들이 매체의 고유한 담화 특성이 고려된 매체 텍스트 자체의 분석 능력과 이해 능력을 키우는, 매체 문식성 함양을 목적으로 한 교육이 충분히 이루어진다고 보기에는 아쉬움이 있다.[10]

대학에서 실행되는 읽기 교육의 궁극적인 목표가 전공 학문과 사회에서의 원활한 의사소통 능력에 있다면, 대학의 읽기 교육에서도 문자 중심의 전통적 문식성을 신장시키는 교육과 더불어 매체 문식성 신장을 위한 읽기 교육이 필요하다고 할 수 있다.

대학생들이 생활 속에서 자주 접하는, 다양한 매체를 매개로 한 텍

---

7   이민호(2012), 한래희(2013), 황성근(2013), 김인경(2014), 임지원(2014) 등.
8   고기정(1993), 최석현(2014) 등.
9   이은주(2010), 윤재연(2011), 김경애(2013) 등
10   대학에서 쓰기를 목적으로 한 교육은 대부분 문자 중심의 쓰기 활동을 진행하지만, 이민호(2012),
     주민재(2014)에서는 매체를 활용한 쓰기 교육의 가능성을 보여준다.

스트는 대부분 문자와 다양한 기호가 결합된 복합 양식(multimode)으로 구현된다. 다양한 기호로 구현된 복합 양식 텍스트를 이해하고 비판하는 방식은 문자라는 단일 양식(singlemode)의 텍스트 읽기 능력과는 분명히 다른 읽기 능력을 필요로 한다. 매체에 따라 텍스트의 의미를 구현하는 기호들은 각각의 매체의 특성에 가장 효과적인 방식으로 선택[11]되기 때문이다.

따라서 매체 텍스트를 구성하는 기호들을 분석하고 해석하는 작업은 해당 텍스트가 구현된 매체의 담화 방식을 이해하는 과정을 포함하게 되며, 이는 궁극적으로 매체 문식성을 신장시키는 하나의 방법이 될 수 있을 것이다.

이에 이 글에서는 다양한 매체 텍스트 중에서 인쇄 매체 광고 텍스트[12]를 중심으로 논의를 진행하고자 한다. 인쇄 매체 광고 텍스트는 책과 동일한 인쇄 매체이지만 복합 양식으로 구성되어 문자 중심의 책을 읽는 방식과 많은 차이가 있으며, 분량이 대개 1장을 넘지 않기 때문에 대학생들이 수업 시간에 분석하는 자료로써 적합하다고 할 수 있다. 또한 인쇄 매체의 특성은 대학생들에게 이미 익숙한 영역이므로 텍스트

---

11 예를 들어, 라디오와 같은 매체는 청각 기호를 중심으로 텍스트의 의미가 구성된다. 면대면 의사소통과 같은 구어체의 언어 기호뿐 아니라 음악, 음향 그리고 침묵(pause)등의 기호가 복합적으로 의미를 구성한다. TV, 영화와 같은 영상 매체는 시청각 기호를 사용하여 텍스트를 구성한다. 구어와 문어의 언어 기호, 카메라의 눈으로 바라본 영상, 동작, 외양, 음악, 음향, 억양, 빛, 색, 편집 등 여러 기호를 사용한다. 요즘 대학생들의 생활에 밀착된 스마트폰은 인터넷 매체를 기반으로 한다. 인터넷 매체는 영상 매체와 동일하게 시청각 기호를 사용하여 의미를 구성하지만, 그와 더불어 인터넷 매체의 특성인 실시간성, 하이퍼텍스트성, 양방향성, 시공간의 확장성, 수용자가 매체를 직접 조작하는 인터랙션 등이 기호에 영향을 미쳐 기존의 영상 매체와는 구분되는 의미 구성 전략을 보인다.

12 인쇄 매체 광고 텍스트란 인쇄된 형태로 신문이나 잡지를 통해 또는 포스터 형식으로 수용자에게 전달되는 광고를 의미한다(박영준 외, 『광고언어론』, 커뮤니케이션북스, 2006).

에 사용된 기호의 특성이 매체 특성과 어떻게 연관되어 의미를 생성하는지 쉽게 파악할 수 있을 것이다.

이 글에서는 인쇄 매체 광고 텍스트 중에서 고가(高價) 화장품 브랜드인 '샤넬'과 저가(低價) 브랜드인 '에뛰드하우스'의 광고 텍스트[13]의 담화 방식을 기호학적 관점에서 면밀히 살펴, 가격대별 광고 텍스트에 사용된 다양한 기호들이 생산자·수용자와 어떤 상호작용을 하며 다층적인 의미를 생성하고 있는지 고찰하고, 이를 토대로 대학 읽기 교육에서 대학생들의 매체 문식성 함양 방안을 제언하고자 한다.[14]

2. 인쇄 매체 광고 텍스트의 언어 기호 특성

인쇄 매체 광고 텍스트의 언어 기호는 '문자'로 표현된 내용에 해당한다. 인쇄 광고 안에서 언어 기호는 로고, 슬로건, 표제부, 본문, 캡션 등으로 분류된다.

1) 사회적 의미를 함의한 로고와 슬로건

로고(Logo)는 기업이나 상품을 표상하는 문자 도형을 뜻한다.[15]

---

13   '샤넬' 광고 텍스트는 2010년 봄 신제품 립스틱인 'rouge COCO'이며 해당년도 가격은 39,000원이다. '에뛰드하우스'는 2012년 봄 신제품 립스틱인 '디어마이립스틱'으로 해당년도 가격은 8,500원이다.
14   이 글의 분석 대상인 광고 텍스트는 총서 발간일까지 해당 이미지 사용에 대한 정확한 답변을 듣지 못해, 아쉽지만 본문에 해당 광고 텍스트를 수록하지 않는다. '샤넬 2010 rouge COCO'의 인쇄 광고 텍스트는 잡지 *PREMIERE*(2010.8, published by Hachette Filipacchi) 참조. '에뛰드하우스 2012 디어마이립스톡'의 인쇄 광고 텍스트는 에뛰드하우스 홈페이지(www.etude.co.kr) 참조

먼저 고가 브랜드인 '샤넬'의 광고 텍스트에는 로고 이외의 언어 기호가 보이지 않는다. 중앙 하단에 'CHANEL'이라는 브랜드로고와 왼쪽 상단에 'rouge COCO'라는 상품로고 외에 립스틱의 정보를 전달하는 언어 기호는 사용되지 않았다. '붉다'라는 의미를 가진 프랑스어 'rouge'[16]는, 영어인 '립스틱(lipstick)'과 함께 입술에 바르는 색조 화장품을 나타내는 보통명사로 사용되고 있다. 'rouge COCO'는 붉은색 또는 립스틱을 나타내는 'rouge'와, '샤넬'의 설립자인 '가브리엘 샤넬(Gabrielle Chanel)'의 애칭인 '코코(Coco)'를 합성하여 만든 립스틱 상품명이자 상품로고가 된다.

'샤넬'은 브랜드의 인지도가 높기 때문에 수용자들은 인쇄 매체 광고 텍스트에서 브랜드로고와 상품 로고만 보아도 립스틱 상품에 대한 신뢰를 갖게 된다. 뛰어난 상품의 질, 세계에서 인정받는 고급 브랜드, 오랜 기간 지속되어 온 전통적인 브랜드 등 '샤넬'은 로고만으로도 수용자에게 많은 의미를 전달한다. '샤넬' 광고 텍스트에 사용된 로고 중심의 언어 기호는 상품에 대해 구구절절 설명하지 않아도 로고 하나만 제시하면 그 브랜드의 가치에 대해 사람들은 다 알고 있다는 자신감을 내포하고 있다.

이에 비해 '에뛰드하우스'의 인쇄 광고 텍스트에는 다양한 언어 기호들이 사용되고 있다. 그 중에서 화면의 오른쪽 하단에 있는 'PLAY

---

15   로고(logo)는 로고타이프(logotype)를 줄인 말이다. 로고는 엄밀하게 말하면 언어 기호와 비언어 기호가 결합되어 총체적인 의미를 전달하고 있지만, 이 글의 분석은 상품의 가격대별로 차이나는 브랜드 이름에 대한 의미 생성에 중점을 두고 있어 언어 기호에 포함하여 설명하기로 한다.

16   프랑스어 'rouge'는, 원래 '붉다'라는 의미이지만 여성들이 대개 붉은 색으로 입술 화장한 것을 'rouge'라고 칭하면서 지금은 입술 색조 화장품의 보통명사처럼 쓰이게 되었다.

ETUDE'는 '에뛰드하우스'의 슬로건(slogan)[17]으로, 화장이 습관적이고 반복적인 일상이 아니라 매일 새롭고 신나는 놀이처럼 즐길 수 있어야 한다는 '화장 놀이 문화'라는 '에뛰드하우스'의 브랜드 철학을 담고 있다.

'에뛰드하우스'의 기업로고는 광고 텍스트 상단 우측에 위치한다. '샤넬'의 기업로고가 문자 중심의 간결한 로고라면 '에뛰드하우스'의 기업로고는 도형디자인과 어우러진 로고라고 할 수 있다. 'ETUDE HOUSE'는 2줄로 나뉘어 표기되고, 문자를 둘러싼 도형은 로코코 양식의 화려한 거울 테두리를 연상시켜 왕궁과 같은 '에뛰드하우스'를 방문하는, 다시 말해 '에뛰드하우스' 상품을 구매하여 사용하는 여성들은 모두 공주가 된다는 공간적이고 환상적인 의미를 비유적으로 표현하고 있다.

'에뛰드하우스'의 슬로건은 '에뛰드하우스'의 상품이 저가 가격대이기 때문에 실현가능해진다. 저가의 화장품은 여러 개 구매하여도 경제적 부담을 적게 느끼기 때문에 수용자에게 '놀이'로 다가갈 수 있게 된다. 이에 더해 '에뛰드하우스'의 로고는 놀이처럼 화장을 즐기는 수용자가 비록 낮은 경제력을 가지고 있기는 하지만 화장품 사용을 통해 신분계층의 상위에 위치한 공주가 되는 욕구를 충족시킬 수 있게 한다.

이와 같이 로고는 단순히 브랜드명을 나타내는 기능만 하는 것이 아니라, 다양한 방식으로 여러 가지 의미를 전달하고 있다. 그러므로 매체 텍스트 읽기의 범위에는 텍스트의 본문 내용 뿐 아니라 이러한 로고

---

[17] 슬로건(slogan)은 브랜드의 핵심을 명확하고 간결하게 표현한 문구로서 이를 통해 브랜드 이미지를 소비자에게 쉽고 강렬하게 인식하게 하는 기능을 한다. 슬로건은 기본적으로 '표현+기업명'으로 이루어지며, 기업 슬로건, 제품 슬로건 등으로 분류된다. 박영준(2001).
이에 따르면 '에뛰드하우스'의 슬로건은 기업 슬로건에 해당한다.

자체가 함의하고 있는 사회·문화적 의미 작용에 대한 해석과 비판적 이해도 포함되어야 한다.

2) 하나의 의미로 귀결되는 표제부와 본문

'샤넬' 광고 텍스트에서는 로고 외에 다른 언어 기호를 사용하지 않지만, '에뛰드하우스'에는 다양한 언어 기호가 사용되고 있다.

'에뛰드하우스' 광고 텍스트의 왼쪽 상단에 있는 '너의 입술은 무슨 기분이니? / 이제 컬러로 말해봐'는 표제부(headline)[18]에 해당한다. 반말체인 '해라'체 의문문과 명령문을 사용하여 수용자와 친근하게 대화를 하는듯한 느낌을 주며, 질문에 대한 의미를 '컬러로 말하라'는 조건을 덧붙여 광고 상품인 립스틱의 다양한 색과 연결시킨다. 표제부의 의문문은 광고 안에서 그 답을 찾으라는 암시와 같다. 의문문은 내용을 강조하고 호기심을 자극하려는 목적으로, 명령문은 수용자의 행동을 강력하게 촉구하기 위해 사용된다. '에뛰드하우스'에서 사용한 의문형과 명령형의 문장은 발화 주체인 광고 생산자와 수용자와의 상호작용을 나타내고, '여러 가지 색상의 립스틱 상품 구매'라는 생산자의 의도를 친근한 분위기에서 강렬하게 전달하고 있음을 암시하고 있다.

'기분이 어떠한지'에 대한 주어는 '입술'이지만 '입술'은 유정명사(有情名詞)가 아니므로 입술을 의인화한 수사법이 사용되었다. 또한 '컬러'

---

18   표제부(headline)란, 광고 텍스트에서 가장 큰 글자 크기로 표현되고 수용자의 눈길이 먼저 닿는 곳에 위치한 문장이다. 표제부는 수용자의 주목과 흥미를 환기시켜 자연스럽게 광고 텍스트로 유도하는 기능을 한다. 김동규, 『카피라이팅론』, 나남, 2003.

는 시각으로 인지하는 의미의 단어이므로 청각으로 인지하는 '말해봐'라는 서술어는 '보여주다'의 의미를 비유적으로 사용하고 있음을 알 수 있다. '입술'과 '말해봐'는 모두 '입'과 관련된 단어로 위와 같은 수사법을 활용하여 동일한 의미장(場)의 단어로 표제부를 구성하고 있다.

표제부 아래에는 '24가지 입술 속에 담긴 / 24가지 감성 이야기 / 디어 마이 립스-톡'이라는 부제부(subhead)[19]가 있다. '24가지'라는 단어의 반복과 뒤따르는 명사인 '입술'과 '감성'을 각각 수식하는 통사적 반복은, 광고하는 립스틱의 색이 24가지라는 정보를 광고 수용자가 기억할 수 있도록 강조하는 기능을 한다. 또한 24가지로 출시된 립스틱 컬러로 24가지 기분을 나타낼 수 있다는, 표제부에 대한 좀더 구체적인 내용을 제시한다.

'디어 마이 립스-톡'은 립스틱 상품명이다.[20] 영어 'Dear my lips-talk'은 '사랑스러운 / 매력적인 나의 입술 이야기'로 번역될 수 있으나 광고 텍스트에서는 영어의 한국어 발음을 그대로 표기하여 립스틱 상품명, 즉 고유명사로 사용된다. 'lips-talk'은 립스틱(lipstick)을 변형한 신조어라고 할 수 있으며, '립스틱'과 '립스톡'이라는 발음상의 유사한 반복은 입술과 관련된 화장품이라는 의미장(場)을 형성하여 수용자에게 립스틱 광고임을 유추할 수 있게 한다.

상품명 아래 박스 안에 있는 문장들은 본문(bodycopy)에 해당한다.

---

19 부제부(subhead)란 표제부와 본문 사이에 위치하여 표제부의 주목, 흥미, 긴장감을 유지하면서 본문으로 연결시켜 주는 중간다리 역할을 한다. 보통 2~3줄 문장으로 구성되며, 상품명이 포함되기도 한다(김동규, 『카피라이팅론』, 나남, 2003).

20 '샤넬'의 'rouge COCO'는 인쇄 매체 광고 텍스트 외 다른 광고나 행사 광고에서도 동일한 글씨모양을 유지하는 상품로고임에 비해, '에뛰드하우스' 광고 텍스트에 한글로 표기된 '디어마이립스톡'은 영문으로 표기되어 사용하는 별도의 '상품로고'가 있다.

'지금 YouTube에서 4가지 감정의 웹드라마 / 산다라와 샤이니의 키스노트를 감상하세요'[21]에는 '키스노트'라는 신조어가 사용되었다. 립스틱과 입술, 키스는 동일한 의미장(場)을 형성하며, 표제부와 부제부에 있는 '24가지 칼라와 24가지 입술의 기분'은 입술과 관련된 키스라는 의미로 좁혀지게 된다. 현재를 나타내는 부사어 '지금'과 청유형의 구어적 종결체는 광고 생산자와 수용자의 상호작용을 나타냄과 동시에 수용자의 적극적이고 능동적인 행위를 요구하는 기능을 한다.

그 아래에는 '첫 번째 부끄럽게 사랑을 시작하는 코랄빛 입술 이야기 / 두 번째 짜릿하게 사랑을 경험한 레드빛 입술 이야기 / 세 번째 신나는 사랑을 하고 있는 오렌지빛 입술 이야기 / 네 번째 숨 막히는 사랑을 부르는 핑크빛 입술 이야기' 등으로 4가지 립스틱 색을 설명하는 문장이 나열되어 있다. '○○빛 입술 이야기'라는 명사구의 반복으로 각각 이를 수식하는 관형사절이 선행하고 있다. '시작하다', '경험하다', '사랑하다'는 사람을 주어로 하는 동사이지만 모두 '입술'을 수식하고 있어, 신체의 일부인 '입술'이 주체가 되는 의인법이 사용된다.[22]

'에뛰드하우스' 광고 텍스트의 본문을 구성하는 언어 기호는 브랜드

---

21 영상 광고인 웹드라마는 인터넷 매체를 기반으로 제작된 드라마로 한편의 분량이 10분 내외로 짧은 편이다. 처음에는 주로 기업의 광고로 제작되었으나 2014년 이후 드라마 자체로도 활발하게 제작되고 있다. '에뛰드하우스'의 웹드라마 광고는, 출시된 립스틱의 칼라에 스토리를 입혀, 립스틱 광고 모델인 산다라박과 남성가수그룹 샤이니(SHINee)의 멤버들인 종현, 키, 태민, 민호를 차례로 커플로 설정하여 드라마 형태의 영상으로 립스틱을 홍보하고 있다. 영상 광고인 웹드라마 4편은 '종현과의 부끄러운 코랄, 키와의 짜릿한 레드, 태민과의 신나는 오렌지, 민호와의 숨막히는 핑크'라는 제목으로, 여자 주인공인 산다라박이 '키스노트'에 해당 칼라의 립스틱으로 남자 주인공의 이름을 쓰면 현실에서 그와 키스를 하게 되는 내용으로 구성되어 있다.

22 다만, '부르다'는 동사는 '마음을 불러 일으킨다'는 의미를 가지고 있어 '입술'이 주어가 될 수 있다. 이 같은 의인법은 영상 광고인 웹드라마 제목에서도 보인다. '부끄럽다', '짜릿하다', '신나다', '숨막히다' 등은 모두 사람이나 상황이 주어가 되어야 하지만 영상 광고인 웹드라마의 제목에서는 모두 주어가 '색(色)'으로 제시되어, 립스틱의 '다양한 색'을 강조한다.

가 아니라 24가지 색으로 출시된 상품의 정보를 강조하는 것으로 초점이 모아진다. 사람의 기분을 컬러로 나타내려면 기분만큼 다양한 색이 존재해야만 한다. '에뛰드하우스'의 광고 텍스트는 광고 수용자에게 24가지나 되는 다양한 색의 립스틱이 있다는 정보와 함께 기분에 따라 다양한 색의 립스틱을 사용하도록, 다시 말해 여러 개의 립스틱을 구입하도록 권유하고 있다.

이는 '샤넬'의 'rouge COCO' 립스틱이 30가지의 색으로 출시되었으나 광고 텍스트에서 그 다양한 색을 강조하고 있지 않는 것과 대비된다. '샤넬' 립스틱의 30가지 색은 '에뛰드하우스'의 24가지 색보다 선택의 폭이 더 넓다. 그러나 '샤넬'이 그 다양한 색에 대한 정보를 표면화시키지 않고 로고만을 표기하여 브랜드 자체를 강조하였다면, '에뛰드하우스'는 다양한 색을 강조한 상품에 초점을 두어 상품 구매를 촉구하고 있다.

표제부와 본문에 표기된 언어 기호의 의미는, 모두 남녀간의 '사랑'과 관련된 의미로 모아진다. '립스틱-입술-감정-사랑-키스'의 의미장(場)이 형성되어 사랑에 대한 감정을 예민하게 받아들이는 젊은 연령의 여성 수용자들을 목표 고객(target audience)으로 명시하고 있음을 알 수 있다. 인쇄 매체 광고 텍스트와 병행하여 제작된 '웹드라마'라는 특정한 영상 광고 또한, 인터넷과 스마트폰이 일상생활 문화로 자리 잡은 젊은 연령의 수용자를 목표 고객군(群)으로 설정했다는 것을 암시한다.

표제부와 본문의 언어 기호는 매우 다양한 형태로 나타나지만 궁극적으로는 광고하는 상품의 특성에 초점이 맞춰져 있다. 광고하는 립스틱의 다양한 색과 사랑과 관련된 단어들을 지배적인 내용으로 하여 젊은 연령의 수용자가 공감할 수 있는 환상적인 스토리를 구성하고 있다. 그러므로 매체 텍스트를 분석할 때에는 텍스트의 목적과 기능에 따라 다양한 언어 기호의 의미를 재배열하고 의미를 찾기 위해 적극적으로 텍스트와 상호작용하는 능동적인 태도를 갖추도록 교육해야 한다.

3) 공간의 한계를 극복한 캡션

캡션(caption)이란 광고 텍스트에서 사진이나 일러스트 밑에 붙인 설명을 말한다.[23] '에뛰드하우스' 광고 텍스트를 보면, 슬로건 바로 위, QR 코드 왼쪽에 'QR 코드를 스캔한 뒤 핸드폰을 산다라박 입술 위로 가져가 보세요. / 24가지 감정의 컬러를 확인하실 수 있습니다'라는 캡션이 있다. 이 문장은 QR 코드를 이용하는 방법을 설명하는 내용으로, 청유형의 구어적 종결체를 사용하여 수용자들에게 특정한 행위를 시도하게 한다.

인쇄 매체 광고 텍스트는 지면의 한계로 인해 24가지 립스틱 컬러를 다 보여줄 수 없을뿐더러, 다 보여준다 하더라도 정보의 과잉으로 광고의 효과가 감소할 수 있다. QR 코드를 활용하여 립스틱의 다양한 색에 대한 정보를 확인할 수 있는 다른 매체로 수용자를 연결시키고, 광고 텍스트에는 QR 코드를 이용하는 방법만을 언어 기호로 제시하고 있다. '수신자 요금부담 전화번호, 에뛰드하우스 홈페이지 주소'도 광고 수용자가 인쇄 매체 광고 텍스트에서 부족한 추가 정보를 보충할 수 있

23　김동규, 『카피라이팅론』, 나남, 2003, 422~425쪽.

는 방법을 알려 주는, 정보 전달의 기능을 하는 캡션에 해당한다. 또한 캡션은 인터넷과 스마트폰을 활용하는 것이 일상적인 생활 문화가 된 젊은 연령의 수용자들을 염두에 두고 사용된 언어 기호이기도 하다.

캡션은 텍스트의 중요한 내용이 아니라서 읽기 과정에서 쉽게 지나 칠 수 있다. 그러나 인쇄 광고 텍스트에서는 인쇄 매체라는 공간적 한 계를 극복하기 위해 상품에 대한 더 많은 정보를 수용자에게 전달하는 방법을 표기한, 인쇄 매체 광고 텍스트의 매체적 특성[24]에 해당한다. 이와 같이 캡션이 인쇄 매체 광고 텍스트에서 어떤 기능과 역할을 하는 지 분석하고 매체적 의미를 찾는 과정은 매체 읽기가 전통적인 읽기 과 정과 변별되는 지점이라고 할 수 있다.

3. 인쇄 매체 광고 텍스트의 비언어 기호 특성

인쇄 매체 광고 텍스트에서 광고 생산자가 전달하고자 하는 의미는 언어 기호뿐 아니라 비언어 기호와 함께 나타난다. 인쇄 광고 텍스트의 비언어 기호는 언어 기호 이외에 의미를 전달하는 모델, 타이포그래피, 색과 빛 등[25]으로 구분할 수 있다.

---

[24] 인쇄 매체 광고 텍스트는 공간의 제약이 있는 대신 시간성에서는 매우 자유롭다. 인쇄 매체 광고 텍스트는 수용자가 텍스트와 접촉하는 시간을 자유롭게 조절할 수 있기 때문에 이와 같은 캡션을 통해 추가 정보를 다양하게 제공할 수 있다.

[25] 영상 매체 광고에는 이 외에도 목소리의 빠르기, 억양, 음향, 음악, 색깔과 빛의 변화, 카메라의 움직 임과 앵글 변화, 배경의 변화, 화면 전환 방법, 화면 전환 속도 등의 비언어 기호가 사용된다.

1) 관계를 설정하는 모델

　인쇄 매체 광고 텍스트를 구성하는 모델은 인물모델과 상품모델로 구분된다. 모델은 카메라로 촬영하여 화면에 배열하는 방식을 취하는데, 이는 광고 생산자가 카메라의 눈으로 모델을 바라보는 방식대로 광고 수용자 역시 모델을 바라보게 된다는 전제를 함축한다. 카메라를 매개로 한 모델은 현실 그대로 재현(representation)되는 것이 아니라 카메라의 숏, 앵글, 색, 빛 등에 따라 재구성(reconstruction)되어 텍스트에 표현된다. 이때 카메라의 눈에는 광고 생산자의 의도가 내포되며 수용자는 텍스트를 통해 자연스럽게 생산자의 의도를 수용하게 된다.

　'샤넬' 광고 텍스트의 인물모델은 프랑스에서 가수이자 배우로 활동하고 있는 '바네사 파라디(Vanessa Paradis)'이다. 바네사 파라디는 1992년 18세에 처음 '샤넬'의 향수 모델이 되어 세계적인 명성을 얻게 되며 18년 후인 2010년 다시 'rouge COCO'의 모델이 되었다. 이러한 이력을 가진 인물모델은 1912년 창립한 '샤넬' 브랜드의 유구한 전통을 내포함과 동시에 성숙하고 기품 있는 아름다움을 상징하는 기호로 사용되고 있다.

　카메라는 인물모델의 얼굴을 강조하는 클로즈업숏(close-up shot)과 광고 수용자의 눈높이와 동일한 수평앵글(eye-level angle)이 사용되었다. 이는 인물모델이 광고 수용자와 마주 앉아 같은 눈높이에서 서로를 바라보고 있는 듯한 시선을 통해 광고 텍스트와 수용자 사이의 거리감을 좁히고 친밀한 관계를 형성한다. 엷은 미소를 띠고 있는 인물모델의 표정과 하얀 꽃이 수놓아진 의상은 품위 있는 여성스러움과 우아함을 나타내는 기호로 해석할 수 있다.

'샤넬'의 립스틱 상품은 2개가 나란히 세워져 있다. 오른쪽에 있는 상품은 뚜껑이 닫힌 립스틱이고 왼쪽에 있는 상품은 뚜껑이 열린 립스틱이며 뚜껑은 샤넬 로고가 보이게 눕혀져 있다. '샤넬'의 립스틱 케이스는 중간에 금색의 테두리만 있는, 검정색의 직사각형 모양이다. 립스틱 상품이 계속 변화하여도 '샤넬'의 립스틱 케이스는 크게 변하지 않는다. 그렇기 때문에 '샤넬'의 립스틱은 케이스만으로도 '샤넬'이라는 브랜드를 나타내는 기호가 된다. 검정색은 절제되고 엄숙한 고급스러움을 의미하며 금색은 화려함과 고귀함을 의미하는 색으로, 단순한 직사각형 케이스와 함께 간결하지만 세련된 상품임을 나타내고 있다.

이러한 '샤넬'의 모델이 공통적으로 함의하고 있는 부(富)와 고급스러움은 광고 수용자와 친밀하게 연결되어 상품의 가치에 대한 선망과 동일시의 관계를 형성한다.

'에뛰드하우스'의 인물모델은 국내 여자가수그룹 '2EN1'의 멤버인 '산다라박'이다. 산다라박은 2012년 당시 27세였으며 소속된 그룹 '2EN1' 또한 20대 젊은 연령에게 큰 호응을 받는 노래를 발표하여 활동하고 있었다. 이는 20대 여성을 목표 고객으로 하는 '에뛰드하우스'의 전략에 부합하여 광고 수용자들이 인물모델과 쉽게 동일시할 수 있는 기호로 작용한다.[26]

'에뛰드하우스' 인물모델은 윙크를 하는 개성 있는 표정으로 광고 수용자를 약간 측면에서 바라보는 각도로 촬영되었다. 이는 흰색의 의상

---

26 '에뛰드하우스'는 고아라, 이민정, 산다라박, 박신혜 등, 광고하는 해당년도에 TV에서 인기 있는 20대 여성 연예인을 모델로 발탁하여, 대중성과 시의성에 초점을 두고 광고 텍스트의 인물모델을 선택한다는 것을 알 수 있다.

과 함께 20대 여성의 발랄함과 당돌함, 여성스러움이 함께 느껴지는 기호가 된다. '샤넬'의 광고에서와 마찬가지로 카메라의 클로즈업 숏과 수평앵글은 인물모델과 광고 수용자의 거리감을 가깝게 하며 수용자와 광고 상품과의 거리감 또한 가깝게 조정하고 있다.

'에뛰드하우스'의 상품모델은 인물모델이 들고 있는 것과 왼쪽 하단에 V자 모양으로 세워져 있는 2개의 립스틱, 그리고 맨 왼쪽의 케이스 없는 립스틱 조각 등이 있다. '에뛰드하우스'의 립스틱 전체 케이스는 광고 텍스트에 보이지 않는다. 모두 뚜껑이 열려 립스틱 색이 강조되고 있다. 립스틱 케이스의 밑 부분은 드레스의 퍼프소매 같이 생겨 보석 같은 장식이 붙어 있어 '립스틱 사용자는 공주가 된다'는 브랜드 전략과 연결되는 맥락을 보인다. 이는 '에뛰드하우스'의 립스틱 케이스가 브랜드의 분위기를 나타내는 기호로 사용되기는 하지만 '샤넬'과 같이 립스틱 케이스가 브랜드를 상징하는 기호로까지는 사용되지 못함을 암시한다.[27]

현재 20대에게 가장 우상화되고 있는 아름다운 여성 연예인과 그 연예인이 광고하는 공주풍의 화장품, 그리고 연예인과 동일한 연령대의 광고 수용자는 서로 관계가 설정되어 각각의 기호에 의미를 부여하게 된다.

---

[27] '에뛰드하우스'의 실제 립스틱 케이스에는 '샤넬'과 같은 브랜드로고가 보이지 않는다. 립스틱 케이스에서 브랜드를 알 수 있는 곳은, 립스틱 색 번호와 용량, 제조일자 등이 적혀 있는 케이스 밑에 붙어 있는 스티커에서다. 또한 상품에 따라 립스틱 케이스의 모양이 다르게 제작되고 있어 케이스와 브랜드를 연결시키는 데는 시간이 소요된다.

2) 읽기 방향을 주도하는 타이포그래피

타이포그래피(typography)란, 글자 모양, 크기, 색 등 문자와 관련된 모든 조형적 표현을 의미한다. 글씨 모양, 크기, 색 등은 광고 수용자의 시선이 진행되는 순서와 밀접한 관련이 있다. 글씨 모양은 주로 광고 텍스트에 표기된 내용의 구분을 나타내기 때문에, 전체적인 글씨 모양과 다른 모양의 언어 기호는 모양의 상이함 때문에 수용자의 시선을 끌게 된다. 글씨 크기는 광고뿐만 아니라 책이나 신문, 만화와 같은 다른 텍스트를 읽을 때도 수용자의 시선을 움직이게 하는 요소로 작용한다. 큰 글씨는 주목성과 가독성을 높이기 때문에 작은 크기의 언어 기호보다 먼저 시선이 가게 되며 텍스트에서 중요한 단어와 내용이 생산자에 의해 이미 결정되었음을 의미하기도 한다. 이러한 효과는 글씨 색에도 적용된다. 생산자가 강조하고 싶은 단어만을 다른 색으로 표기하여 드러나게 하거나, 같은 색이더라도 명도와 채도를 조절하여 수용자의 읽기 진행 방향을 조정할 수 있다.

'샤넬' 광고 텍스트에 사용된 언어 기호는 로고뿐이다. 브랜드명인 'CHANEL'의 정사각형 고딕 글씨체는 화장품 외에 의류, 구두 등 '샤넬'의 모든 로고에 사용되는 글씨체이며 하얀 바탕에는 검정색의 글씨, 검정 바탕에는 흰색 글씨를 기본으로 한다. 립스틱 뚜껑에 찍힌 도형로고는 립스틱 케이스를 나타냄과 동시에 브랜드로고를 나타내는 중의적인 표현으로 사용되었다. 브랜드로고의 검은색은 상품 케이스의 색과 일치하여 화려함과 발랄함보다는 위엄 있고 고급스러운 제품이라는 의미를 갖는다.

상품로고의 글씨체는 2개로 나뉜다. 'rouge'는 필기체, 'COCO'는 브랜드로고와 동일한 고딕체를 사용하여 2줄로 표기하였으며 광고하는 립스틱 상품의 색을 사용하였다. 이후 2012년 'rouge COCO shine'이라는 새 상품이 나오면서는 필기체로 나타났던 'rouge'는 'COCO'와 동일한 글씨체로, 새 상품에서 강조하는 'shine'은 필기체로 표기하고 있는 것으로 보아, 필기체의 글씨 모양은 새로 출시한 립스틱 상품을 눈에 띄게 광고하는 기호라고 할 수 있다. 또한 브랜드 로고보다 상품로고의 글씨 크기가 조금 더 크게 표기되어 상품명을 강조하는 듯 보이나 상품로고 중에서도 조금 더 크기가 큰 'COCO'라는 문자를 통해 수용자가 'COCO CHANEL'이라는 브랜드를 유추하게 하여, 궁극적으로는 수용자의 인식을 '브랜드'로 향하게 한다.

'에뛰드하우스'의 언어 기호의 조형적 표현은 '샤넬'보다 다양하게 나타난다. '에뛰드하우스'의 브랜드로고인 'ETUDE HOUSE'는 명조체와 고딕체의 영문 대문자로 2줄로 표기되며 분홍색을 사용한다. 브랜드로고 주위의 화려한 공주풍의 거울 테두리도 동일한 분홍색이다. 슬로건인 'PLAY ETUDE'도 로고와 같은 글씨 모양과 색을 사용하고 있다. 기업에 대한 신뢰와 믿음을 더하는 글씨체에, 공주가 되고 싶은 젊은 연령대 여성의 발랄한 아름다움을 나타내는 분홍색을 사용하여 '에뛰드하우스'의 브랜드 전략을 나타낸다. 하지만 로고의 크기보다 슬로건의 글씨 크기가 더 크게 표현되어 저가(低價)브랜드라는 핸디캡을 가리고 '화장은 놀이'라는 전략을 강조하고 있다.

표제부 문장은 손글씨체를 사용하였으며 그 외의 부제부와 본문은 모두 고딕체로, 캡션은 명조체로 구분되어 표기되었다. 손글씨체는 친근함과 자유로움, 가벼움, 즐거움을 주는 글씨체[28]로 표제부의 내용과도 어울리게 작용한다. 표제부는 텍스트 생산자 또는 인물모델이 수용자에게 반말체로 말을 거는 듯한 내용이므로, 이와 같은 비언어 기호인 타이포그래피를 통해 그 의미가 더욱 강하게 전달된다. 이 밖에 상품의 정보를 전달하는 내용들은 모두 고딕체나 명조체 등 가독성이 좋은 글씨체를 사용하여 상품의 정보를 객관적으로 전달하는 느낌을 더해준다.

글씨 색은 크게 검정색과 분홍색으로 나뉜다. 분홍색의 글씨는 광고 생산자가 강조하고자 하는 언어 기호에 사용되어 수용자의 눈에 띄게 한다. 표제부의 '컬러'라는 단어, 부제부의 상품명, 본문의 웹드라마의 제목은 분홍색 계열인데 그 중에서도 '컬러'라는 단어 색의 명도가 가장 높게 나타나 광고 텍스트에서 가장 먼저 읽히는 효과를 준다. 나머지 문장들은 모두 검정색으로 표현되지만, 역시 표제부의 문장이 가장 진하고 선명한 검정색을 사용하는 등 명도를 조절하여 내용의 중요도와 수용자 시선의 흐름을 결정한다.

글씨 크기를 보면 같은 표제부라도 '이젠 컬러로 말해봐'의 크기가 광고 텍스트에서 가장 크게 나타나고 부제부에서도 '디어 마이 립스-톡'이라는 상품명이 상대적으로 큰 글씨로 표기된다. 그 다음엔 본문, 캡션의 순서로 크기가 작아져서 생산자가 중요하게 전달하고자 하는 내용을 예측할 수 있다.

이와 같이 언어 기호와 함께 사용된 타이포그래피는, 생산자가 광고 텍스트를 통해 전달하고자 하는 립스틱 상품과 관련된 정보를 수용자

---

28 Silverblatt, J. & Ferry, J. & Finan, B., 송일준 역, 『미디어 리터러시 접근법(*Approach to Media Literacy*)』, 차송, 2004, 337~338쪽.

에게 어떤 진행 방향으로 전달하고자 하는지에 대한 의도를 함의하고 있는 기호가 된다. 그리고 그러한 읽기의 방향성은 수용자가 텍스트의 의미를 구성하는 데에도 영향을 준다.

지금까지의 읽기 교육은 대부분 문자의 조형적 표현은 도외시하고 문자가 지닌 내용만을 중심으로 이루어져 왔다. 그러나 복합양식으로 구현되는 매체 텍스트 읽기에서는, 문자와 관련된 조형적 표현 또한 고유한 의미를 전달하는 기호로 텍스트의 의미 구성에 중요하게 작용하고 있음을 간과해서는 안 된다.

3) 감정을 유발하는 색과 빛

인쇄 매체 광고 텍스트에 사용된 색과 빛은, 광고하는 상품을 돋보이게 하기 위하여 사용되기도 하지만, 수용자에게 특정한 감정을 유발하는 기호가 되기도 한다.

'샤넬' 광고 텍스트는 하얀색과 자연스럽고 밝은 피부색 위에, 광고하는 립스틱의 붉은색이 강조되고 있다. 인물모델의 머리카락과 화장은 밝은 피부색과 비슷한 색으로 눈에 두드러지게 띄지 않는다. 피부가 비치는 의상에도 작고 하얀 꽃무늬만 있을 뿐이다. 배경색도 희미한 푸른색이 수직으로 비치는 하얀색인데 왼쪽 상단의 'rouge COCO'라는 붉은색의 상품명, 인물모델의 붉은 입술, 오른쪽 하단의 검정 케이스의 붉은 립스틱이 대각선으로 연결되어 립스틱의 붉은색을 강조하고 있다.

빛의 방향은 왼쪽 상단에서 시작된다. 그림자가 생기지는 않지만 왼쪽 상단의 상품로고가 위치한 부분이 가장 밝고 오른쪽 하단의 상품 모델이 있는 부분으로 올수록 일상적인 빛으로 느껴져, 붉은 색으로 연결된 대각선과 궤를 같이 한다.

이러한 색과 빛의 변화는, 광고 수용자의 시선을 밝은 상품명에서 인물모델을 지나 구체적인 립스틱 상품으로 이끌어주며 세 번의 동일한 색을 반복적으로 인지하게 하여 수용자의 기억에 립스틱 상품을 각인하는 효과를 준다. 또한 밝은 조명은 신성함, 기쁨, 희망 등을 의미를 갖는데 왼쪽 상단의 'rouge COCO'라는 상품명을 가장 환하게 구성함으로써 수용자에게 '샤넬' 립스틱의 고귀함과 신성함, 소유하고 싶은 즐겁고 희망적인 욕망을 전달하게 된다.

'에뛰드하우스' 광고 텍스트에는 다양한 색이 보이지만 중심적인 색은 분홍색이라고 할 수 있다. 인물모델 뒤의 옅은 분홍색 바탕과 모델의 입술, 모델이 들고 있는 립스틱, 립스틱을 들고 있는 손톱의 매니큐어 그리고 하단의 슬로건과 QR 코드까지 모두 분홍색이다. 언어 기호에서 두드러지게 강조하는 단어와 상품명도 분홍색이며 뚜껑이 열린 립스틱도 분홍색과 산호색이다. 분홍색은 '에뛰드하우스'의 브랜드 컬러이면서 동시에 나이 어린 여성, 공주, 미성숙한 아름다움, 발랄함 등 젊은 연령대 여성과 어울리는 의미를 함축한다. 하지만 '샤넬'과 달리 특별한 방향성을 보이지는 않고 여러 기호에 반복하여 사용된다. 인물모델의 하늘색 머리장식과 립스틱 조각들의 여러 색들은 주된 색인 분홍색을 방해하지 않도록 광고 텍스트 가장자리에 위치한다. 언어 기호는 검정색이 주된 색이며 내용의 중요도에 따라 명도를 조절하여 변화를 준다. 이러한 명도와 채도의 변화는 전체적으로 알록달록한 느낌을 주어 경쾌함과 귀여움 등의 의미를 전달한다.

'에뛰드하우스' 광고 텍스트에 사용된 빛도 특별한 방향성을 보이지 않고 모델을 그림자 없이 밝고 선명하게 해주는 기능만 한다. 중앙에 있는 2개의 립스틱 상품 아래 그림자가 희미하게 보이지만 그렇다고 해서 빛이 위에서 아래로 비치는 특별한 의미를 찾을 수는 없다. 전체적으로 밝은 화면은 낙관, 기쁨, 안정 등의 느낌을 만들어내어 수용자가 불편함 없이 즐겁게 광고의 의미를 접할 수 있게 한다.

이와 같이 색과 빛은 수용자에 특별한 인상과 감정을 갖게 하는 기호로 사용되므로 매체 텍스트 읽기에 포함되어야 하는 요소라 할 수 있다.

4. 언어 · 비언어 기호에 내포된 사회 · 문화적 의미

생산자가 텍스트에 사용하는 언어 · 비언어 기호는 표면에는 중립적인 의미를 가지고 있으나 내면에는 여러 의도와 기능을 포함하고 있다. 그러므로 우리가 텍스트에 표현된 기호의 의미를 제대로 이해하기 위해서는 텍스트가 사용된 상황이나 맥락 등을 파악[29]할 수 있어야 한다.

동일한 매체를 통해 동일한 립스틱 상품을 광고하는 '샤넬'과 '에뛰드하우스'의 광고 텍스트를 구성하는 언어 · 비언어 기호 또한 다양한 사회 · 문화적 의미를 함의하고 있다.

고가(高價) 브랜드인 '샤넬'의 광고 텍스트에 사용된 언어 · 비언어 기호는 모두 절제되고 엄숙한 고급스러움을 나타내며 이는 새로운 '상품'

---

29   이태영, 『언어와 대중매체』, 신아출판사, 2000, 26~29쪽.

보다 상품을 출시한 '브랜드'를 강조한다. 상품에 대해 자세히 설명하지 않아도 브랜드명 하나만 제시하면 그 브랜드의 가치에 대해 수용자들이 다 알고 있다는 자신감을 내포하고 있으며 이는 수용자에게 특권의식을 갖게 하는 효과를 동반한다. 세련되고 우아한 분위기의 모델이 나오는 고가 브랜드 화장품 광고 텍스트는, 수용자에게 고가 브랜드 상품과 그것을 소비하는 자신을 동일시하는 효과를 준다. 고가 브랜드 화장품을 구매하는 수용자는 아름다운 존재에 그치는 것이 아니라 거기에 더해 우아하고 고급스러운 존재가 되는 것이다.

'샤넬'은 광고하는 나라별로 광고 텍스트를 따로 제작하지 않고, 전 세계에 배포되는 하나의 광고 텍스트를 제작한다. 20년 전 '샤넬'의 광고 모델이었던 바네사 파라디를 다시 모델로 선택하여 립스틱 상품과 병치시킴으로써 세계적인 브랜드라는 의미와 더불어 오랫동안 흔들리지 않는 전통적인 고급 브랜드라는 의미를 생성하게 된다.

대개 화장품 광고 텍스트를 접하는 수용자는 화장품을 구매하는 행위를 통해 '예쁜 외모를 갖고 싶다, 아름다운 모습으로 다른 사람에게 호감 있는 존재가 되고 싶다' 등의 사랑에 대한 욕구[30]를 충족시키고자 하는데 고가 브랜드인 '샤넬' 광고 텍스트는 거기에 '자존감의 욕구'까지 더하게 한다. '샤넬' 립스틱을 구입하면서 단순히 예쁘게 화장하는 기능만을 원하는 것이 아니라 화장품 브랜드의 최정상에 있는 '샤넬'

---

30 매슬로우(Maslow,A)는 인간의 본능적 욕구를 생리적 욕구(physiological needs), 안전에의 욕구(safety needs), 사랑과 귀속에의 욕구(belongingness and love needs), 자존감의 욕구(self-esteem needs), 자아실현의 욕구(need for self-actualization) 등 5단계 순위로 계층화하였으며, 하위 욕구에서 상위 욕구로 욕구 충족 추구 심리가 이동한다고 하였다(김봉현 외, 『광고학개론』, 한경사, 2011).

상품을 소유하게 됨으로써 평범한 사람과는 다르다는 자부심과 긍지를 느끼고 타인에게 과시하고 싶은 욕구를 충족하게 되는 것이다.

이러한 고가 브랜드를 소비할 수 있는 경제적 능력 또한 소비자에게 특정한 서열을 갖게 해주며 이와 같이 정보가 제한적으로 표시된 고가 브랜드 광고 텍스트를 접하고도 해당 브랜드나 상품의 가치를 모른다면 이는 고급문화를 모르거나 접해보지 못한 존재가 된다.

이에 비해 저가(低價) 브랜드인 '에뛰드하우스'의 광고 텍스트는 다양한 수사법을 사용하여 구체적인 상품에 초점을 두고 광고하고 있다. 광고하는 립스틱에 구체적인 스토리를 입혀 수용자가 광고 상품에 대해 흥미를 가지고 접근하게 한다. '샤넬'은 브랜드만으로도 세계적인 고급 화장품이라는 인상을 수용자에게 전달할 수 있지만 '에뛰드하우스'는 브랜드만으로는 광고하는 상품이 다른 브랜드보다 뛰어나다는 인상을 구축하기 어렵다. 그렇기 때문에 브랜드를 차별화시키는 전략이 아니라 저가(低價) 화장품 브랜드라는 인상을 뒤로 숨기고 인기 있는 젊은 여성 모델과 환상적인 사랑 이야기를 립스틱 상품과 병치하여 발랄함과 젊음, 동적인 아름다움이라는 의미를 립스틱 상품과 연결시켜 수용자와의 친밀한 공감대를 형성하고 있다.

'에뛰드하우스'는 20대의 젊은 연령대를 주 소비자층으로 삼기 때문에 광고 상품에 덧붙여진 스토리와 상품에 대한 자세한 정보는 인쇄 매체 광고 텍스트 내에 그치지 않고 QR 코드와 웹드라마, 홈페이지 등 다른 매체 텍스트로 확장되어 호기심 많은 젊은 연령의 수용자들이 상품과 관련된 정보에 능동적으로 접근하여 주체적으로 상품을 선택하고 있다는 인식을 형성한다.

또한 광고 텍스트에 사용된 다양한 언어·비언어 기호는 성인이 되어 처음 사랑을 시작하는 젊은 연령대의 수용자들에게 공감대를 형성하는 효과가 있다. 이러한 심리적 근접성(psychological proximity)은 수용자 자신을 광고 모델과 동일시하거나 광고 상품에 덧붙여진 스토리 상황과 동일시하게 되어 자연스럽게 상품의 구매 행위로 이어지게 하는 특징이 있다.

이상과 같이 고가 브랜드인 '샤넬'과 저가 브랜드인 '에뛰드하우스'의 인쇄 매체 광고 텍스트는 동일한 매체에서 동일한 립스틱 광고를 하며 상품 구매라는 동일한 목표를 설정하고 있음에도 불구하고, 텍스트 생산자의 의도에 따라 각각 다른 언어·비언어 기호를 사용하여 텍스트의 사회적 의미를 구성하고 있다.

광고 텍스트에 사용된 기호들은 대부분 표면적 의미와 사회·문화적 의미 사이의 간격이 크기 때문에 텍스트의 기호들을 면밀하게 분석하면서 읽을 필요가 있다. 그리고 이를 통해 다양한 기호로 표현된 텍스트 내용의 사회·문화적 의미 작용에 대해 비판적으로 사고할 수 있는 매체 문식성을 신장시킬 수 있다.

5. 제언 및 결론

매체 문식성이 다양한 매체를 수단으로 소통되는 텍스트를 읽고, 쓰는 능력을 의미할 때 대학 읽기 교육에서 대학생들의 매체 문식성을 신장시키기 위한 방안은 기존의 전통적인 문식성 능력을 신장시키는 방안과는 조금 다른 시각에서 접근해야 할 필요성이 있다.

이에 이 글에서는 상기한 인쇄 매체 광고 텍스트 분석을 토대로 하여 대학 읽기 교육에 적용할 매체 문식성 함양 방안을 제언하고자 한다.[31]

첫 번째 단계에서는 각 매체의 특성과 더불어 매체별로 의미를 재현하는 나름의 담화 방식을 가지고 있다는 사실을 인지하는 학습을 수행한다. 동일한 광고 텍스트라 하더라도, 이 글에서 분석한 인쇄 광고는 시각 중심의 기호를 사용하지만 라디오 광고는 청각 중심의 기호를, 영상 광고는 시청각 중심의 기호를 사용하여 텍스트를 구성한다. 전통적인 읽기의 수단인 책의 경우 대학생들이 단일 양식인 문자의 특성에 대해 이미 숙지하고 있으므로 바로 텍스트 읽기 교육이 진행될 수 있지만, 매체 텍스트 읽기에서는 매체별로 기호가 상이하게 나타나기 때문에 해당 매체 특성과 그에 따른 매체별 언어·비언어 기호 특성을 간략하게 검토하는 것은 본격적인 매체 텍스트 읽기를 위해 반드시 필요한 과정이라 할 수 있다.

두 번째 단계는 본격적인 매체 텍스트 읽기에 해당하는 단계로 매체 텍스트를 구성하는 언어·비언어 기호에 대한 표면적인 분석이 이루어진다. 매체 텍스트의 내용을 구성하는 언어·비언어 기호에는 무엇이 있는지 파악하고 기호들이 나타내는 표면적인 의미를 읽어내는, 독서 과정에서의 사실적 이해 단계에 해당한다고 할 수 있다. 예를 들어

---

31 토만(Thoman, E. 1986, 12~14)은, 우리의 생활에 직접적인 영향을 주는 매체 환경에 초점을 두고, 수용자들이 매체의 부정적이고 일방적인 영향에서 벗어나 매체의 긍정적인 가능성을 지역 사회 안에서 실천적으로 모색하는 캠페인 성격을 지닌, 능력 배양(Responsive- Ability) 전략을 제시하고 있다. 이 글은 이를 대학 교양 읽기 교육에서 활용할 수 있도록, 매체 텍스트 읽기를 중심으로 한, 매체 문식성 함양을 위한 방안으로 수정하여 제시한다.

'샤넬'과 '에뛰드하우스'의 인쇄 매체 광고 텍스트에는 로고, 본문, 캡션 등의 언어 기호 뿐 아니라 모델, 타이포그래피, 색 등 비언어 기호들도 각각 고유한 의미를 전달하는 기능을 하고 있다는 것을 깨닫게 됨으로써 복합 양식 기호들을 다중처리(multitasking)하는 능력을 신장시키고, 매체 텍스트를 읽는 시각을 정교하게 확립하게 된다.

세 번째 단계는 이전 단계에서 분석한 언어·비언어 기호들로 구성된 매체 텍스트가 함의하고 있는 사회적, 문화적, 경제적, 정치적 요인들을 해석하고 숙고하는 단계이다. 매체 텍스트에 내재된 생산자의 의도를 올바르게 파악하고 매체 텍스트를 비판적으로 해석하여 수용하도록 하는 데 초점이 있다. 표면적으로는 중립적으로 보이는 기호가 내포하고 있는 사회·문화적 의미는 무엇인지, 그리고 수용자는 이를 통해 어떤 영향을 받고 일정한 관념이나 기대를 구현하는지 등을 해석하고 숙고하는 작업이 수행된다. 이 단계는 대학생들이 텍스트와 상호작용하여 의미를 구축하는, 능동적이고 이상적인 독자로 성장하는 데 중요한 과정이 된다.

네 번째 단계는 앞의 세 단계를 토대로 하여 매체 텍스트 수용자들의 실천적인 행동 전략을 수립하는 단계이다. 매체 텍스트를 읽는 과정에서 동료들과 토론하는 것, 매체 텍스트를 개인적으로 접할 때 비판적인 자세를 견지하는 것 등 매체 텍스트 읽기의 범위가 대학생들의 실제 생활양식, 태도 및 가치관을 변화시킬 수 있는 데까지 확장되는 것을 목표로 한다.

이상과 같이 대학생들이 대학 읽기 교육을 통해 매체 문식성을 기르기 위해서는 텍스트가 구현된 매체의 특성을 파악하고 매체 텍스트를 구성하는 다양한 언어·비언어 기호를 정밀하게 분석하며 기호들이 함의하는 사회·문화적 의미에 대한 비판적인 이해하는 작업이 필요하다고 할 수 있다. 이러한 과정은 궁극적으로 대학생들이 매체 텍스트의 복합적이고 다층적인 의미 작용에 대해 비판적·메타적으로 이해하고 그와 관련한 가치 판단을 올바르게 확립하는 데 도움을 줄 것이다.

다양한 매체의 사용이 생활의 한 부분으로 자리 잡은 현대 사회에서는 매체별로 각기 다른 담화 특성에 기반한 기호들이 어떻게 사용되어 어떠한 의미를 생성하게 되는가에 대한 이해가 중요하게 되었다.

생산자는 같은 내용이더라도 어떤 매체를 선택하고, 어떤 기호를 사용하여 텍스트를 구성하느냐에 따라 각각 다른 의미를 함축한 텍스트를 생산한다. 그러나 수용자자가 받아들일 때는 텍스트 내면에 함축된 의도를 파악하고 비판적으로 텍스트를 읽기보다는 텍스트의 표면적인 의미를 무비판적으로 자연스럽게 수용하게 된다. 이러한 경향은 문자 기호로만 이루어진 전통적인 책보다는 다채로운 색과 편집이 가미된 영상, 음악, 빛 등의 다양한 기호가 언어 기호와 어우러진 매체 텍스트에서 더 강하게 나타난다.

이러한 매체 텍스트의 특성은 대학생에게 매체 문식성을 신장시키는 목적의 교육이 반드시 이루어져야 함을 시사하고 있다.

매체 문식성이 매체 텍스트의 이해와 생산을 모두 포함하는 개념임에도 불구하고 이 글에서는 이해 과정에만 초점을 두고 매체 문식성 함양 방안을 제안하였다. 매체 텍스트의 생산과 관련된 연구는 과제로 남긴다.

‖ 참고문헌 ‖

[논문 및 단행본]

강연희, 이상우, 「광고 비판적 읽기 전략 연구」, 『한국언어문학』 87, 한국언어문학회, 2013.

고기정, 「하이퍼미디어–새로운 학습매체의 교육적 적용」, 『교육공학연구』 8-1, 한국교육공학연구회, 1993.

권양현, 「영상매체를 활용한 고전 독서법 방안 연구」, 『우리문학연구』 41, 우리문학회, 2014.

김경애, 「TV 광고 텍스트의 읽기 교육 방법 모색」, 『인문콘텐츠』 31, 인문콘텐츠학회, 2013.

김동규, 『카피라이팅론』, 나남, 2003.

김무규, 「매체와 형식의 역동성 관점에서 살펴본 상호매체성 개념」, 『독일언어문학』 21, 2003.

김봉현 외, 『광고학개론』, 한경사, 2011.

김양은, 『디지털 시대의 미디어 리터러시』, 커뮤니케이션북스, 2009.

김인경, 「영상 매체 활용을 통한 설명하는 글쓰기 연구」, 『사고와표현』 7-1, 한국사고와표현학회, 2014.

나일주·진성희, 「인쇄텍스트와 온라인텍스트에 대한 학습자의 인식 및 태도에 관한 연구」, 『교육정보미디어연구』 14-2, 한국교육정보미디어학회, 2008.

노명완 외, 『문식성 교육 연구』, 한국문화사, 2008.

문혜성, 『미디어교육학』, 한국방송영상산업진흥원, 2007.

박영준, 「기업 슬로건의 언어적 기법에 대한 분석」, 『이중언어학』 19, 이중언어학회, 2001.

박영준 외, 『광고언어론』, 커뮤니케이션북스, 2006.

안남일, 「리터러시 관점에서의 문학과 영상매체에 대한 연구」, 『한국학연구』 25, 고려대 한국학연구소, 2006.

옥현진, 「디지털 텍스트 읽기 능력과 디지털 텍스트 읽기 평가에 대한 일고찰」, 『새국어교육』 94, 한국국어교육학회, 2013.

윤신원, 「대학생의 매체 문식성 함양 방안 도구」, 『텍스트언어학』 38, 한국텍스트언어학회, 2015.

_____, 「매체 담화 특성에 따른 독서행위 비교 연구」, 『인문콘텐츠』 38, 인문콘텐츠학회, 2015.

윤재연, 「텔레비전 광고 텍스트를 활용한 비판적 사고와 글쓰기」, 『한말연구』 28, 한말연구학회, 2011.

이민호, 「다매체 시대 글쓰기로서 시 교육 연구」, 『국제어문』 56, 국제어문학회, 2012.

이은주, 「매체 언어를 활용한 비판적 읽기 교육」, 『독서연구』 23, 한국독서학회, 2010.

이태영, 『언어와 대중매체』, 신아출판사, 2000.

이철관, 『영상이미지와 문화』, 배재대 출판부, 2009.

임지원, 「매체 언어에 대한 수용자의 인지적 의미 분석과 해석적 글쓰기의 재생산―신문 광고를 중심으로」, 『인문학연구』 94, 충남대 인문과학연구소, 2014.

정현선, 「기호와 소통으로서의 언어관에 따른 매체언어교육의 목표에 관한 고찰」, 『국어교육연구』 19, 서울대 국어교육연구소, 2007.

주민재, 「디지털 플랫폼을 활용한 대학 글쓰기 교육 방안」, 『교양교육연구』 8-4, 한국교양교육학회, 2014.

주창윤, 『영상 이미지의 구조』, 나남, 2005.

최석현, 「광고 활용 교육 교수학습방법의 대학 수업에의 적용 가능성에 대한 사례 연구」, 『언론학연구』 18-2, 부산울산경남언론학회, 2014.

한래희, 「영화 텍스트를 활용한 비평문 쓰기 교육 연구」, 『대학작문』 6, 대한작문학회, 2013.

황성근, 「텍스트를 활용한 글쓰기 교육 연구」, 『교양교육연구』 7-4, 한국교양교육학회, 2013.

Burn,A&Duruan,J., 이종욱 역, 『학교에서 배우는 미디어 리터러시(*Media Literacy in Schools Practice, Production and Progression*)』, 한국언론재단, 2008.

Chadler,D., 강인규 역, 『미디어 기호학(*Semiotics for Beginners*)』, 소명출판, 2006.

Chatman,S., 한용환 역, 『이야기와 담론(*Story and Discourse*)』, 푸른사상, 2006.

Fairclough,M., 이원표 역, 『대중매체와 담화 분석(Media Discourse)』, 한국문화사, 2004.

Iser,W., 이유선 역, 『독서행위(*Der Aktdes Lesens*)』, 신원문화사, 1993.

Silverblatt,J.&Ferry,J.&Finan,B., 송일준 역, 『미디어 리터러시 접근법(*Approach to Media Literacy*)』, 차송, 2004.

Sugaya,A, 안해룡·안미라 역, 『미디어 리터러시(*Media Literacy*)』, 커뮤니케이션북스, 2001.

Thoman,E., "Blueprint for Responsive-Ability", *Media&Values* 35, 1986.

II. 문학과 대중매체

고전소설과 TV 드라마

TV 드라마의 한국적 아이콘 창출을 위한 시론

송성욱

1. 왜 문제인가?

　'디지털콘텐츠', '환상', '엔터테인먼트' 등은 최근 우리 문화계에 화두로 등장하는 용어들이다. 어느 것이나 전통적 미학의 개념으로는 선뜻 접근하기 힘들어 보인다. '환상' 정도가 미학의 전통에서 논의되기는 했지만 핵심적인 논쟁거리로 부각되지는 않았다. 이런 용어들이 부각되는 이면에서 '이성'과 '리얼리즘'의 퇴조가 급속도로 전개되고 있다. '이성'과 '리얼리즘'에 익숙한 세대에게 감당하기 어렵거나 감당할 수 없는 분위기가 형성되고 있는 것만은 틀림없다. 이런 점에서 21세기는 확실히 이전과는 다른 문화적 추세를 보여주는 것 같다. 새로운 세기가 개막되었다는 것에 대한 막연하고도 추상적인 느낌이 아니라 구체적인 부분에서 새로운 패러다임이 감지된다. 이 패러다임의 주인공을 즉흥적 감성이라고 할 수 있을지 모르겠다.

　이러한 추세를 반영한 문화는 그것이 문학이든 다른 예술이든 대개 가볍다. 적어도 문화의 텍스트 자체에서는 문자문화의 고유한 속성이라고 할만한 반성적 사유나 분석적 사고에 의한 의미의 깊이가 감지되지 않는다. TV 드라마와 같은 대중문화가 이 속에서 거론될 수 있다. 대중문화는 종종 권력구조와 결탁하여 대중을 일종의 최면 상태에 빠뜨리고자 하는 음모에 가담한 것이 사실이다. 다시 말해 대중문화에서 경험하는 즐거움은 고급문화의 그것과 비교할 때 진솔한 것이 못되는 허위적인 것으로 대중을 착취와 억압의 영원한 현상 속에 감금하기 위해서 효과적으로 대중을 조작하는 속임수라는 것이다.[1] 그런 탓에 대중문화는 한동안 천대 받았고 지금도 리얼리즘에 익숙한 세대에게는 천박하다고 느껴진다.

　지금 이 천박한 문화는 더 이상 홀대받지 않는다. 오히려 국가경쟁력을 키울 수 있는 차세대 성장 동력으로까지 거론될 정도이다. 대중문화, 대중예술에 대한 미학이 활발하게 논의되고 있으며, 매체미학까지 적극적으로 거론되고 있다. 적어도 지금은 이성에 입각한 리얼리즘의 시대적 소임이 끝났다는 것을 의미하는 것일 수도 있다.

　고전소설을 전공하는 사람이 TV 드라마를 학문의 장에서 거론하는 것도 이러한 추세와 연관이 있다. 이 시도는 위기에 처한 전통적인 학문을 시류에 편성하여 구출해보려는 방어적이고 수세적인 방편은 아니다. 가령, 인기가 떨어진 고전소설에 대한 학생들의 관심을 유도해보려는 혹은 대 사회적 관심을 유도해보기 위한 다분히 야합적 방편은 아

1　박명진, 「즐거움, 저항, 이데올로기」, 『사회과학과 정책연구』 13권, 서울대 사회과학연구원, 1991.

니라는 것이다. 그러나 아직까지 이 둘을 비교할 적절한 방법론을 찾지 못하고 있다. 소설과 TV 드라마를 비교할 수 있는 단서조차 아직 확보되지 않은 상태이다. 이 둘을 비교해서 얻은 의미는 무엇인가 서로에게 주고받을 것을 찾는 데 있을 것이다. 이 글은 이런 작업을 위한 일단의 과정이라는 데 의의를 둔다.

고전소설 전공자가 TV 드라마에 관심을 기울이게 된 것은 예견된 일이었다. 조선시대 영웅소설과 판소리계 소설에 대한 연구 경향의 변화에서 그 일단을 찾아볼 수 있다. 문예 미학적 가치나 정신사적 의미 혹은 민중의 의식과 같은 거대 담론의 차원에서 고전소설을 논의하던 것에서 벗어나 고전소설의 대중문학적 성격과 통속성을 해명하려는 시도가 이루어지고 있다. 리얼리즘의 시각에서 본다면 낭만적 허구로 밖에는 해석할 도리가 없는『홍부전』의 결말구조에 대한 긍정적 해석, 17세기 한문 전기소설의 통속성, 영웅소설의 대중문학적 속성에 대한 일련의 논의들이 바로 그것이다. 주관적 추론인지는 몰라도 연구의 대상이 고급문화의 영역에 속한다고 강변하는 대신에 대중적 기반에 입각한 대중문화적 속성에 있다는 것을 암암리에 드러내는 연구 경향이다. 고전소설 연구의 이러한 경향 역시 앞서 거론한 문화적 패러다임의 변화와 일정정도 관련이 있는 것일지도 모르겠다.

고전소설에 대한 이러한 평가는 긍정적으로 수용되고 있다. 그런 만큼 대중문화의 전통적 강자라 할 수 있는 TV 드라마에 대한 고전소설적 관심은 오히려 자연스러운 일이다. 최근 이 방면에 대한 연구가 한 차례가 발표된 것도 이러한 맥락에서 이해할 수 있다. 정병설 교수는 이 연구를 통해 고전소설과 TV 드라마가 비록 기록과 영상이란 측면에서는 대단히 다르게 보이지만 서사적 구조와 문화적 위상의 측면에서 상당 부분 유사한 점이 발견된다고 하였다.[2] 고전소설의 대중문화적 속성을 읽어낸다면 마땅한 결론이 아닐 수 없다.

2. 정형성과 보편적 정서구조의 유사성

대중문화는 일반적으로 단조롭고 반복적인 도식성, 다시 말해 천편일률적인 정형성을 지닌다. 이것은 고전소설의 일반적인 경향과 일치한다. 고전소설 역시 각 작품이 동시에 이용하는 장면이나 사건들로 인해 다분히 상투적이고 정형적인 성격을 지니고 있다. 이런 요소로 인해 이미 당대에서조차 천편일률적이라는 악의적인 평가를 받기도 했다. 잘 알려진 홍희복의 『제일기언』서문의 내용이 바로 그것이다. 그런 만큼 고전소설은 TV 드라마와 같은 대중문화가 없었던 조선시대에 그와 같은 역할을 했던 장르였는지도 모르겠다.

고전소설은 인쇄기술이 발달되기 이전인 필사 시대의 산물이다. 방각본과 같은 목판 기술을 두고 인쇄 기술이라고 할 수 있을지 모르겠지만 필사의 풍토가 강했던 것은 사실이다. 이 필사의 시대에는 텍스트와 텍스트 사이의 베끼기가 창작의 한 관습으로 존재했다. 다시 말해 작품과 작품 사이에 상호텍스트성이 강하게 존재한다는 것이다. 소설이 기록 문학이라고는 하지만 고전소설은 구술 문화적 사유가 지배했던 시

---

2   정병설, 「고전소설과 텔레비전 드라마의 비교」, 한국고소설학회 제64차 정기학술대회 발표문, 2004.2.

대의 산물이라고 할 수 있다. 월터 J.옹은 이런 필사 시대의 텍스트를 두고 1차적 구술성이라고 하면서, 이 구술성이 미디어의 등장과 함께 다시 재현됨으로써 2차적 구술성의 시대를 맞이하게 되었다고 한다.[3] 1차와 2차 사이의 시간적 간극이 크지만 이 둘 사이에서 많은 유사성이 발견된다. 구술적 사유의 가장 큰 특징 중의 하나가 정형성인 만큼 고전소설과 TV 드라마는 구술적 사유의 속성을 지니고 있다는 점에서도 유사성이 인정된다.

이러한 정형성은 통시적인 현상일 수도 있으며 공시적인 현상일 수도 있다. 특정 시기에 한결같이 공통적으로 문제 삼는 스타일이 있을 수 있으며, 오랜 시간을 두고 지속적으로 작용하는 어떤 정형성이 있을 수 있다. 예컨대 2003년 하반기 방송 3사에서 제작한 드라마는 모두 비극적 주인공을 내세워 병에 걸려 죽게 하는 이야기란 점에서 공통점을 지닌다. 영화에서도 한동안 조직폭력배를 다루는 것이 일대 유행이었고, 현재는 여름 특수를 겨냥한 공포 이야기 제작에 몰두하고 있다.

그러나 유형성 혹은 정형성이라는 것은 이런 것보다 훨씬 근본적이다. 소번(Thorburn)에 의하면 정형성은 단순한 유행의 차원이 아니라 "사회 구성원에게 공유되는 전통적으로 합의된 서사"[4]라는 의미로 이해된다. 대중문화는 관습화된 수용자의 기대치를 부정하거나 파괴하는 고급문화와는 달리 그 기대치를 충족시킴으로써 대리만족 혹은 안정을 추구한다. 그렇기 때문에 대중문화는 수용자가 향유물의 진행 결과를 어느 정도 예측할 수 있도록 구성되기 마련이다. 향유자는 암묵적

---

3   월터 J. 옹, 이기우·임명진 역,『구술문화와 문자문화』, 문예출판사, 1995, 195~208쪽 참조.
4   이종수,「텔레비전 미학」, 김성재 편,『매체미학』, 나남출판, 1998, 229쪽.

으로 합의된 서사를 공유하고 있기 때문에 대중문화를 향유하면서 결과를 예측할 수 있게 된다.[5] 이 합의된 서사는 하루아침에 특정한 개인에 의해서는 결코 만들어질 수 없다. 이것은 오랜 기간에 걸쳐 그 사회의 구성원 공동의 누적적 합의를 통해 만들어진다.

영웅소설을 지배하는 영웅의 일대기는 신화의 시대에서부터 지금까지 대중서사물의 근간을 형성하고 있다. 뿐만 아니라 〈소대성전〉에서 마련된 영웅소설의 세세한 서사구조가 일대를 풍미한 작품 유형으로 성립된 배경에는 당시 사회 구성원들에게 널리 인정되었던 어떤 서사적 합의가 있었을 것이다. TV 드라마 역시 이 합의된 서사적 틀의 제약을 받음은 두말할 나위도 없다. 실제로 TV 드라마는 다루는 주제나 형식에 따라 몇 가지 유형으로 분류가 가능하며, 분류된 하위 유형들도 진행 방식에서 상당한 정형성을 유지한다.[6]

이런 정형성이 우리의 눈길을 끄는 이유 중의 하나는 TV 드라마의 정형성에서 고전소설의 모습을 종종 발견하게 된다는 점이다.[7] 고전소설을 대표하는 유형으로 가정소설과 영웅소설을 들 수 있다면 TV 드라

---

5 물론 정형성, 합의된 서사는 새로운 것에 대한 욕구를 충족시킬 수 없기 때문에 쉽사리 식상할 수 있다. 그럼에도 불구하고 고전소설이 끊임없이 창작되고 또 독자들을 유혹했던 이유는 정형성이 오히려 독자들에게 소설읽기의 재미를 증가시킬 수 있었기 때문이다. 즉 고전소설이 야기하는 독서의 흥미는 장차 발생할 사건이나 진행 방향을 알려 주지 않고, 또 완전히 새로운 방향으로 소설이 진행되는 것에서 찾아지는 것이 아니라 독자들의 예상을 가능하게 하며 이미 알고 있는 상황을 확인시켜 주는 것에서 찾아진다는 것이다. 물론 이 과정에서 약간의 변화는 독자의 흥미를 배가시킬 수 있다.
6 여기에 대해서는 원용진, 「불륜 드라마로 읽는 사회 변화」, 황인성 · 원용진 엮음, 『愛人—TV 드라마, 문화 그리고 사회』, 한나래, 1997, 77~111쪽 참조.
7 정병설 교수는 앞의 발표문에서 가족 또는 부부 갈등을 주로 다룬다는 점, 부잣집 총각과 가난한 집 처녀 등의 양극적 설정 등의 유형성, 서사적 복식 구성을 취한다는 점, 열린 구조를 지향하는 경향, 보편적 가치관을 담고 있다는 점 등에서 TV 드라마와 고전소설이 서사적 유사성을 보인다고 했다.

마 역시 가정을 문제 삼는 드라마와 개인의 시련과 극복을 다루는 드라마가 대부분이다. 예컨대 가족 성장 드라마의 대명사인 SBS드라마 〈형제의 강〉은 장편소설 『유효공선행록』을 현대적으로 각색했다는 생각이 들 정도로 비슷하다. 아버지의 총애를 받는 아들과 그렇지 못한 아들, 사회적으로 출세한 아들과 그렇지 못한 아들을 둘러싸고 벌어지는 부자갈등과 형제갈등의 중첩된 구조가 두 작품의 골자이다. 같은 유형으로 볼 수 있는 〈맨발의 청춘〉은 검찰과 조직폭력배의 갈등이 그 아들 대에 이어서도 지속된다는 점에서 삼대록계 대하소설의 모습을 발견하게 된다. 미니시리즈이자 트렌디드라마의 성격이 짙은 〈미스터 큐〉에서는 능력 있는 한 개인이 고립되어 시련을 겪다가 자신의 능력을 알아주는 주위 사람의 도움으로 인해 능력 발휘의 기회를 획득하게 되고, 극적으로 시련을 극복하여 상승하게 된다는 점에서 영웅소설의 시련과 상승의 구도와 매우 흡사하다.[8]

이런 큰 구조적 측면뿐만 아니라 미시적인 부분에 있어서도 상당 부분 유사점이 발견된다. 가령 자신이 한 행위는 아니지만 고의적으로 설정된 애매한 물증으로 인해 의심을 받고 결국에는 위기에 몰리는 사건 전개는 가정소설이나 가문소설에서 흔히 발견되는 간부서나 개용단을 이용한 음모의 전개 과정과 대단히 유사하다.[9] 〈여인천하〉에서 서사를 이끌어 가는 주요한 캐릭터로 설정된 당추스님, 갓바치, 점쟁이 등의

---

[8] 차이가 있다면 드라마에서의 주인공은 고귀한 혈통을 지니지 않고 있다는 점이다. 현재가 신분제 사회가 아닌 만큼 이것은 응당 있어야 하는 차이이다. 그러나 〈위풍당당 그녀〉에서는 시련에 빠진 주인공이 사실은 좋은 집안의 자손이라는 점이 뒤늦게 발견된다.

[9] 〈내 사랑 팥쥐〉에서 자신의 모습이 담긴 비디오테이프로 인해 의심을 받는 송이의 모습을 대표적인 예로 거론할 수 있다. 여기에서는 개용단 대신에 비디오테이프가 이용된 셈이다.

이인의 역할 역시 고전소설에서 정형적으로 발견되는 요소이다. 〈야인 시대〉에서 젊은 김두한이 결투에서 쓰러져 기절했을 때 선친의 환영이 나타나 힘을 부여하곤 했던 장면 역시 꿈을 통한 위기의 극복이라는 고전소설의 전형적 요소이다.

이와 같이 구조나 장면의 유사성은 이외에도 얼마든지 많이 발견된다. 때문에 고전소설과 TV 드라마가 서로 닮은꼴이라는 것은 분명하다. 물론 SBS 미니시리즈인 〈홍길동〉처럼 고전소설을 직접 각색한 드라마도 있지만 드라마 〈홍길동〉과 소설 『홍길동전』에서는 오히려 유사점이 덜 발견된다. 고전소설과 전혀 관련이 없는 일반 드라마에서 유사점이 더 발견된다는 것이다.

문제는 이런 드라마를 제작하는 사람들은 고전소설을 꼼꼼하게 읽어보지 않았을 것이며, 그다지 관심을 두지도 않았을 것이다. 그럼에도 불구하고 유사점이 발견되는 것은 아무래도 대중적 장르에서의 서사가 지니는 일반적 현상으로 보아야 할 것이다. 이런 유사점이 과연 서양의 대중적 서사와 비교를 했을 때도 공통적으로 나타나는 것일까? 물론 정형성을 유지한다는 점, 보편적 가치관을 지향한다는 점 등에서는 세계적 보편성을 지닐 것이다. 뿐만 아니라 미추, 빈부, 귀천, 남녀 등의 대립을 통한 갈등의 창출 역시 보편적 서사 원형이기 때문에 역시 같은 공통점을 보일 것이다. 이것은 마치 신화나 설화의 구조가 보편성을 보이는 것과 같은 현상으로 볼 수도 있다.

그런데 앙(Ang)에 의하면 드라마가 주는 즐거움은 시청자들이 실생활에서 체험하는 정서구조를 그 속에서 확인하는 것에서 온다고 한다.[10] 이때 말하는 정서구조는 가치관이나 이데올로기와 마찬가지로 사회구성원들에 공유되는 사회적 체험이다. 이 정서구조는 환경의 변화에 따라 끊임없이 변하겠지만 같은 민족공동체의 보편적 정서구조 또한 무시할 수 없는 부분이다. 이를 두고 볼 때, 한국의 TV 드라마와 고전소설의 정형성은 우리의 전통적 기반 속에서 '합의된 서사'일 가능성이 높다. 대중적 장르의 궁극적 지향점은 결핍된 것을 허구적으로나마 충족시켜서 대리 만족을 느끼게 하는 것이다. 대리 만족의 경험이 바로 TV 드라마와 고전소설이 주는 즐거움이다. 이 즐거움을 위한 가장 합당한 한국적 서사적 구조를 고전소설이 이미 개발했을 가능성이 있다는 것이다.

그렇지만 지속되는 정서구조 외에 환경에 따라 변하는 정서구조 또한 결코 무시할 수 없는 부분이다. 그것이 바로 대중문화의 개성을 창조하는 핵심 요인이며, 향유자들이 실제로 가장 큰 반응을 보이는 부분이기도 하기 때문이다. 이와 관련하여 다음 절에서는 고전소설과 TV 드라마 사이에 존재하는 근본적인 차이에 살펴보기로 한다.

3. 환상에 의한 우회적 현실 환기와 그 반대

조선시대의 지식인들은 소설이 실제 역사를 왜곡시키고, 미풍양속을 저해하고, 허무맹랑한 말로 민심을 동요케 한다는 이유에서 부정적인 견해를 보냈다. 서포 김만중처럼 소설에 대해 긍정적인 입장을 피력한 사람조차도 즐거움이 가져다주는 감동의 차원에서 긍정한 것이지

10 박명진, 앞의 글 참조

고급문화의 진정성의 차원에서 소설을 평가한 것은 아니었다. 아무래도 조선시대 지식인들에게 소설은 크게 매력이지 않은 천박한 장르였음에 분명하다. 이러한 문화적 위상에서도 고전소설과 TV 드라마는 공통점을 보인다. 고급문화의 영역과 비교한다면 정당한 평가인지도 모르겠다. 그러나 천덕꾸러기로 평가받았던 이유에서는 고선소설과 드라마 사이에 일정한 차이가 있는 듯하다.

고전소설은 대개 환상적 허구를 통한 우회적 방법으로 현실을 환기시킨다. 천상적 질서와 지상적 질서를 병치시켜 놓았기 때문에 현실 공간을 읽을 때도 실제로 살고 있는 현실 세계가 직선적으로 환기되지는 않는다. 영웅소설인 『소대성전』에서 소대성이 나무를 베고, 외양간 고치는 일을 하면서 목숨을 부지하는 장면은 이 소설을 읽는 대중들의 실제 현실일 수 있다. 그러나 주인공 소대성은 이미 천상에서 내려온 비범한 존재라는 것을 독자들은 이미 알고 있다. 고난에 빠진 서사 속의 소대성 역시 태연하다.

이와 같이 고전소설의 현실은 그 근저에 항상 환상성이 매개되어 있다. 따라서 독자들은 소설적 공간과 실제 현실을 혼동하지 않는다. 그들이 대리 만족의 즐거움을 누린다면 그것은 어디까지나 소설적 공간 속에서만 가능한 일이다. 소설과 현실 사이의 엄연한 거리를 유지할 수 있기 때문에 독자들은 소설 밖으로 나오면 참담한 현실을 다시 느끼게 된다. 이 인식론적 구조를 두고 환상적 허구를 통한 리얼리즘의 실현이라고 할 수 있을 것이다. 예컨대 『흥부전』은 제비가 물어온 박씨에 의해서 한순간에 모든 상황이 해결되는 환상적 허구의 극한을 보여주는 작품이다. 그러나 이 환상은 "흥부가 겪던 절대적 궁핍이 신비로운 존재의 도움이 아니고는 해결될 수 없다는, 곧 절망적 현실의 역설적 표현"[11]이다. 그 속에는 흥부와 같은 당대 민중의 삶의 질곡과 염원이 고스란히 담겨 있다. 황당무계하기까지 한 환상적 허구를 통해 이러한 효과를 가져 오는 것이 고전소설이다.

대부분의 고전소설의 시간적, 공간적 배경이 중국으로 설정되어 있는 것도 이러한 효과에 일조를 한다. 소설을 읽는 독자들에게 중국은 상상의 세계나 다름이 없었을 것이다. 특히 가정, 가문소설의 주인공들이 살고 있는 집안 구조만해도 독자들이 살았던 실제의 집안과는 다르다. 주인공들의 활동 공간은 넓고 화려한 중국의 정원에 더 가깝게 설정되어 있다. 그러니 소설을 읽는 것 자체가 상상의 공간을 유영하는 것이나 마찬가지였을 것이다.

조선시대 지식인들이 고전소설을 홀대했던 이유가 소설의 이러한 속성과 연관이 있을 수 있다. 고전소설은 대개가 지배 이데올로기를 수용하는 방향에서 기술되고 있다. 그러나 소설의 주인공이 그 속에서 행복해지기 위해서는 선천적으로 고귀한 혈통을 지니고 있거나 기적과 같은 하늘의 도움이 있어야만 가능하다. 이 소설들은 대중들에게 절망 아니면 전복의 양자택일을 생각하게 하는 계기를 마련할 수 있다. 따라서 고전소설에 대한 비판은 그것이 지니고 있는 전복적 힘에 대한 경계일 수 있다는 것이다.

게다가 조선시대의 대중들에게 문화를 향유할 수 있는 기회나 능력은 현재와 비교한다면 제한적이었다. 한글을 읽고 쓰는 능력도 제대로

---

[11]   정출헌, 「중세사회 해체기의 빈부모순과 흥부전」, 『고전문학 이야기주머니』, 녹두, 1994 참조

갖추지 못한 대중들이 고급문화의 영역에 속하는 한문문화를 영위한다는 것은 사실상 불가능한 일이었다. 그나마 그들이 향유할 수 있었던 소설조차도 시간과 경제적 여건상 접근할 수 있는 기회가 적었을 것으로 짐작된다. 그러니 고전소설이 대중에게 미치는 힘은 배가될 수 있었을 것이다.

TV 드라마와 시청자들과의 관계는 고전소설과는 정반대이다. TV 드라마는 현실을 직접적으로 환기한다. 이것은 드라마의 속성이라기보다는 오히려 TV가 지니고 있는 매체의 근본적 속성이라고 해도 좋을 것이다. TV의 커뮤니케이션은 의미하는 것이 아니라 전달하는 것이 주가 되기 때문에 TV의 영상은 재구성된 제2의 현실이라기보다는 오히려 제1현실인 사건과 사물 그 자체에 가깝다.[12] TV 드라마 역시 이러한 TV의 속성에서 벗어나지 않는다. 시청자들은 드라마를 보면서 끊임없이 자신의 현실을 직접적으로 환기한다. 드라마 자체를 가상적 허구로 인식하지 않고 직접적 현실로 인식한다는 것이다. 그렇기 때문에 TV 드라마를 통해서는 고전소설과 같은 현실에 대한 리얼리즘적 인식은 원천적으로 불가능할 수 있다.

① 이 드라마는 중산층 여성들의 피해의식을 다독거려 심리적 카타르시스를 불러일으키는 데는 성공하고 있지만, 남성중심 사회의 성적 구조에 내재한 이른바 여성문제에 관해서는 아무런 발언도 해주지 못하고 있으며, 오히려 그것을 은연 중에 당연한 것으로 받아들이게 한다고 말할 수 있다.[13]

---

12   이종수, 앞의 글, 233쪽 참조

13   김창남, 「MBC-TV 미니시리즈 〈모래성〉」, 김창남 외, 『TV를 읽읍시다』, 한울, 1991, 187쪽.

② 바야흐로 사극(史劇) 전성시대이다. 역사전공자로서 사극 열풍이 반갑지만 마냥 즐거운 것은 아니다. 사극의 형식만 빌린 '무늬만 사극'이 있는가 하면 사극이란 이름을 빙자한 역사왜곡이 우려되기 때문이다. 수백 년 전의 과거사이기 때문에 시청자들이 진위여부를 알기 어렵다는 맹점을 장점(?)으로 활용하는 듯한 모습이 보이기도 하는데, 사극은 과거에 실존했던 사람들의 이야기라는 점에서 제작진의 합리적 사관과 사료 해석 능력이 반드시 요구된다. 이런 관점에서 볼 때 현재 방영되는 역사드라마들은 모두 일정 정도 문제점을 안고 있다. 〈여인천하〉가 사극의 형식을 빌린 사실상의 공상 드라마라면 〈명성황후〉나 〈제국의 아침〉은 특정인에 대한 지나친 찬사에 초점이 맞추어진다는 문제점이 있다. 왕세자 책봉시험, 치부책, 신하의 왕비 독대 등 존재할 수 없는 이야기들을 중심축으로 전개되는 〈여인천하〉는 공상 드라마일뿐만 아니라 불교세력과 유교세력, 훈구파와 사림파 사이의 대립구조를 '여인들의 대립구조'로 대치하는 사관의 문제까지 얽혀 있다. 〈명성황후〉는 자신과 친정 민씨 집안의 영달을 위해 객관적으로 나라를 망국으로 몰고 간 민비를 마치 구국의 화신인 것처럼 그리는 왜곡된 사관이 문제이다.[14]

①은 MBC 미니시리즈인 〈모래성〉에 대한 비평문 중의 일부이다. 〈모래성〉은 〈애인〉과 더불어 불륜을 소재한 드라마의 새로운 장을 개척한 공로를 인정받았던 드라마였다. 이 드라마는 드라마에서 기술되었던 불륜의 문제가 사회적 담론을 형성하기도 했을 정도로 인기를 누리기도 했다. 〈모래성〉은 그동안 주부들을 대상으로 한 아침드라마에

14   이덕일, 「역사사실과 TV사극」, 『대한교원신문』, 2002.6.8

서 주로 다루었던 불륜의 문제를 시청률이 높은 시간대의 미니시리즈로 편성하면서 많은 사회적 파장을 몰고 왔었다. 이전까지의 드라마에서 불륜은 단순한 남편의 바람기로 설정되었지만 이 드라마에서는 그것이 바람기가 아니라 본질적인 애정 행위로 서술되었다.[15] 〈애인〉도 마찬가지지만 부부 사이에 어떤 문제가 있는 불안한 가정이 외도로 이어지는 것이 아니라 지극히 평범하고 정상적인 가정임에도 불구하고 다른 이성과의 사랑이 묘사되고 있다는 것은 확실히 새롭다고 할만 하다. 그러나 이런 드라마에 대해 위의 논자는 여전히 기존의 남성 지배 체제에 여성을 길들이는 교묘한 드라마라고 비평을 하고 있다.

②는 사극에 대한 비판이다. 사극이 실제 역사를 왜곡하거나 실제 역사를 바라보는 사관이 왜곡되었다는 것이 비판의 이유이다. 우스운 이야기가 될지 모르지만 필자는 한 역사학도와 사극에 대해 이야기를 하다가 "역사학자가 사극을 보는 것은 죄악일 수 있다"는 말을 들은 적이다. 우리는 사극을 보면서 한번도 경험해보지 못한 그리고 할 수도 없는 과거의 역사를 눈앞에서 경험한다. 〈용의 눈물〉에서 태종으로 등장한 유동근의 강한 캐릭터가 곧바로 실제 역사의 태종의 모습과 연결되고, 〈여인천하〉에서 문정왕후로 등장한 전인화가 실제 문정왕후로 연결될 수 있다. 이런 드라마가 주는 역사에 대한 이미지는 감염력이 너무 크기 때문에 조선왕조실록을 꼼꼼하게 독파한 독자나 연구자라 하더라도 쉽사리 지울 수가 없다. 따라서 사극에 대한 이 논자의 비평도 충분히 설득력이 있어 보인다.

---

15 여기에 대해서는 원용진, 앞의 글에서 상세히 다루었다.

TV 드라마에 대한 이런 시각은 드라마가 지니고 있는 이데올로기적 허구성을 견제하려는 입장에서 이해될 수 있다. 전통적 미학이 대중문화를 홀대했던 것과 정확하게 일치한다. 이것은 TV 드라마가 보다 전복적 기능을 하길 바란다는 점에서 앞서 언급한 고전소설에 대한 당대인의 입장과는 정반대이다.

이러한 입장 차이가 앞서 언급한 고전소설과 TV 드라마 사이에 내재한 근본적인 속성의 차이에서 기인함은 물론이다. 고전소설『홍길동전』과 드라마〈홍길동〉사이의 거리가 이 점을 단적으로 말해 준다. 고전소설은 홍길동의 활동 무대가 가정에서 사회로 나아가 국가로까지 확산되고 있으며, 이에 따라 홍길동의 힘도 확대되는 구조를 보여준다. 이것은 곧바로 민중 혹은 대중의 전복적 힘의 확산 과정이라고 볼 수 있다.[16] 다른 소설도 마찬가지이다. 전복적 힘은 아닐지라도 공간과 능력의 확대 현상은 일반적으로 확인된다. 드라마에서는 정반대이다. 드라마에서 홍길동의 활동 반경은 후반부로 갈수록 점점 좁아진다. 그리고 연인을 만나 사랑을 확인하면서 개인적 길을 떠나는 것이 마지막 장면을 장식한다. 사회적 영웅에서 일상적 개인으로의 변화인 셈이다. 최근 종영된〈대장금〉이나 이와 유사한〈허준〉에서도 이러한 모습은 어김없이 확인된다. 이것은 TV 드라마가 지니는 근본적인 한계로 볼 수밖에 없을 것이다.[17]

---

16 여기에 대해서는 이문규,「『홍길동전』」, 김진세 편,『한국고전소설작품론』, 집문당, 1992 참조.
17 월터 J. 옹에 의하면 1차적 구술성과 2차적 구술성은 대단히 유사하면서도 상당히 다른 속성을 지닌다고 한다. 2차적 구술성에서는 향유층의 범위가 이전의 구술문화의 그것과는 비교도 할 수 없을 만큼 방대하다. 방대한 만큼 불특정 다수를 겨냥하게 된다. 따라서 1차적 구술성 속에서 향유되는 합의된 서사는 총체적 삶에 대한 진지함이 매개되어 있지만 2차적 구술성 속에서는 그것이 배제되기 십상이다. 옹은 이 현상을 미디어를 이용한 토론 문화를 예를 들어 설명하고 있는데, 미디

4. 발전적 만남을 위하여

최근 TV 드라마는 아주 빠른 속도로 변하고 있다. 이에 따라 시청자들과의 관계도 많이 변했다. 흑백드라마에서 컬러드라마의 시대로 오면서 확대된 영상의 실재성이 최근에는 상상도 못한 대형 수상기와 고화질 모니터의 등장으로 더욱더 강화되었다. 한국 TV 드라마의 사적 흐름에 대한 한 연구[18]에 따르면 드라마는 70, 80년대의 낭만적 전유기에서 80, 90년대의 일상생활의 구가기를 거쳐 이제는 문화상품기로 들어섰다고 한다. TV 드라마가 전송기술과 수상기의 발전과 더불어 실재성을 보다 강조하는 방향으로 변하고 있음을 방증하는 것이라 하겠다. 종전의 작은 화면과 저화질에서는 눈에 잘 들어오지 않던 배우의 악세사리도 이제는 무시하지 못할 중요한 소품으로 작용할 정도이다. 사극에서 왕비의 머리를 치장하는 데 들어가는 장신구만 해도 어설프게 만들어서는 시청자의 비난을 사기가 일쑤이다. 그런 만큼 드라마가 대중들에게 주는 감염력은 훨씬 더 증대되었다고 할 수 있다.

이 감염력의 증대가 TV 드라마가 시청자들에게 미치는 부정적 측면을 더욱 극대화할 가능성이 없는 것은 아니다. 그러나 그런 방향으로 작용하는 것 같지는 않다. TV 드라마를 접하는 시청자들의 인식 수준 또한 동시에 높아졌기 때문이다. 현재의 대중들은 조선시대의 대중들

어 토론에서는 직접적 청중은 부재하기 때문에 적대감과 같은 현장감을 포함하는 상호소통의 자연스러움이 없다고 한다. 1차적 구술성의 시대에 비해 청중이 무한히 늘어났지만 오히려 부재하는 것이나 다름없다는 역설적 논리이다. 그래서 이 미디어 속의 연설가들은 미디어의 심리학에 자신들을 순응시킨다고 한다. 월터 J. 옹, 이기우·임명진 역, 『구술문화와 문자문화』, 문예출판사, 1995, 195~208쪽 참조.

18   김승현·한지만, 『한국사회와 텔레비전 드라마』, 한울 아카데미, 2001.

과는 달리 마음만 먹으면 얼마든지 고급문화를 향유할 수 있다. 고급문화보다 오히려 대중문화를 향유할 수 있는 기회가 훨씬 많다. 고급문화를 향유할 능력이 없는 것이 아니라 그렇게 하지 않는 것뿐이다. 대중문화에 대한 태도가 그만큼 능동적이란 뜻이다. 게다가 고급문화와 대중문화를 동시에 향유하고 있다.

시청자들의 태도 변화에 결정적인 영향을 미친 것은 무엇보다 제작자와의 쌍방향 의사소통이 어느 정도 가능해졌다는 것에 이유가 있을 것이다. 각 방송사들은 대다수의 드라마를 별도의 웹페이지를 통해서 제공하고 있다. 여기에서는 지나간 방송을 다시 볼 수도 있고, 대본도 받아 볼 수 있으며, 제작자나 출연진들에게 직접 의견을 전달하고 답변을 들을 수 있다. 또한 별도의 게시판을 통해서 해당 드라마를 시청한 대중들의 각양각색의 의견을 듣고 토론을 할 수도 있다. 이를 바탕으로 그 드라마에 특별하게 관심있는 시청자들끼리 동호회가 만들어지기도 한다. 〈대장금〉 시청자들을 대상으로 한 '애호대장금'이 대표적인 예이다. 이 동호회는 다른 드라마 동호회 단체와 토론을 벌이기도 한다. 실제로 이런 게시판을 통해서 올라오는 시청자들의 의견들 대다수는 드라마의 향후 전개 방향에 대한 것이다. 미리보기를 통해서 앞으로의 진행 방향을 알고는 이것에 대한 옳고 그름을 개진하는 것이다. 제작진이 이 의견을 얼마나 반영하는지는 모르겠지만 전혀 무시할 수 없는 힘을 지닌다. 뿐만 아니라 올라온 의견 중에는 상당히 날카로운 지적들도 있다.

이제는 TV 드라마에 대한 대중들의 반응이 더 이상 개인적인 체험으로만 끝나지 않는다. 공개적으로 표출되어 공유되기에 이르렀다. 그렇기 때문에 드라마의 감염력이 증대되었다고는 하지만 그것이 부정적인 방향으로만 작용하는 것 같지는 않다. 문제는 TV 드라마의 질적 발전으로 그런 것이 아니라 대중들의 능동적 시청 태도 때문에 그렇다는 것이다.

 TV 드라마 자체만을 놓고 본다면 여전히 많은 문제점을 지니고 있다. 반복적으로 재생산되는 정형적 이야기가 대중들에게 지속적인 흥미를 주기 위해서는 한정적 된 파격을 통한 개성의 창출이 필수적이다. 고전소설 역시 정형성을 유지하면서도 작품에 따라 다른 개성을 창출하고 있다. 같은 영웅소설이면서도 『소대성전』 유형과 『유충렬전』 유형 사이에는 엄연한 의미의 차이가 존재한다. 그것은 향유층의 세계관을 반영하고 있다. 그러나 TV 드라마에서는 분위기와 캐릭터의 전환은 있지만 개성에 따른 의미의 전환을 읽을 수가 없다. 드라마 소재의 빈곤일 수도 있고, 특정 스타에만 의존하려는 안이함 때문일 수도 있다. 특히 사극에서 이러한 현상은 더욱 뚜렷하게 보인다. 장희빈, 한명회, 허준 등 이미 다룬 이야기에만 의존하고 있다. 장희빈은 무려 네 차례에 걸쳐 드라마로 제작되었다. 제작진은 장희빈을 바라보는 시각을 달리한다고 했지만 결과는 여전하다. 새로운 배우를 등장시키고 색다른 분위기를 연출함으로써 시청자들의 기대를 부풀려 놓았지만 막상 들여다보면 실망을 느끼고 나온다. 〈대장금〉이 엄청난 시청률을 기록한 것은 새로운 소재에 대한 시청자들의 갈망을 역설적으로 드러내 보여준다.

 TV 드라마는 소재의 빈곤과 허구적 현실의 직접적 재현에서 탈피할 수 있는 길을 모색해야 한다. 사극이나 환상물은 다루는 대상 자체가 현실과 동떨어져 있기 때문에 사정이 나아 보인다. 그러나 이 역시 사정은 마찬가지이다. 〈대장금〉은 한때 한국 사회에서 일대 유행이었던 일본의 요리 만화의 구성에 궁중음식이라는 옷만 갈아 입혀 놓았다는 인상을 지울 길이 없다. 〈천년지애〉는 중국의 영화 〈진용〉의 기본 구조를 그대로 가져왔다. 새로운 이야기를 기획하기 위해서 노력했다기보다는 '벤치마킹'을 열심히 했다고 볼 수밖에 없다. 대중문화산업의 현실을 감안할 때, 그 일이 잘못되었다고 할 수는 없지만 그 결과가 문제이다.

TV 드라마가 본질적으로 가지고 있는 허구적 현실의 재생산이라는 문제를 극복하는 한편 대리만족 충족이라는 대중문화의 본연의 임무에 충실하기 위해서는 고전소설의 서사 방식 즉 허구적 환상을 통한 현실의 우회적 환기에 대해 적극적으로 고민을 해보아야 할 것이다. 드라마가 현실일 수는 없다. 그러나 드라마는 그것이 현실인 것처럼 강요하는 속성을 지니고 있다. 고전소설처럼 애초에 허구임을 강조하면서 역으로 현실을 환기하게 하는 방법은 없을까? 고전소설은 온갖 奇異와 우연으로 환상적 허구를 만들어낸다. 비록 영화이기는 하지만 〈매트릭스〉, 〈반지의 제왕〉의 저변에 깔려있는 것이 이 환상적 허구이다. 또한 미국의 드라마인 〈X파일〉에서 미국적인 환상을 발견할 수 있다. 우리 TV 드라마도 한국적인 환상적 허구를 창출할 필요가 있다. 지금이 '환상'이 잘 팔리는 시대이기 때문이 아니라 고전소설의 구조에서 보았듯이 대중문화에서 그러한 서사구조가 가지고 있는 분명한 의의가 있기 때문이다.[19]

『홍길동전』 등 특정 작품을 각색해서 드라마로 만들자는 말은 결코 아니다. 그 속에서 우리의 건강한 서사적 원형을 찾아보자는 것이다. 고전소설은 온통 영웅에 대한 환상적 이야기인데 한국에는 그러한 이야기가 없다고 한탄한다. 말이 안 되는 소리이다. 설사 영웅의 이야기가 없다면 그러한 이야기는 우리의 정서구조가 아니라고 하면 된다. 고전소설은 우리의 오랜 전통 속에서 '합의된 서사'인 만큼 TV 드라마의 한국적 아이콘 창출에도 큰 도움이 될 것이다. 지금 한국의 드라마는 중국과 동남아 등지에 수출되어 막대한 이익을 창출하고 있다. 한국 드라마가 잘 팔리는 이유가 서사적 구조의 우수함에 있다기보다는 특정 스타의 인기도에 있다고 생각된다. 한국 드라마콘텐츠의 진정한 세계화를 위해서는 한국적 서사 원형에 입각한 견실한 구조와 보다 다양한 이야기 원천을 개발해야 할 것이다.

---

19 〈천년지애〉는 이 환상적 허구를 서술하는 분위기가 얼마나 부족한가를 보여주는 가장 좋은 드라마이다.

‖ 참고문헌 ‖

[논문 및 단행본]

김성재 편,『매체미학』, 나남출판, 1998.

김승현 · 한지만,『한국사회와 텔레비전 드라마』, 한울 아카데미, 2001.

김진세 편,『한국고전소설작품론』, 집문당, 1992.

김창남, 외,『TV를 읽읍시다』, 한울, 1991.

박명진,「즐거움, 저항, 이데올로기」,『사회과학과 정책연구』13, 서울대 사회과학연구원, 1991.

박성봉,『대중예술의 미학』, 동연, 2001.

이덕일,「역사사실과 TV사극」,『대한교원신문』, 2002.6.8.

정병설,「고전소설과 텔레비전 드라마의 비교」, 한국고소설학회 제64차 정기학술대회 발표문, 2004.

정출헌,「중세사회 해체기의 빈부모순과 흥부전」,『고전문학 이야기주머니』, 녹두, 1994.

황인성 · 원용진 엮음,『愛人─TV 드라마, 문화 그리고 사회』, 한나래, 1997

롤랑 바르뜨, 김희영 역,『텍스트의 즐거움』, 동문선, 1997.

월터 J. 옹, 이기우 · 임명진 역,『구술문화와 문자문화』, 문예출판사, 1995.

존피스크 · 존 하틀리, 이익성 · 이은호 역,『TV읽기』, 현대미학사, 1997.

피터 와트, 김창유 역,『영화 · TV의 화면구성』, 책과 길, 2000.

조선시대 대하소설의 현재성

TV 드라마와의 비교를 통하여

송성욱

1. 서론

　조선시대 대하소설의 현재적 의의를 논하는 일은 여전히 유효하다. 많은 연구의 축적으로 인해 우리 소설사에서 대하소설이 차지하는 중요도가 충분히 밝혀졌음에도 여전히 단편 영웅소설이나 판소리계 소설에 비해 인지도가 현저히 떨어지는 것은 사실이다. 물론 연구자들에게 해당하는 말은 아니라 일반 대중들을 감안한 말이다. 과거의 문학을 연구하는 일은 과거의 문제를 밝히는 데에 있는 것만은 아니다. 그것의 현재적 의의를 찾아 지금도 유용한 문학이니 같이 읽어야 하는 당위를 밝히는 데까지 나아가야 하는 것이 연구의 궁극적 목표이다. 그런데 아직도 대하소설은 대중적 인지도를 확보하지 못하고 있으니 연구자의 입장에서는 난감하고 답답한 노릇이다.

주지하듯이 조선시대 소설에 대한 연구는 당시에 지녔던 소설적 의의를 찾고 그것이 현재에 어떤 의미를 지닐 수 있는가를 밝히는 방식으로 진행되었다. 이 과정에서 연구자는 조선시대 소설을 지금의 '소설' 개념의 틀 속에서 이해하려는 경향을 지녔다. 현대소설과는 다른 방식으로 조선시대 소설을 이해하려고 하면서도 근본적으로 그 틀을 벗어나기 힘들었다는 것이다. '소설'에 대한 인식 자체가 이미 현재에서 시작되었기 때문에 이 일은 불가항력일 수도 있다. 조선시대 소설과 현대소설의 연속성을 확보하려는 시도 역시 이러한 사정과 연관이 있다.

조선시대 소설과 현대 소설은 분명히 다르다. 같은 소설이지만 그 문화적 위상과 기능 그리고 속성이 현저히 달랐다. 최근의 몇몇 연구에서 밝혀지고 있지만[1] 조선시대 소설은 현대의 소설이 아니라 TV 드라마와 더 많은 부분에서 닮아 있다는 것이다. 조선시대에는 TV 드라마와 같은 대중문화가 없었으니 소설이 그 기능을 담당했을 가능성은 충분히 있다.[2] 따라서 현대에서 고급문화의 위상을 점하고 있는 소설과는 태생 자체에서 큰 차이가 있었을 것이다. 특히 한글 소설이 본격적으로 소설사의 표면에 부상하는 시점인 17세기 소설의 주독자층은 사대부가의 여성이었다. 이들은 우리 소설뿐만 아니라 중국소설까지도 탐독한 소설의 열정적인 후원자였다. 이들에게 소설은 어떤 느낌으로

---

1   정병설, 「고소설과 텔레비전 드라마의 비교」, 『고소설연구』 18, 한국고소설학회, 2004, 221~246쪽. 조광국, 「고전대하소설과의 연계성을 통해 본 TV 드라마의 서사 전략과 주제」, 『정신문화연구』 31권 3호, 2008, 389~411쪽. 졸고, 「고소설과 TV 드라마」, 『국어국문학』 137, 국어국문학회, 2004, 91~108쪽 등이 대표적인 연구이다.

2   그간 논의된 유사점을 보자면, 정형적 구도, 중층적 구도, 문화적 위상의 측면에서 대중문화적 속성을 지녔으며, 보편적 질서를 추구한다는 점에서 주제적 성적이 유사하며, 여성과 친연성이 강하다는 점에서 수용자의 유사점을 지녔고, 일부 드라마와 겹사돈 구조 등의 서술 방식의 측면에서 유사점이 인정된다.

다가왔을까?

김만중은 홀로 계신 노모를 위해 〈구운몽〉을 지어 바쳤다. 김만중의 모친은 당대의 다른 상층 부녀들과 같이 소설을 즐겨 읽었다. 그렇다면 김만중이 소설을 지은 까닭은 소설의 내용의 차원이 아니라 소설 자체를 바친다는 점에서 창작의 의의를 지녔을 수도 있다.[3]

TV 드라마는 같은 대중문화인 영화와도 달라, 의미하는 것이 아니라 전달하는 것이 주가 되는 장르라고 한다. 나아가 현실적 공간과 시간이 분리되지 않아 이미지 자체가 현실이 되어 버리기 때문에 이미지의 세계를 보기보다는 이미지 너머의 현실에 빨려들어 간다고 한다.[4] 이런 성격으로 인해 TV는 의사소통 기능이 강화되어 있다. 현대의 시청자가 TV 드라마를 보면서 자신의 일상을 끊임없이 환기하면서 극중 사건이나 인물에 대해 비판하기도 하고 동화되기도 하는 것이 바로 이런 TV의 속성과 연관이 있다. 시청자들의 반응은 곁에 있는 시청자와 대화를 나누기도 하고 화면을 보고 직접 말하기도 하며, 때로는 인터넷 게시판을 통해 자신의 주체할 수 없는 반응을 작성하기도 한다. 이로 인해 드라마는 다음 회를 보지 않으면 안 되는 강한 최면성을 획득하게 된다. 이런 환경이 가능한 이유는 드라마가 표방하는 있는 세계관과도 밀접한 연관이 있다. TV는 현대의 매체 중에서 가장 제도성이 강하며 폐쇄적이라고 한다. TV 드라마는 당시의 보편적 이데올로기와 관습적 윤리를 충실하게 따르게 마련이다. 이 때문에 시청자들은 파격적인 영

---

3 마치 현대의 어떤 연출가가 드라마를 좋아하는 어머니를 위해 어머니가 좋아했던 드라마를 만든 것과 같은 이치였을 수 있다는 것이다.
4 이종수, 「텔레비전 미학」, 김성재 외, 『매체미학』, 나남출판, 1998, 233쪽.

상이나 장면에서 충격과 일탈을 경험하지만 결국은 일상으로 안주하게 된다. 일상으로의 평안한 안주는 시청자들이 보편적으로 경험하고자 하는 기대치이다. 드라마는 이 기대치를 언제나 충족시킨다. 시청자들은 이런 기대치에서 벗어나는 장면에 대해 즉각적인 거부 반응을 보이며, 기대치가 충족되는 장면에서는 안도의 환희를 맛본다.

대하소설을 읽었던 조선시대의 독자들 역시 바로 이러한 반응을 보였을 것으로 추정할 수 있다. 이들이 소설을 통해 바랐던 것은 완전한 일탈이나 체제나 관습으로부터의 탈출 혹은 그것의 파괴가 아니라 안주였다. 대하소설은 당시의 체제나 관습을 파괴하려는 캐릭터를 설정하고 이로 인해 고통을 겪는 주인공의 안타까움을 설정한다. 이 장면에서 독자들은 언제나 자신들이 안주하고 있는 일상을 환기하면서 주인공의 편에서 악한 캐릭터를 배척했을 것이고, 주인공의 평화와 함께 그들 역시 평화를 느꼈을 것이다. 이때 주인공의 평화는 언제나 체제와 관습의 품으로 귀환했을 때 얻어지는 것이다. 소설의 독자가 상층 사대부 여성이었기 때문에 이런 소설적 구도가 더욱더 호응을 얻었을 것이다. 이런 면에 비추어 본다면 조선시대 대하소설의 독자와 현대의 드라마 시청자 사이에는 상당한 공통점이 있다고 여겨진다.

이에 본고에서는 조선시대 대하소설과 최근의 몇몇 TV 드라마들 사이에서 보이는 구조적 유사점을 지적하고 이에 기반하여 대하소설의 현재적 의의를 찾아보고자 한다.

2. 〈솔약국집 아들들〉과 비교

　현재 우리의 드라마는 시청 시간대에 따라 크게 네 종류로 나눌 수 있다. 아침드라마, 월화 혹은 수목 드라마, 일일드라마, 주말드라마가 그것이다. 아침드라마는 대개 8시 30분부터 40여분 정도 방영되기에 다른 드라마보다 한 회의 분량이 짧다. 자녀나 남편이 집을 떠난 이후 잠시 쉬는 틈을 이용해 시청하는 전형적인 전업 주부들을 대상으로 한 드라마이다. 따라서 수용자 계층이 가장 제한적인 드라마라고 할 수 있다. 월화, 수목드라마는 9시 뉴스가 끝난 직후인 10시에서 11시까지 방영되기 때문에 다양한 계층이 시청할 수 있는 드라마이다. 바쁜 직장인들도 이 시간 즈음에는 귀가하기 때문에 비교적 젊은 계층까지도 시청자로 포섭하려는 속성을 지닌다. 다만, 미성년 시청자들이 보기에는 다소 부담스럽거나 선정적인 장면과 이야기가 부각된다는 점, 장년층이 보기에도 수긍할 수 없는 파격적인 사건이 설정된다는 점에서 전 연령층을 겨냥한 드라마라고 볼 수는 없다.

　이에 반해 주말드라마는 대개 주말 9시를 전후로 1시간 가량 방영된다. 가족들이 함께 모여서 볼 수 있는 주말 저녁 시간대인 만큼 주중 드라마에 비해 보다 폭넓은 계층을 한꺼번에 포섭할 필요가 있는 드라마이다. 온 가족이 함께 시청하는 만큼 한국 사회의 가장 보편적인 윤리와 관습의 테두리 속에서 드라마가 전개된다. 그리고 가족들이 가정 내에서 벌이는 이런저런 이야기들이 주로 다루어진다. 물론 가족 혹은 혈연관계를 다루는 것은 비단 주말드라마가 아니라 우리나라 드라마 전체의 주된 특징이기도 하다. 그러나 주말 드라마는 가족을 다루되 아침

드라마처럼 관습적 윤리의 틀을 뛰어넘는 불륜 사건, 미니시리즈에서 자주 설정되는 파격적인 연애이야기는 좀처럼 설정되지 않는다.

이러한 주말드라마와 조선시대 대하소설은 여러 가지 측면에서 비슷한 면모를 보여준다. 가정, 가문에 대한 이야기를 골자로 하고 있다는 점, 그 속에서 벌어지는 갈등과 음모가 결국은 지배적인 윤리의 범주 속에서 해결된다는 점, 남성의 심리보다는 여성의 심리가 보다 초점화되어 있다는 점 등이 그렇다. 게다가 주말드라마의 전개양상을 세밀하게 들여다보면 아주 구체적인 부분에서도 조선시대 대하소설과 상당한 유사성을 보여준다.

KBS2 채널에서 방영된 주말드라마 중에 〈솔약국집 아들들〉(이후 '솔약국집'으로 약칭함)이란 드라마가 있다.[5] 제목이 말해주듯 이 드라마는 솔약국집이라는 특정 집안에서 가족 구성원들이 제각각 벌이는 사건을 중심으로 이야기가 전개되고 있다. 가족 구성원들이 벌이는 사건의 가짓수는 다양하지만 가장 중점을 두고 있는 사건은 혼인을 둘러싼 사건이다.

우선 이 드라마의 주요 인물과 사건을 그림으로 나타내면 〈그림 1〉과 같다.

주인공 집안은 조부를 중심으로 모든 가족 구성원들이 한꺼번에 모여 사는 전형적인 대가족 형태로 설정되어 있다. 이웃집 브루터스리와 그의 아이들에게 한문을 가르치는 선비풍의 할아버지 송시열과 모나

---

5   방영 초기부터 꾸준한 시청률을 확보했으며 회를 거듭할수록 시청률이 높아지는 추세를 보였던 드라마이다. 특히 2009년 9월 26일, 27일 주말에는 마의 시청률이라고 하는 40%를 돌파한 바가 있다.

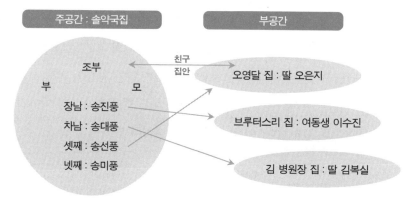

〈그림 1〉 주요 인물과 사건

지 않고 매사를 무난하게 해결하려는 아버지 송광호와 그의 부인 배옥희 아래 4명의 아들들이 모여살고 있다.

조부 송시열은 전형적인 가부장으로서의 면모를 보여주고 있다. 그의 말 한 마디에 모든 가족들은 절대 복종한다. 그는 시종일간 한치의 흠도 보이지 않는 인품과 덕성의 소유자로 묘사되고 있다. 가족들이 그의 권위를 불편하게 여기지만 불만을 드러내지 않는 이유가 여기에 있다. 가문을 응집시키는 구심점이자 정신적인 지주로 조부가 설정된다는 점, 그러한 가장에 대해 아들과 손자들이 지극한 효를 보인다는 점 등에서 일단 대하소설의 가문 공간과 너무 흡사하다.

여기에서 핵을 이루는 이야기는 자녀들의 혼인이다. 가족 공간 구성의 특성 상 연애라는 남녀 주인공 개인의 문제가 모든 가족에게 공개되고, 이들의 혼인 여부가 초미의 관심사로 부각하고 있다. 이것은 주인공 집안의 문제만이 아니라 상대방 집안의 문제로까지 설정된다. 제일 먼저 혼인을 한 셋째 아들 송선풍의 경우는 혼인 상대인 여성 집안이

송광호의 오래된 친구이자 사소한 다툼으로 원한이 있는 오영달의 집안으로 설정되어 있다. 이로 인해 송선풍과 오은지의 혼인은 당사자의 문제가 아니라 집안과 집안의 문제로 비화되며, 양가 가장의 화해로 혼인이 성사된다. 이러한 송선풍의 혼인 이후 다른 형제들의 혼인 이야기가 순차적으로 펼쳐진다. 이 혼인 양상을 정리하면 다음과 같다.

구분	혼인상대	방해요인
장남 송진풍	이수진	모친의 반대
차남 송대풍	김복실	당사자들의 성격 문제
셋째 송대풍	오은지	부친들의 불화

주인공 집안의 형제들을 복수주인공으로 설정하여 이들이 각기 다른 요인의 혼사 문제를 놓고 벌이는 사건으로 구성되는 것이 조선시대 대하소설이다. 〈솔약국집〉 역시 특정 주인공이 없다. 솔약국집 형제들이 모두 주인공인 셈이다.

이것은 매회의 장면 구성을 보면 알 수 있는데, 매회 마다 모든 형제들의 모습을 번갈아가며 보여준다. 만약 한 형제의 혼사 과정에 문제가 발생하고 그 혼인이 임박해지면 여기에 더 많은 시간을 할애한다. 그렇다고 나머지 형제들이 모습을 보여주지 않는 것은 아니다. 비중이 줄어들 뿐이다. 이 규칙은 전 형제들에게 고르게 적용된다. 혼인을 한 후에는 혼인 후에 벌어지는 부부의 문제를 새로 만들어 보여준다. 따라서 이 드라마는 조선시대 대하소설의 복수주인공 구도의 이야기 설정 방식을 그대로 따르고 있다고 할 것이다.

〈솔약국집〉에서 혼인 이후가 아닌 혼인의 과정만 가지고 본다면 아무래도 장손인 송진풍과 차남 송대풍의 혼인이 가장 심각한 문제를 지니고 있다. 그만큼 이 둘의 문제가 보다 긴 시간을 가지고 다루어지고 있다. 가업을 물려받은 약사 송진풍의 상대역은 국제변호사인 이수진인데 이 둘 사이의 애정을 확인하는 데 걸린 시간도 시간이지만 혼인을 약속한 다음 벌어지는 집안의 문제가 예사롭지 않다. 어머니 배옥희가 이 혼사를 완강하게 거부하고, 이에 효자인 진풍이 내키지 않지만 어머니가 소개한 여인을 만나면서부터 본격적인 갈등이 시작된다. 진풍은 결국 원래의 연인인 이수진과의 혼인을 다짐하고 어머니와 맞서는데 할아버지조차도 여기에서는 별 도움이 되지 않는다. 어머니와 장남이 서로 밥을 먹지 않고 수일을 맞서게 된다. 결국 장남의 고집대로 혼사가 성사되지만 혼인 이후 또다시 고부 갈등이 불거지면서 새로운 갈등 국면이 형성된다.

차남의 혼인이야기는 집안끼리의 문제는 상대적으로 적은 편이지만 남녀 당사자들의 개인적인 문제로 인해 사실 가장 긴 분량을 지니고 방영되었다. 호남아적인 성격을 지닌 송대풍은 자신의 애정을 잘 표현하지 못하고 항상 일방적인 태도로 간호사 김복실을 대한다. 대풍을 사랑하지만 이런 대풍의 무례함을 견디지 못한 김복실이 병원을 떠나 원래의 자기 신분인 의사이자 큰 대형병원 집안의 딸로서의 면모를 회복하면서부터 이 둘 사이의 태도가 역전된다. 오히려 대풍이 사랑을 하소연하고 김복실이 이를 거부하면서 둘의 자존심이 첨예하게 대립된다.

만약 조선시대 대하소설의 독자가 이 드라마를 보아도 전혀 낯설게 여기지 않을 정도로 익숙한 사건들이다. 솔약국집 삼형제는 혼인 과정에서 부모의 반대, 남녀의 자존심 대결이라는 갈등 요인을 지니고 있다. 부모가 반대하는 경우는 다시 송진풍처럼 맏며느리의 한미한 집안에 대한 어머니의 반대, 남녀 당사자 아버지끼리의 원한과 남성 쪽 집안의 한미함에 대한 장모의 반대 등으로 구체화할 수 있다. 가난하고 능력 없어 보이는 사위에 대한 장모의 박대 이야기는 비단 대하소설뿐만 조선시대 소설 전반에 걸쳐 설정되는 대표적인 사건이다. 능력은 있지만 한미한 집안의 며느리에 대한 박대 이야기는 대하소설에 설정되는 중요한 사건이기도 한다.

게다가 송대풍과 김복실 사이의 자존심 대결 역시 대하소설의 전형적인 사건이다. 처음에는 남성이 여성을 박대하고 나중에는 여성이 남성을 꺼리는 이 이야기는 마치 『현씨양웅쌍린기』의 현수문과 윤혜빙의 이야기, 현경문과 주 소저의 이야기를 한꺼번에 합쳐 놓은 듯하다. 물론 남성이 여성을 박대하는 이유는 자기감정의 표현이 서툴기 때문이다. 여성에 대한 사랑 감정이 없는 것이 아니라 남성의 우월적 권위를 굽히지 않고 여성의 감정을 배려하지 않은 탓에 여성 박대라는 현상으로 장면화된다. 따라서 송대풍과 김복실 역시 대하소설의 흐름을 전형적으로 따르고 있다.

한편 이러한 각각의 이야기들이 서사화되는 양상 역시 대하소설과 닮아 있음을 발견할 수 있다. 위의 분석에 따르면 셋째의 혼인은 작은 이야기, 첫째가 중간 크기의 이야기, 둘째가 가장 큰 이야기를 형성하고 있는 셈이다.[6] 이렇게 본다면 송진풍은 부모와의 갈등, 송대풍은 당

---

6   이것은 대하소설의 관습과는 상당히 다르다. 당사자들의 개인적 문제가 대하소설에서는 비교적
     작은 이야기로 설정되는데 비해 드라마에서는 가장 큰 이야기로 설정되어 있다. 졸저, 『조선시대
     대하소설의 서사구조와 창작의식』, 태학사, 2003, 125~134쪽 참조.

사자들의 개인적 심리 문제로 혼사의 문제를 빚어내고 있다. 이런 문제들이 전개되는 과정을 보면 다음과 같다.

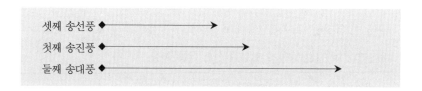

대하소설에서는 단위담이 배열될 때, 하나의 단위담이 완전히 완결된 다음에 다시 하나의 단위담이 서술되는 것이 아니다. 두 개의 단위담 혹은 그 이상의 단위담이 시간적 간격을 지니고 서로 동시에 진행되고 있다. 그리고 대하소설에서 단위담이 배열되는 방식은 큰 단위담과 작은 단위담이 서로 번갈아 가면서 설정되어 있음을 확인할 수 있다. 즉 복잡하고 긴 단위담의 앞이나 뒤에 이보다 덜 복잡한 단위담이 설정되고 있다는 것이다. 이때. '小'에 해당하는 단위담은 '大' 혹은 '中'에 해당하는 단위담 사이에서 삽입되고 있다.[7] 이는 〈솔약국집〉이 보여주는 전개 방식과 일치한다고 할 수 있다.

뿐만 아니라 매 회가 끝나고 시작하는 방식 역시 조선시대 소설과 유사하다.

강남홍이 옥 같은 손을 들어 화살을 쏘니 시위 소리와 동시에 동초와 마

---

[7] 대하소설은 이와 같은 방식으로 이야기를 배열함으로써 우선 결합의 전체적인 조화를 도모하고 있다고 보여진다. 그리고 설정되는 단위담이 크면 클수록 서사단락의 전개가 복잡해지고, 음모의 수단도 다양해진다. 독자는 큰 단위담을 읽을 때 보다 주의를 기울이게 되며, 그에 따라 긴장도 고조될 수 있다. 작은 단위담에서는 물론 그 긴장이 완화된다. 따라서 단위담의 배열은 서사적 긴장의 완급조절이란 효과도 가져올 가능성이 있다. 이에 대해서는 졸저, 위의 책, 135~148쪽 참조

달 두 사람의 갑옷이 쟁그랑하고 깨졌다. 두 장수가 더 싸울 뜻이 없어 말을 돌려 진영으로 돌아왔다. 뇌천풍이 투구를 주워 다시 쓰고 벽력부를 휘두르며 크게 꾸짖었다. "조그만 오랑캐 장수야! 작은 재주만 믿고 무례히 굴지 말라." 그러고는 다시 강남홍에게 달려들더니 홀연 몸을 솟구치며 말에서 떨어졌다. 어찌된 일인지 모르겠구나. 다음 회를 보시라.

14회 옥피리는 자웅(雌雄)의 음률을 주고받으며,

거문고의 아름다운 소리는 끊어졌다 이어졌다 한다.

각설. 뇌천풍이 분기탱천하여 도끼를 휘두르며 강남홍에게 덤벼들었지만 그녀는 태연히 웃으며 부용검을 들고 서서 꼼짝도 않았다. 뇌천풍은 더욱 화가 나서 크게 소리 지르며 힘을 다해 강남홍을 공격했다. 순간 강남홍이 쌍검을 휘두르며 허공에 몸을 솟구쳤다. 뇌천풍이 허공을 쳐다 보며 급히 도끼를 거두어들이려는데 갑자기 쟁그랑하는 소리가 머리 위에서 들렸다. 날아온 칼이 공중에서 떨어지며 투구를 쳐서 깨뜨린 것이었다. 뇌천풍이 황망하여 몸을 뒤틀며 말에서 떨어졌다.[8]

위에서 인용한 대목은 대표적인 회장체 장편소설인 『옥루몽』의 한 부분이다. 강남홍과 마천풍이 대결을 벌이는 장면인데 가장 극적인 부분에서 13회가 끝난다. 그리고 14회의 처음 부분에는 다시 13회 끝 장면이 부연 설명되고 있다. 13회의 끝 장면을 단순 반복하는 것이 아니라 보다 상세하게 묘사하면서 다음 이야기로 넘어간다. 이것은 〈솔약국집〉을 비롯한 최근의 TV 드라마가 취하고 있는 편집 방식이기도 하

8   남영로, 김풍기 역, 『옥루몽』 13회~14회, 그린비, 2006.

다. 각 회는 다음 회를 볼 수밖에 없도록 만드는 극적인 부분에서 끝나고 다음 회는 전 회를 요약적으로 보여주거나 끝 장면을 반복하면서 새로운 장면으로 이어진다. 대하소설의 경우 비록 장회체로 구성이 되지 않은 경우라 할지라도 각 권이 새로 시작되는 부분에서 전 권의 마지막 장면을 반복하는 경우가 일반적이다. 이런 부분 역시 대하소설과 드라마와 유사한 부분이라 할 것이다.

3. 〈천하일색 박정금〉, 〈카인과 아벨〉과 비교

〈천하일색 박정금〉(이후 박정금으로 약칭함)은 2008년도에 방영된 MBC의 주말드라마이다. 가족의 문제를 다루었다는 점에서 〈솔약국집〉과 같은 전형적인 주말드라마이다. 그러나 〈솔약국집〉은 온 가족이 웃으면서 유쾌하게 볼 수 있는 다분히 교양적 성격의 드라마라면 〈박정금〉은 다소 불편함이 느껴지는 드라마이다. 이 드라마는 〈솔약국집〉처럼 복수주인공 구성 방식을 지니고 있지 않다. 대신에 주인공 박정금이 처한 기구한 가족사에 초점이 모아져 있다. 이로 인해 표면적으로는 대하소설과 동떨어져 보인다. 게다가 여성이 주인공으로 설정되어 있는 탓에 그 거리는 훨씬 멀어 보인다. 그러나 실상을 들여다보면 대하소설의 특징이 〈솔약국집〉보다 더 예각적으로 드러나고 있음을 알 수 있다.

〈그림 2〉에서 보듯이 이 드라마의 핵심에는 주인공 박정금의 기구한 가족사가 놓여 있다. 가장 박봉필은 상당한 재산의 소유자인데 젊고 미모인 가정부 파주댁의 유혹에 넘어가 본처와 딸인 박정금을 축출하고,

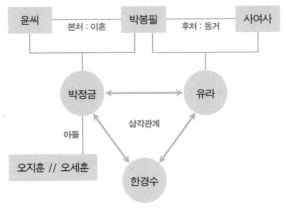

〈그림 2〉 박정금의 가족사

파주댁 사 여사와 재혼을 하면서 둘째 딸 유라를 낳았다. 사 여사는 박봉필에 대한 애정보다는 재산을 더 탐내는 전형적인 악인으로 박봉필의 재산이 손자인 오지훈에게 넘어갈 것을 염려하여 오지훈을 납치하여 사라지게 한다. 이후 사여사의 의도대로 박봉필은 유일하게 사 여사에게 정을 붙이면서 산다. 악한 후처로 인해 착한 본처와 딸이 기구한 삶을 사는 이야기이다. 박봉필과 파주댁 이야기만 놓고 본다면 〈사씨남정기〉에서부터 맥을 잇는 전형적인 쟁총형 이야기라고 할 수 있다.

두 번째의 주요한 갈등 구조는 이복자매인 박정금과 유라가 변호사 한경수를 놓고 벌이는 애정의 삼각관계이다. 우유부단한 한경수는 박정금을 사랑하지만 유라 역시 냉정하게 뿌리치지 못하고, 사여사와 유라의 공세에 못 이겨 애정 없는 혼인을 하게 된다. 이복 자매이긴 하지만 자매가 한 남자를 두고 벌이는 애정 갈등이라는 점에서 여느 애정 관계보다 심각하게 이야기가 전개된다.

이 이야기는 『임화정연』, 『하진양문록』 등에서 큰 이야기로 다루어진 자궁갈등담을 연상하게 한다. 특히 『임화정연』의 후반부는 정연경과 여미주, 여희주 이복 자매의 삼각관계 그리고 여금오와 그의 정·부실 사이의 갈등으로 이루어져 있다. 여금오에게는 강씨, 황씨, 소씨 등의 세 부인이 있는데, 미주는 소씨 소생이며, 희주는 강씨 소생이다. 여금오는 투기가 심한 소씨보다는 현숙한 덕을 지닌 강씨를 후대하고 있었다. 미주는 담장 너머로 정연경을 보고는 반하여 상사의 정을 담은 편지를 담장 밖으로 던져 보내는 등 갖은 음행을 저지르고, 소씨는 항상 미주를 두둔하며 희주를 박대한다. 그런데 여금오가 꿈을 꾸고는 희주를 연경과 혼인시킨다. 이에 미주의 심적 고충은 심화되고 소씨의 강씨 모녀에 대한 원망이 더욱 깊어져 여부에 심각한 화액이 빚어지게 된다. 미주는 희주로 가장하여 신방에 들어가 연경과 동침하여 쌍둥이를 잉태하고 가출하여 갖은 고초를 겪은 끝에 정부로 돌아오게 되는 것이다. 그런데 이 미주 역시 그녀가 쌍둥이를 가지기까지의 행적은 비례의 과정을 거듭했지만, 이후 그녀가 정부로 오기 위해 겪는 고초와 정부로 들어 온 후의 행적은 전혀 악인의 행적이 아니다. 그녀 역시 전일의 죄과를 뉘우치며 끝까지 남편의 용서를 구할 뿐이다. 후편에서도 미주의 작용에 의한 사건은 전혀 설정되지 않고 있다. 그러나 미주가 집을 떠나 정부에 용납되기까지 소씨는 그의 아들 성옥과 더불어 강씨와 중옥, 희주를 끊임없이 해하려고 하고, 성옥보다 나이가 적은 중옥이 계후자로 결정되었을 때 그 모해의 정도는 극에 달한다.

〈박정금〉에서도 박정금의 아들 오지훈이 나타나면서 이러한 자궁갈등담이 구체화된다. 박봉필의 계후자라고 할 수 있는 오지훈의 등장에 위기를 느낀 사 여사의 음모가 극에 달한다.[9] 오지훈에게 박봉필의 재산이 넘어갈 것이라는 걱정, 오지훈의 등장으로 박정금의 입지가 커질 것이라는 판단 등이 작용했기 때문이다. 『임화정연』과 차이가 있다면 『임화정연』에서는 소씨가 자기 소생의 아들로 집안의 후계를 잇게 하겠다는 계후에 대한 욕망이 부각되며, 〈박정금〉에서는 남편의 재산에 대한 탐욕이 부각되어 있다는 점이다. 그러나 그러한 욕망이 모두 자기 소생의 자식을 위해서 탄생했다는 점에서는 동일한 자궁갈등이라고 할 수 있을 것이다. 이런 과정을 통해 제대로 사리를 판단하지 못하는 무능한 가장의 문제가 부각되고, 후처의 악행에 대한 독자나 시청자의 적개심이 유발된다.

이혼이 결혼만큼 빈번한 세상, 부모의 이혼은 어쩔 수 없이 자식들에게 치명적인 상처가 된다. 자식 이야기만 나오면 미안해서 뜨거운 눈물을 왈칵 쏟아내는 이혼한 부모들에게 자식은 부모가 그 어떤 상황에서도 사랑을 포기하지 않으면 반드시 이 사회에서 밝고 행복하게 살 수 있다는 위로와 용기를 주고 싶어서 이 드라마를 만들고자 한다. (…중략…) 주인공 박정금이 자신의 이혼 과정에서 불행해진 아들 때문에 눈물을 삼키면서 비로소 부모의 마음을 이해하고 자신의 모든 불행의 근원이라고 믿어왔던 아버지와 화해하게 되는 가족이야기를 통해 주말드라마의 특성인 가족극의 끈끈한 감동을 준다.[10]

---

9   여기에서 사여사의 딸 유라가 악인으로 설정되지는 않는다. 유라는 성격 파탄자이기 하지만 자기 어머니가 꾸민 일을 안 순간 항상 죄책감을 느끼며 이로 인해 친모와 갈등을 겪기도 한다. 그러나 한경수를 향한 애정의 측면에서는 박정금에게 한 치의 양보도 없다. 그렇다고 애정을 쟁취하기 위해 잔인한 악행을 꾸미지는 않는다.

10   http://www.imbc.com/broad/tv/drama/parkjunggum/concept/index.html

제작진은 현재 한국 사회에서 문제되고 있는 이혼의 문제를 부각하기 위해서 이 드라마를 기획했다고 한다. 그러나 이 드라마를 본 시청자들 중에 이혼 문제에 주안점을 두고 시청한 사람은 없을 것이다. 박정금은 이혼으로 인해 혼자서 아들을 보살피며 억척스럽게 살아가는 아줌마 형사이지만 어디까지나 사건과 갈등의 핵심은 청주댁 사 여사의 음모와 이복 자매 유라와의 삼각관계, 다시 돌아온 장남 오지훈과 할아버지, 사 여사의 갈등에 있기 때문이다. 따라서 이혼의 문제를 기획하면서도 이와 같은 사건을 설정하게 된 드라마 작가를 포함한 제작진의 의식 속에는 알게 모르게 우리의 오래된 보편적 이야기 구조가 잠재되어 있었다고 볼 수도 있을 것 같다.

물론 본처와 후처의 갈등, 자매의 애정다툼은 대다수 현대의 시청자에게는 다소 엽기적이고 억지 구성이란 느낌을 줄 수도 있었을 것이다.[11] 그러나 자매나 형제의 애정 갈등은 드라마의 주요 사건으로 꾸준하게 설정되어 왔다. 2007년 3월부터 9월까지 방영된 〈내 곁에 있어〉는 같은 어머니에게서 태어나고 아버지가 다른 두 자매가 한 남자를 두고 삼각구도를 벌인다. 같은 해 10월부터 2008년 4월까지 방영된 〈그래도 좋아〉는 혈연적 자매는 아니지만 자매와 다름없이 자란 이효은과 서명지의 두 자매가 김태주를 두고 벌이는 삼각관계를 그리고 있다. 특히 〈그래도 좋아〉에서 서명지는 〈사씨남정기〉의 교채란을 연상할 정도로 악한 여자이며, 이효은은 답답할 정도로 자기희생을 감수하는 사정옥을 연상하게 한다.

---

11   이 드라마의 시청률은 10%를 간신히 유지할 정도로 저조했다.

주말드라마는 아니지만 상당한 시청률을 기록한 SBS의 주중드라마 〈카인과 아벨〉은 자매가 아니라 형제끼리의 애정갈등을 다루고 있는 드라마이다. 주인공 이선우가 사막 한 복판에서 권총으로 살해당하는 파격적인 장면으로 시작한 〈카인과 아벨〉 역시 자궁갈등과 애정갈등이 주를 이루고 있다. 먼저 이 드라마의 이야기를 정리하면 다음과 같다.

① 이종민과 나혜주, 연희와 진성이 혼인을 한다.

② 이종민과 연희, 진성은 의대 동기인데 같이 병원을 설립한다.

③ 연희, 진성 부부가 병원을 종민에게 맡기고 임신을 한 채 여행을 간다.

④ 나혜주가 연희의 아이가 남편 이종민의 아이일 것으로 의심을 하여 연희 부부가 사고나도록 한다.

⑤ 연희 부부는 사고로 죽고, 이종민은 아이를 살려낸다.

⑥ 이종민은 이 아이를 입양하고 이종민의 아들인 이선우와 연희의 아이인 이초인은 형제로 친하게 지낸다.

⑦ 이선우와 이초인은 성장하여 모두 실력 있는 의사가 된다.

⑧ 이종민이 병원의 주도권을 이초인에게 물려주려 하자 나혜주가 이초인을 죽이려고 한다. 이때 이종민은 뇌종양으로 식물인간이 되어 있는 상태이다.

⑨ 미국으로 유학 갔던 이선우가 돌아와서 옛 애인 김서연을 만난다.

⑩ 김서연은 이미 이초인과 연인이 되어 있는 상태이다.

⑪ 아무리 동생이지만 연인을 양보할 수 없었던 이선우가 이초인을 음해하고 죽이려고까지 한다.

⑫ 이초인을 죽이려고 한 나혜주의 음모를 이선우가 알게 된 후 양심의

가책을 느끼지만 애정의 쟁취를 위해 동모하여 이초인을 계속 살해하려 한다.

⑬ 이초인이 이 음모를 물리치고 병원의 주도권을 장악한다.

⑭ 이선우가 뇌종양에 걸려 죽게 되면서 과거의 잘못을 뉘우치고 동생 이초인과 다시 형제의 정을 회복한다.

이 이야기에서는 아들 이선우에게 병원의 주도권을 넘겨주려는 나혜주의 무분별한 욕망과 애정을 쟁취하기 위해 동생을 죽이려는 형 이선우의 욕망이 중첩되어 있다. 그러나 이선우와 이초인이 형제로 설정되어 있지만 혈연적인 형제가 아니라는 점에서 〈박정금〉과 차이가 있다. 뿐만 아니라 이초인과 이선우 모두 유망한 의사라는 점에서 신분적 처지도 비슷하다.

〈카인과 아벨〉의 이 이야기는 〈옥란기연〉의 소선주를 둘러싼 장추성과 조재악, 〈임화정연〉의 정연양을 둘러싼 임규와 진상문의 삼각관계를 연상하게 한다. 이들은 자신의 애정을 쟁취하기 위해 연적을 정치적으로 모해하거나 그 집안 자체를 제거하려는, 자매가 한 남자를 두고 벌이는 갈등에서는 찾아볼 수 없는 거대한 음모를 꾸민다. 이선우가 동생 이초인을 살해하려는 음모와 일치하는 대목이다.

그런데 대하소설에서 이런 구도에서 맞서는 남성들은 형제로 설정되지 않는다. 물론 〈카인과 아벨〉에서도 친형제로 설정된 것은 아니지만 실질적인 형제로 설정되어 있다는 점에서는 큰 차이를 보이는 대목이다.

대하소설에서 자매가 한 남자를 두고 애정 갈등을 벌이는 것은 아황과 여영의 이비(二妃) 고사의 변형적 계승이라 할만하다. 『구운몽』에서 이미 설정되었듯이 자매가 한 남자에게 시집가서 서로 우애를 지키며 사는 모습이 아름다운 고사로 전해진다. 이 이야기가 자궁갈등과 맞물리거나 자매 중 한 명이 악인형으로 설정되어 치열한 애정 갈등으로 변형되었을 가능성이 있다.

이런 맥락에서 본다면 일부 주말드라마에서 상정한 겹사돈 구조도 주목되는 부분이다. 겹사돈 구조는 양문록계 대하소설의 주요 구조이기도 한데, 〈며느리전성시대〉, 〈황금신부〉 등의 드라마가 이 구조를 보여주고 있다. 이에 대해 조광국 교수는 서사의 확장으로 인해 인물이 늘어나는 부담을 겹사돈을 통해 인물을 교차시키면서 갈등을 심화시켜 해소하려는 의도로 분석하고 있다.[12] 뿐만 아니라 동일한 인물의 지속적인 변신을 통해 서사를 확장해 나가는 『조씨삼대록』, 『양문충의록』의 구조는 주인공이 성형수술을 통해서 외모를 바꾸어 자신을 불행하게 만들었던 악인에게 복수를 하는 드라마인 〈아내의 유혹〉, 〈천사의 유혹〉에서도 유사하게 설정된다.[13] 이러한 유사성 역시 가족을 중심으로 전개되는 드라마가 대하소설과 동일한 서사적 구조를 가지는 주요한 사례로 인정된다.

TV 드라마에서 이와 같은 이야기가 여전히 반복되는 것은 가족의 틀을 고수하려는 한국 드라마의 고유한 특징으로 이해될 만하다. 애초에 가족이라는 틀을 없애버린 트랜디 드라마에서는 이와 같은 사건이

12 　조광국, 앞의 글 참조
13 　강미선, 「〈현몽쌍룡기〉 연작의 서사구조 연구」, 『어문연구』 145호, 국어문교육연구회, 2010, 207~228쪽.

설정되지 않는다. 막연한 청춘남녀의 사랑 이야기가 삼각관계 속에서 진행될 뿐이다. 그러나 가족이라는 틀을 유지하면서 사랑 이야기를 언급하려면 〈솔약국집〉과 같은 복수주인공 구도 아니면 가족 내에서 얽힐 수밖에 없는 복잡한 관계들을 상정할 수밖에 없다. 그렇지 않으면 가족이라는 이야기의 구심점을 유지하기 힘들기 때문이다.

4. 한국형 서사의 원형을 찾아서

〈아내의 유혹〉과 중국 화본 〈金玉奴捧打薄情郎〉의 유사점에 대한 연구가 이루어진 바 있다.[14] 〈아내의 유혹〉은 소위 '막장드라마'로 세간의 주목을 받았는데 이 드라마의 이야기가 중국의 화본 작품과 유사하며, 대중적인 이야기의 세계적 보편성을 확인할 수 있다는 것이 이 연구의 논점이다.

여기서 생기는 한 가지 의문은 현대의 한국 드라마와 조선시대 대하소설의 유사점이 우리의 특수한 서사적 양식에 기인하는 것인지 아니면, 외국에도 적용될 수 있는 보편적인 것인지에 대한 것이다. 만약 후자의 경우라면 너무 보편적인 것이어서 새삼스럽게 논할 필요가 없는 뻔한 내용일 수도 있다는 결론에 도달한다. 물론 세계 공통의 보편적인 서사구조가 분명 있을 것이다. 그러나 한국의 서사이고 한국의 드라마라면 여기에만 있는 특수한 구조 또한 있을 것이다. 조선시대 대하소설

---

14 고숙희, 「화본소설 〈金玉奴捧打薄情郎〉과 TV 드라마 〈아내의 유혹〉의 스토리텔링」, 『중국문화연구』 14집, 2009, 282~298쪽 참조

과 현대 드라마의 유사점이 이 특수성을 말하는 것일 때 연구의 진정한 보람이 있을 것이다. 문제는 외국 드라마의 사정을 속속들이 알기가 힘들다는 점이다. 특정 드라마 한, 두 편이야 볼 수 있겠지만 전체적인 성격을 관찰하는 것은 사실 힘든 노릇이다. 따라서 특징적인 드라마 몇 편을 대상으로 우선 몇 가지 가설을 세워 놓고 점진적으로 검증할 필요가 있다.

한국 드라마는 가족과 가정을 다루는 드라마가 주종을 이루고 있다. 아침드라마, 일일드라마, 주말드라마치고 가족의 범위를 벗어나는 이야기는 거의 찾아보기 힘들다. 아무리 현대라고 하지만 개인의 문제가 개인 차원에서만 머물지 않고 가족이라는 집단의 문제로까지 확산되는 현상을 보인다. 최근 들어 사극에 대한 관심이 고조되고 있지만 한국 드라마에서 사극은 그동안 큰 위치를 점하지 못했다. 몇몇 대작들이 기획드라마의 형식으로 제작되어 방영될 정도이다.

이것은 중국의 드라마와 비교하여 큰 차이를 보인다. 중국에서는 현대 무협 작가인 김용의 무협소설은 대개가 다 드라마로 만들어졌다. 무협 드라마가 아니어도 주요 드라마의 주된 공간은 궁궐을 배경으로 한 사극의 형식을 취하고 있다. 이에 비한다면 전형적인 현대극의 비중이 오히려 작다고 할 것이다.

중국과 한국의 이 차이 역시 소설사의 전통에서 기인하는 것일 수도 있겠다. 중국의 소설사는 남성 중심의 연의소설이 주종을 이루며, 한국은 여성 친화적인 가정, 가문 중심의 소설이 주종을 이룬다. 조선시대 소설사에서 연의류의 역사소설을 찾아보기는 상당히 힘들다. 이 전통이 현대 드라마의 분위기에도 영향을 미치고 있다고 볼 수 있다.

그런가하면 한국 드라마에서는 시트콤 형식의 코미디가 큰 인기를 얻지 못한다. 제작은 되고 있지만 어디까지나 마이너 그룹이라고 할 수 있다. 또한 〈CSI〉와 같이 과학적 고증에 충실한 추리물, 수사물 역시 본격적으로 제작되지 않고 있다. 추리물은 앞으로 어떤 수요를 창출할 수 있을지는 몰라도 현재 한국의 수준은 낮은 편이다. 이런 성격의 드라마는 유럽과 미국 드라마의 주 패턴이라고 할 수 있을지 모르겠다. 한국에서 이런 드라마가 형성되지 않는 것 역시 코믹이나 추리 서사에 대한 전통이 미약했기 때문이라고 할 수 있을 것이다.

드라마는 아니지만 영화 〈해운대〉의 경우, 겉으로 내세운 것은 쓰나미를 소재로 한 재난 영화였다. 그러나 이 영화는 외국에서 만들어진 재난 영화인 〈투모로우〉나 〈일본침몰〉 등과 상당히 다른 이야기 구조를 지니고 있다. 대개의 재난 영화는 과학자와 몇몇 의인들에 의해 그 재난을 극복하려는 노력, 그 과정에서의 희생 등을 주로 하고 있다. 〈해운대〉는 과학자로 등장하는 김휘 박사는 아무 역할도 하지 못하고 쓰나미가 왔을 때 허무하게 죽고 만다. 이 과정에서 돋보이는 것은 어디까지나 최만식, 강연희 남녀 주인공의 관계이다. 이 역시 한국적 이야기의 전형이라 할 수 있다. 결국 재난의 멜로드라마화가 천만의 관객을 모을 수 있었던 힘이 아니었을까 한다.

1970년대 후반 세계 각국에서 높은 시청률을 기록한 미국 드라마 〈달라스〉가 일본으로 수입되어 크게 실패한 적이 있는데, 드라마에 대한 일본인의 관습이 〈달라스〉가 지닌 낯선 구조를 받아들이지 못했다는 연구 결과가 있다.[15] 일본인 시청자들은 그들 나름대로의 문화적 해석 코드가 있었기 때문에 이 미국의 드라마에 대해 알게 모르게 거부감을 지녔다는 것이다.

그렇다면 아무리 폭넓은 호환성을 가진 현대 사회라도 할지라도 한 민족과 국가를 지배하는 별도의 정서 구조가 존재하고 있을 가능성을 충분히 짐작할 수 있다. 이 정서 구조는 우리가 짐작하는 것 이상으로 오랜 세월을 두고 형성되었고 따라서 쉽게 바꿀 수도 바뀌지도 않는다.[16] 현대의 한국 드라마에서 조선시대 대하소설의 그림자를 뚜렷하게 발견할 수 있는 이유도 이와 무관하지 않을 것이다.

그 나라의 서사적 전통은 무시할 수도 없고 무시될 수도 없다. 항상 우리의 정서 구조 속에 잠재되어 있기 때문이다. 물론 드라마는 항상 새로워지려는 경향을 지닌다.

그간의 많은 주말드라마들이 가족과 혈연관계 속에서 일어나는 이야기들을 주로 다루어 왔기 때문에 이웃사랑이라는 명제가 생소해 보이기도 할 것이다. 하지만 이제는 자신의 가족만을 위하는 가족 이기주의적 사고에서 벗어나 가족을 확대해 이웃을 보고 나라 전체를 보는 시각을 가졌으면 하는 바램으로 이웃에 관한 이야기를 하고 싶었다. 따라서 이 드라마는 혈연관계를 기본 구조로 하나, 다른 이웃들이 드라마의 중요한 축으로 등장을 하면서 많은 이야기들이 진행이 된다. 그들이 서로를 못마땅해 하고 흉보고, 싸우고 갈등하며 주차문제와 분리수거와 개똥 치우는 문제로 서로 미칠려고 한다. 하지만 종국에는 새로운 가족으로 탄생하게 된다. 그러면서 그들은 평상시

---

15   이와오 수미코, 김영덕 · 이세영 역, 『TV 드라마의 메시지』, 커뮤니케이션 북스, 2004, 243~268
      쪽 참조
16   이에 대해서는 졸고, 위의 글 참조

자신들이 관심 없어 했거나, 지긋지긋 했던 이들의 이웃이 결국에는 자신의 잠재적 가족임을 깨닫게 된다.[17]

이것은 〈솔약국집〉을 기획한 의도이다. 제작진 역시 천편일률적인 가족 구성의 주말드라마에서 탈피하여 이웃이라는 새로운 소재를 살리고 싶어 한다. 물론 실제 드라마에서 '미란'이라는 캐릭터, '하나 엄마' 등을 통해 그러한 의도가 많이 보인다. 그러나 이것은 어디까지나 이 드라마의 부차적 소재일 뿐이다. 시청자들은 모두 솔약국집 아들들의 혼사에 관심이 있으며, 드라마 역시 그렇게 진행되고 있을 뿐이다. 이와 같이 드라마나 대하소설과 같은 대중문화에서의 변형은 언제나 제한적 틀 속에서 진행된다. 정서적 관습을 허물 수 없기 때문이다.

5. 결론

본 연구는 조선시대 대하소설의 현재적 의의를 탐색하는 일환으로 시작되었다. 창작된 시대가 오래 되었다는 이유에서의 '고전'이 아니라 지속적으로 영향력을 발휘하고 있다는 차원에서의 '고전'의 의미를 조선시대 소설에서 찾아보려는 문제의식에서 출발하였다. 이 문제를 푸는 방법은 여러 가지가 있을 수 있겠지만 필자는 현대 한국의 TV 드라마와 조선시대 소설을 비교하는 방식을 택했다. 조선시대 소설의 당대 문화적 위상이 현대의 드라마가 지니고 있는 그것과 대단히 유사하

---

17   www.kbs.co.kr/drama/sol/

기 때문이다.

조선시대 소설과 현대의 드라마는 가장 전형적인 대중문화이다. 지금까지의 논의를 통해 드러났지만 이 둘 사이에는 상당한 공통점이 존재하고 있었다. 작품의 전개 방식의 측면, 갈등 설정의 측면, 인물 관계의 측면, 사건의 성격 등에서 유사점이 발견되었다. 어떻게 보면 해당 TV 드라마와 작가나 PD가 조선시대 대하소설을 면밀하게 탐독한 결과라고 생각할 수 있을 정도이다.

드라마 작가가 의도하지는 않았지만 그 결과가 조선시대 대하소설과 비슷하다는 것은 대중 속에 잠재된 오랜 정서구조가 실재하고 있다는 것을 방증하는 것이다. 이 정서구조는 모든 나라의 대중문화가 공유할 수 있는 것도 있고, 해당 문명권 혹은 해당 국가만 소유하고 있는 것도 있다. 본 논의에서는 이 문제에 대해 상세하게 언급하지 못했다. 다시 말해 한국 드라마만의 고유한 속성이 무엇인가에 대해서는 변별력 있게 논의하지 못했다는 것이다. 앞으로 이 문제에 대해 보다 체계적인 연구를 수행하여 본 연구에서 세운 가설을 구체화하도록 할 예정이다. 이러한 연구는 결국 TV 드라마 나아가 대중문화의 한국적 속성이 무엇인가를 밝혀 한국의 대중문화가 세계적 경쟁력을 지니는데 일조를 할 수 있을 것으로 기대한다.

참고문헌

[자료]

〈솔약국집 아들들〉, 조정선 극본, 이재상 연출 (www.kbs.co.kr/drama/sol).

〈천하일색 박정금〉, 하청옥 극본, 이형선 연출 (www.imbc.com/broad/tv/drama/parkjunggum).

〈카인과 아벨〉, 박계옥 극본, 김형식 연출 (tv.sbs.co.kr/cain).

〈그래도 좋아〉, 김순욱 극본, 김우선 연출 (www.imbc.com/broad/tv/drama/evensolove).

[논문 및 단행본]

강미선, 「〈현몽쌍룡기〉 연작의 서사구조 연구」, 『어문연구』 145호, 국어문교육연구회, 2010.

고숙희, 「화본소설〈金玉奴捧打薄情郞〉과 TV 드라마〈아내의 유혹〉의 스토리텔링」, 『중국문화연구』 14집, 중국문화연구학회, 2009.

송성욱, 「고소설과 TV 드라마」, 『국어국문학』 137, 국어국문학회, 2004.

_____, 『조선시대 대하소설의 서사구조와 창작의식』, 태학사, 2003.

이영미, 『한국인의 자화상 드라마』, 생각의 나무, 2008.

이종수, 「텔레비전 미학」, 김성재 외, 『매체미학』, 나남출판, 1998.

정병설, 「고소설과 텔레비전 드라마의 비교」, 『고소설연구』 18, 한국고소설학회, 2004.

정영희, 『한국 사회의 변화와 텔레비전 드라마』, 커뮤니케이션북스, 2005.

조광국, 「고전대하소설과의 연계성을 통해 본 TV 드라마의 서사 전략과 주제」, 『정신문화연구』 31권 3호, 한국학중앙연구원, 2008.

이와오 수미코, 김영덕·이세영 역, 『TV 드라마의 메시지』, 커뮤니케이션북스, 2004.

『구운몽』과의 현대적 소통

현대역 텍스트에 대한 분석을 중심으로

송성욱

1. 서론

문학작품과의 일차적 소통은 텍스트를 통해 이루어진다. 그런데 원전의 형태로 텍스트를 읽을 수 있다면 다른 말이 필요 없겠지만, 조선시대 소설과 같이 원전을 읽을 수 있는 독자가 한정된 경우에는 사정이 달라진다. 뿐만 아니라 다양한 연령층이 동시에 접근하는 작품의 경우는 독서 대상에 따라 적절하게 텍스트를 변형하는 일까지 필요하다.

『구운몽』은 그 문학사적 중요성과 더불어 고등학교 교과과정에 등장하는 작품이기 때문에 다양한 형태의 현대역 텍스트가 요구되는 작품이다. 그런 만큼 상당히 많은 종류의 『구운몽』 현대역 텍스트가 존재하고 있기도 하다.[1] 뿐만 아니라 『구운몽』의 교육 방법에 대한 연구도

---

[1]   이에 대해서는 권혁래, 「〈구운몽〉의 현재적 소통과 다시쓰기 출판물」, 『온지논총』 27집, 온지학

꽤 많이 진척되었으며, 범위도 중등학생 교육과 관련한 연구에서부터 대학 수업에서의 교육까지 넓게 확산되어 있다.[2] 특히 『구운몽』은 다른 소설과는 달리 주제적 심도가 범상하지 않은 소설이기 때문에 보다 많은 주목을 받았다. 『구운몽』이 삶에 대한 가치를 전면적으로 질문할 수 있게 하는 작품이라는 견해[3]는 『구운몽』이 가진 무게를 가늠하게 한다.

그런데 학계에서 『구운몽』에 대해 각별한 애정을 기울이는 만큼 일반인들 역시 그러한 관심을 가지고 있는가에 대해서는 의문의 여지가 있다. 『구운몽』이 명실상부한 우리 고전이라면 누구나 찾아서 읽어보고 싶고, 나름대로의 방식으로 작품과의 소통을 즐겨야 한다. 그런데 사정은 그렇지 않은 것 같다. 『구운몽』을 알고는 있지만 제대로 읽어보지 못한 독자들이 대부분이기 때문이다. 여기에는 두 가지 문제가 있는 것 같다. 우선 『구운몽』이 교과과정에 수용된 작품이기 때문에 일방적인 교육이 이루어졌을 가능성이 있으며, 이 과정에서 『구운몽』과의 다양한 소통 가능성이 차단되었을 수 있다. 다음으로는 출판된 대부분의 현대역 텍스트가 교육용 도서로 기획되어 있기 때문에 의무감에서 읽는 소설로 각인되었을 가능성이다. 어떠한 경우이든 『구운몽』과 독자와의 자유롭고 즐거운 소통이 이루어지지 않았다면, 지금부터라도 이

회, 2011, 9~37쪽에서 전체적인 현황에 대한 개괄적인 분석을 시도한 바 있다.

2   최근에 이루어진 대표적인 연구결과 중, 중등학생 교육과 관련해서는 이강옥, 「〈구운몽〉의 재해석과 희망의 서사교육」, 『국어교육연구』 46집, 국어교육학회, 2010, 121~158쪽에서 연구사 비판 및 새로운 견해를 제시하였다. 대학에서의 고전소설 교육과 관련해서는 권순긍, 「대학 고전소설교육의 지행과 방법」, 『한국고전연구』 15집, 한국고전연구학회, 2007, 27~56쪽. 및 권혁래, 「대학 교양수업에서의 〈구운몽〉 읽기와 소설교육」, 『새국어교육』 83집, 새국어교육학회, 2009, 5~25쪽이 있다.

3   이강옥, 위의 글, 122쪽 참조

를 위해 노력해야 할 필요가 있다.

본고는 그 일환으로 『구운몽』 현대역 텍스트를 원전과 대비하여 비교하고, 여기에서 발견되는 문제점을 지적하는 것을 목적으로 한다. 물론 여기에서 모든 현대역 텍스트를 세밀하게 분석할 수는 없으며 그것이 효과적이지도 않다. 따라서 현대역 텍스트의 전반적인 현황에 대해서는 선행 연구의 결과에 미루고,[4] 여기에서는 읽을 만하다고 판단되는 몇 개의 텍스트를 중심으로 살펴보기로 한다.[5]

2. 현대역 텍스트의 문체적 측면

『구운몽』과의 현대적 소통을 위해서는 무엇보다 소통을 위한 텍스트가 전제되어야 한다. 이 텍스트는 원전으로서의 『구운몽』이 아니라 일반적인 독자들이 읽을 수 있는 현대역 텍스트여야 한다. 현재 중, 고등학교 교과과정에 반영된 작품을 위주로 한 폭넓은 독서 교육의 일환으로 여러 고전소설의 다양한 현대역 출판물이 존재한다.[6] 『구운몽』도 예외는 아니어서 원전에 충실한 현대역, 삽화를 이용한 현대역, 작품

---

4   권혁래, 위의 글.
5   위의 글에 의하면 2010년도까지 출간된 『구운몽』 현대역 텍스트는 무려 28종에 달한다. 이중 청소년, 아동을 대상으로 출간된 텍스트가 대부분을 차지하고 있다. 그런데 청소년용과 아동용의 구별이 모호하여 아동용이라고 명백하게 거론할 수 있는 몇몇 출간물을 제외하고는 청소년, 아동용의 구별은 의미가 없다. 따라서 본고에서는 출판사의 인지도, 판매량 등을 고려하면서도 가장 충실하게 기획되었다고 판단되는 텍스트를 선별하여 논의를 진행하기로 한다.
6   이강옥, 「초등학교 고전소설 교육의 의의와 방향」, 『고전소설교육의 과제와 방향』, 한국고소설학회, 월인, 2005에서 초등학생을 대상으로 한 고전소설 다시쓰기의 문제와 개선 방향에 대한 상세한 논의가 이루어졌다.

해설 혹은 해석을 겸한 현대역 등 다양한 출판이 이루어졌는데, 이는 작품을 읽는 대상 연령을 고려한 결과이다.

『구운몽』을 원전에 가깝게 번역한 것은 일반 독자 즉 대학생을 포함한 성인을 염두에 둔 것이다. 물론 독서 능력이 거의 완성된 고등학생까지 감안했을 수도 있다. 원전에 가깝게 번역할 경우에는 상당히 까다로운 문제가 발생한다. 작품 곳곳에 서술되는 전고의 처리, 문장이나 문단의 구획, 문장의 서술어 처리 등 해결해야 할 문제가 하나둘이 아니다. 지나치게 원전에 구속되면 가독성이 떨어지고 원전에서 벗어나려고 하면 원래 작품의 분위기를 제대로 전달하지 못한다.

> ① 선녀 팔인이 걸어서 산문을 나와 서로 의논하되, "남악 형산은 한 물과 한 언덕도 우리집 것이 아닌 것이 없지만, 이 화상이 절을 연후로는 홍구지분(鴻溝之分)이 되었는지라. 연화봉 경치를 지척에 두고 보지 못하였더니 우리 이제 다행히 낭랑의 명으로 이 땅에 왔으니, 해 저물기 전에 연화봉 위에 옷을 떨치고 폭포수에 관(冠) 끈을 씻고 글을 읊고 돌아가 궁중의 자매들에게 그 유람을 자랑하는 것이 어찌 즐겁지 아니리오." ㉠하니, 모두 그 말이 마땅함을 일컫더라.[7]

이 현대역은 원전의 표현을 최대한 반영한 것이다. 특히 '홍구지분'과 같은 다소 까다로운 한자성어 역시 그대로 노출시키고 대신 각주로 처리하였다. '-ㄴ지라', '-리오', '였더니', '-더라'와 같이 고전소설에 전형적으로 사용되는 서술어를 최대한 살렸다. 따라서 원전의 느낌을

---

7   송성욱 역, 『구운몽』, 민음사(세계의문학전집 72), 2003, 12쪽.

최대한 살렸지만 이로 인해 가독성은 떨어진다. 이는 『구운몽』을 현대역하는 작업에서 수시로 만나게 되는 문제이다.

다음 인용은 보다 가독성을 높인 경우이다.

　　② 팔선녀가 대사께 하직하고 문 밖으로 나오면서 말했다. "하늘이 만든 이 남악은 물과 언덕이 모두 우리집의 것이었는데, 육관대사가 거처하신 후부터 경계가 분명히 나뉘었습니다. 그래서 아름다운 연화봉의 경치를 지척에 두고도 구경하지 못한 지 오래되었지만 이제 다행히 낭랑의 명으로 이 땅에 왔습니다. ⓛ게다가 춘색이 아름답고 산에서의 하루도 아직 저물지 않았으니, 이때를 놓치지 말고 저 높은 곳에 올라가 연화봉 위에 옷을 벗어놓고 폭포수에 관 끈을 씻으며 시를 읊고 돌아가서 궁중 자매에게 자랑하면 정말 즐겁지 않겠습니까?"[8]

한자성어가 없어지고 문장이 보다 짧게 처리되어 가독성이 훨씬 높아졌음을 알 수 있다. 뿐만 아니라 ㉠과 같은 인용어투도 생략하고, '-ㅂ니다', '-ㅂ니까'로 문장을 종결시킴으로써 현대적인 문장 감각에 가깝게 번역이 이루어졌다. 대신에 ⓛ과 같은 표현이 더 들어와 있어 내용상의 차이도 약간 보인다. 물론 내용상의 차이는 ①과 ②가 대상으로 삼은 원본의 차이에서 기인하는 것이다. ①은 규장각본 한글 4권 4책본을 저본으로 삼았고, ②는 이가원 소장과 정규복 재구본(再構本) 즉 한문본을 저본으로 삼았다. ②의 문장 종결어미가 현대 표현에 가까운 것도

8　　설성경 역, 『구운몽』, 책세상, 2003, 10쪽.

여기에서 기인한다고 볼 수 있다.

①과 ②는 원본에 충실하면서도 가독성을 획득했다고 여겨진다. ①은 애초에 국문본을 저본으로 선택했기 때문에 고전소설 특유의 문장 감각을 살릴 수 있었고, ②는 한문본으로 인해서 세밀한 표현이 풍부해질 수 있었다.

그런데 현재 소통되고 있는『구운몽』현대역 텍스트의 상당수는 대부분 중, 고등학교 학생이나 초등학생을 주 독자층으로 상정하고 제작된 것이다. 이 텍스트들은 원전의 분위기보다는 가독성을 높이는 데 훨씬 주력을 한 것으로 보인다. 그런데 이 현대역의 과정을 자세히 살펴보면 몇 가지 특징과 문제점이 보인다. 먼저 다른 텍스트에 비해 원전의 내용을 비교적 충실하게 전달하고 있는 나라말 출판사의 상황을 살펴보기로 하자.

문 밖을 나온 팔선녀가 서로 의논을 하였다.

"남악 형산은 어느 곳도 우리 집이 아닌 곳이 없었는데, 육관대사께서 연화도량을 여신 후로는 연화봉의 좋은 경치를 가까이 두고도 구경하지 못했습니다. 마침 오늘 위 부인의 명을 받고 여기에 오게 되었으니 얼마나 좋은 기회입니까? 계곡에서 목욕도 하면서 잠시 쉬다가 돌아가는 게 좋겠습니다."[9]

확실히, ①과 ②에 비해 가독성이 높아졌다. 한자어 투가 완전히 사라졌으며 문장도 매우 간결하게 처리되어 있다. 읽기가 수월해졌다는

---

9   이상일,『무엇이 꿈이고 무엇이 꿈이 아니더냐』, 나라말(국어시간에 고전읽기 구운몽), 2007, 22쪽.

것은 환영할만한 일이다. 그런데 '홍구지분' 혹은 '경계' 등의 표현을 다른 표현으로 대체하면서 가독성을 높인 것이 아니라 아예 삭제하고 있다. 삭제해서 문제가 없다면 괜찮지만 이것 때문에 내용 전달에 문제가 생긴다면 충분히 따져보아야 한다.

팔선녀가 연화봉을 구경하지 못한 것은 육관대사가 연화봉에 절을 만들면서부터 엄격한 경계가 나뉘었기 때문이다. 이 경계를 원전에서는 '홍구지분'이라는 단어를 사용하면서까지 강조하고 있다. 이것은 팔선녀와 성진이 사는 곳과의 소통이 금지되어 있음을 의미하는 것이며, 이후에 팔선녀와 성진의 만남이 큰 죄가 되는 부분과도 연결이 되는 중요한 표현이다. 즉 가독성을 얻기 위해 이 표현을 삭제함으로써 내용상의 중요한 의미를 살리지 못하는 결과를 초래했다.

그리고 해가 저물기까지는 시간이 충분히 남았다는 표현, 폭포수의 좋은 경치를 풍요롭게 감상하겠다는 표현, 나아가 그러한 경험을 연화봉에 오지 못한 다른 자매들에게 자랑하고 싶다는 표현 등이 모두 생략된 채 한 문장으로 처리되고 있다. 이 부분은 원전과 비교하여 의미상의 문제가 발생하지는 않지만, 『구운몽』의 풍부한 표현력이 사라져 버렸다. 별 문제가 아니라고 생각할 수 있지만 고전소설에 대한 부정적인 통념이 아직도 존재하고 있다는 점을 감안하면 짚고 넘어갈 사안이다. 고전소설은 세밀한 묘사가 없이 설명 위주로 전개되는 소설이기 때문에 현대소설과 비교하여 풍부한 표현이 없다는 부정적인 견해가 있다. 물론 그러한 고전소설이 없는 것은 아니지만 적어도 『구운몽』은 그렇지 않다. 가독성을 방해하는 대목이 아니라면 원전에 기록 된 배경이나 상황에 대한 묘사는 충분히 살려 주어야 해당 장면의 분위기를 전달할 수 있다. 그러나 이와 같은 방식으로 현대역이 이루어졌기 때문에 『구운몽』의 원래 모습을 전달하지 못하는 결과를 가져왔다.

> 팔선녀가 다리 위에 앉아 아래로 흘러가는 물을 굽어보고 있노라니, ○ 그 맑음이 마치 방금 닦아 놓은 거울과 같고, 물속에 비친 푸른 눈썹과 붉은 단장은 실로 한 폭의 미인도였다. 팔선녀는 물속에 비친 스스로의 모습에 도취되어 그곳을 쉽게 떠나지 못한 채 날이 저물어 가는 줄도 몰랐다.[10]

이 부분은 내용과 표현상의 특징을 잘 전달하고 있다. 그런데 원전의 ○ 부분에 있는 "여러 골짜기의 물이 다리 밑에 모여 넓은 못을 이루었는데 그 맑음이 마치 광릉(廣陵)의 보배인 거울을 새로 닦은 듯하였다"라는 부분이 생략되었다. 물이 맑음을 거울에 비유한 표현은 살리고 있지만, 원전에서 사용된 '광릉의 보배'라는 전고를 생략했다. 의미상 차이는 없다고 할지라도 전고를 끌어와서 장면의 분위기를 풍부하게 살리는 『구운몽』 나아가 고전소설 특유의 문체를 느끼지 못하게 된 것이다. 또한 "푸른 눈썹과 붉은 단장이 물속에 떨어져 마치 한 폭의 미인도 같았다"라는 표현을 "물속에 비친 푸른 눈썹 –"으로 바꾸었다. 물속에 모습이 비치는 것을 원전에서는 "비치는 대상이 떨어진다"고 표현했으니 품격 있는 수사를 사용한 것이다. 이러한 수사로 인해 가독성이 떨어진다면 이는 감수해야 할 몫이다. 가독성과 문학적 표현력을 선택하라면 문학작품의 경우는 당연히 문학적 표현력을 선택해야 하기 때문이다. 게다가 이 정도 수사는 중, 고등학생 수준이면 충분히 받아

---

10   이상일, 앞의 책, 23쪽.

들일 수 있는 부분이며, 『구운몽』이 가진 고전으로서의 매력을 느낄 수 있게 하는 요소이다. 이런 부분이 평이한 문체로 현대역 되면서 사라졌다는 점은 많은 아쉬움을 가지게 된다.

그런데 표현상 더욱 큰 문제를 안고 있는 텍스트는 초등학생을 주요 독자층으로 삼은 텍스트이다. 원전의 분위기를 제대로 살린 『구운몽』을 초등학생이 읽기에는 무리가 있을 수밖에 없다. 위에서 언급한 나라말 출판사 텍스트도 초등학생이나 중등 저학년이 읽기에는 부담스럽다. 어린 연령대의 독자들에게까지 『구운몽』을 읽힐 필요가 있는지에 대해서는 별도의 검토가 필요하지만 이왕 출판된 텍스트가 워낙 다양하니 살피지 않을 수가 없다.

③ 양소유는 어머니의 편지를 잘 챙겨서 길을 떠났습니다. 여러 날 만에 낙양 땅에 도착하였는데 갑자기 소낙비가 내려 한 주점에 급히 들어갔습니다. 비를 피하는 동안 술을 몇 잔 마셨더니 금세 얼굴이 붉어졌습니다. 잠시 후 비가 그치자 다시 나귀를 타고 길을 떠나 천진으로 향하였습니다. 도중에 낙양 시내의 화려한 물건과 번화한 거리가 양소유의 눈에 들어왔습니다.[11]

④ 양소유는 동자를 데리고 길을 떠났다. 어느덧 양소유는 낙양을 지나게 되었다. 성안에 들어서자 화려한 누각과 정자가 서 있고, 그 앞에 푸른 강이 느릿느릿 흘렀다.[12]

---

11 주재우, 『구운몽』, 계림, 2007, 39쪽.
12 정영애, 『구운몽』, 예림당, 2008, 40쪽.

⑤ 소유는 나귀를 타고 떠난 지 며칠 만에 장안 근처에 있는 낙양에 도착했다. 낙양성 안에 들어가 보니 화려하기가 이루 말할 수가 없었다.[13]

양소유가 진채봉과 다시 만나지 못하고 고향으로 돌아왔다가 다시 과거를 보러 집을 나서는 대목이다. 내용상으로는 ③이 가장 자세하게 다루었고 ④, ⑤는 대동소이하다. ③은 비록 다른 텍스트에 비해 자세하기는 하지만 양소유와 술집 주인과의 대화 장면, 천진으로 가는 이유가 빠져 있다. 규장각본에 따르면 양소유는 비를 피하기 위해 주막을 찾아갔고, 주막의 주인이 "상공이 술을 자시려 합니까?"라고 묻는 바람에 좋은 술을 가져 오라고 했다. 따라서 시골에서만 자란 양소유가 난생 처음 번화한 도시에 와서 어떤 자존심을 지키려 노력하는 태도를 읽을 수 있다. 주막 주인이 가져온 술을 먹은 양소유가 그 술이 상품이 아니라고 말하는 대목에서도 이러한 태도가 분명하게 감지된다.[14] 그런데 ③에서는 비를 피하는 동안 술을 먹어 얼굴이 붉어졌다고만 되어 있어 양소유의 음주 동기를 알 길이 없다. 이렇게 된다면 어린 양소유의 음주 장면이 도리어 저학년 학생에게는 비교육적인 요소로 작용할 여지를 남기게 된다. 차라리 ④, ⑤와 같이 이 장면을 아예 삭제하는 것이 더 나을 수도 있다.

특히 ③은 특이하게도 문장의 종결을 '-습니다'와 같이 경어체로 처리하고 있다. 유아나 초등 저학년용 동화책에서는 흔히 볼 수 있는 문체이다. 『구운몽』을 동화로 완전 탈바꿈을 했다면 모르겠지만 오히려

---

13 김대성, 『구운몽』, 아이세움, 2008, 45쪽.
14 뿐만 아니라 시골에서 자랐지만, 도시의 사람보다 뛰어난 풍모를 가지고 있는 양소유의 재능을 파악할 수 있게 해주는 대목이다.

다른 텍스트에 비해 내용을 더 자세하게 옮기면서 이런 문체를 사용한 것은 쉽게 납득이 가지 않는다. 고전소설 현대역 텍스트 중에는 내용을 축약하고 동화에 가깝게 만든 것도 다수 있다. 『박씨전』, 『금방울전』 등은 그러한 작업이 충분히 가능한 소설이다. 그러나 『구운몽』은 그렇게 변용하기가 쉽지 않다.[15] 이러한 문체는 결국 고전소설은 모두 설화적 성격, 동화적 성격을 지니고 있는 단순한 이야기에 불과할 수 있다는 부정적 인상을 심어줄 가능성을 지니게 된다.

또한 ③과 ⑤는 나귀를 타고 가는 모습을, ④는 나귀 없이 동자만 대동한 모습을 서술하고 있다. 사소한 표현이라고 생각할 수도 있지만 이 역시 의미 전달에 미묘한 차이를 낳게 하는 부분이다. 양소유는 가난한 집안의 시골 서생이며 초라한 행색으로 번화한 도시에 들어왔지만, 명색이 사대부 집안의 자손이다. 나귀는 전자의 의미를 표현하는 소재이며 동자는 후자에 해당하는 소재이다. 이 장면에서 굳이 더 중요한 소재를 말하자면 나귀일 것이다. 나귀를 탄 양소유의 초라한 시절이 말을 탄 출세한 시절과 비교되는 대목이 나중에 나오기 때문이다. 그렇다면 '동자'만 서술한 ④의 경우는 가난한 양소유가 아닌 사대부 집안의 양소유의 모습만 부각시키기 때문에 오해를 불러일으킬 수 있다. 이는 우리 고전소설의 근간인 초라한 주인공이 자신의 출중한 능력을 발휘하여 성공한다는 '영웅의 일생'과도 배치(背馳)될 수 있다. 물론 앞에서 양소유 집이 가난하다는 서술이 나오기는 하지만 오히려 그런 가난한 집에서 왜 동자를 두는가라는 소모적인 의문을 생산할 수도 있다.

---

15 『구운몽』에서 사용되는 전고의 양이나 이야기의 분량, 품격 있는 문체 나아가 전 연령대가 읽기에는 부절적한 장면의 설정 등이 다른 소설보다 번역을 어렵게 한다.

이와 같이 가독성을 고려하면서 원전의 분위기와 의미를 살리는 작업은 결코 쉽지 않다. 위에서 보았듯이 고려할 요소가 하나 둘이 아니며 간단하게 해결될 문제도 아니기 때문이다. 그러나 대부분의 현대역 텍스트가 가독성에 치중한 나머지, 단어를 생략하거나 표현을 바꾸었을 때 발생하는 중요한 문제를 놓치는 문제를 지니고 있다. 사소한 부분은 놓칠 수도 있으며, 굳이 청소년이나 아동들에게 전달될 필요가 없는 부분도 있다. 특히 아동이라면 오히려 전달되지 않는 편이 더 나을 법한 장면도 있다. 그런데 대개의 현대역 텍스트는 이러한 전략적 고려 없이 편의에 따라 만들어졌다는 비판을 피할 길이 없어 보인다. 편의에 따른 현대 텍스트로 인해 『구운몽』이 지닌 고전적 가치가 폄하되거나 우리 고전소설 전체의 가치마저 부정될 여지가 발생한다면 큰 문제가 아닐 수 없다. 다음 절에서는 이런 문제가 서사의 구조적인 측면에서 발생한 부분에 대해 살펴보기로 한다.

3. 청소년, 아동용 텍스트의 구조적 측면

『구운몽』을 읽는 재미나 이를 통해 얻는 의미의 측면에서 보자면 아무래도 성진의 입몽과 각몽 대목, 환생 후 팔선녀를 차례로 만나는 과정에 초점이 모아진다. 팔선녀를 만나는 대목에서는 진채봉, 계섬월과의 만남 그리고 정경패와 난양공주와의 만남을 특히 주목할 수 있다. 진채봉은 양소유가 처음으로 만나는 인연임과 동시에 진채봉이 비련의 삶을 사는 여인이라는 점에서 관심이 간다. 계섬월의 경우는 신분이

기생이기 때문에 특히 청소년 이하의 독자층 텍스트에서는 더욱 주의를 요하는 대목이다. 정경패와의 만남은『구운몽』전체에서도 많은 비중을 차지하는 부분이면서도 여장한 양소유와 음악을 통해 교류하는 모습, 속고 속이는 사건 등 다양한 재미를 창출하는 부분이다

청소년을 대상으로 한 텍스트의 경우는 앞 절에서 본 것과 같은 문체적인 문제들이 있기는 하지만 이러한 장면들은 대개 살려서 번역을 하였기 때문에 서사적으로는 큰 문제가 없다. 그러나 아동 혹은 중학교 저학년 이하를 대상으로 한 텍스트에서는 축약의 정도가 심하기 때문에 서사 구조의 측면에서 상당한 변형이 초래된다. 이미 잘 알려져 있듯이『구운몽』은 양소유의 삶을 통해서 사대부 남성의 욕망을 한껏 드러낸 작품이다. 그런 만큼 지금은 상상도 할 수 없는 가부장적 질서가 내재화 되어 있다. 물론 조선시대 소설치고 그렇지 않은 소설을 찾아보기도 힘들다. 그러나『구운몽』은 양소유와 팔선녀의 만남을 통해 참으로 발랄하고 때로는 발칙하기도 한 남성 중심의 애정 욕구를 담고 있다. 따라서 아동에게 있어서는 교육상 문제가 있는 작품이라고 할 수도 있다. 그렇기 때문에 아동용 텍스트가 별도로 필요한 것이다.

대부분의 텍스트에서 입몽과 각몽 장면, 팔선녀와의 만남 장면은 빠짐없이 반영하고 있다. 그런데 반영의 정도에서 계섬월과 만나는 부분, 정경패를 유혹하는 부분은 특별히 차이가 많이 난다. 계섬월 장면은 기생에 대한 처리 문제, 적경홍을 첩으로 천거하는 문제 등에서 구성상 곤혹스러운 부분이 있을 것이며, 정경패 장면에서는 음악 장면에 대한 까다로운 번역 문제가 있었을 것으로 짐작된다. 이러한 부분을 중심으로 대표적인 텍스트의 변형 양상을 살펴보면 다음과 같이 정리할 수 있다.

만남의 대상	세부 장면	예림당	아이세움	계림	생각의 나무
계섬월	만남의 계기	잘 반영됨	잘 반영됨	잘 반영됨	잘 반영됨
	계섬월의 과거사	있음	없음	없음	있음
	혼인 언약	정식 부인이 되지 않는 조건으로 언약	혼인 언약만 함	정식 부인이 되지 않는 조건으로 언약	정식 부인이 되지 않는 조건으로 언약
	적경홍 천거	있음	없음	없음	있음
정경패	만남의 계기	있음	있음	있음	있음
	여장의 이유	없음	있음	없음	있음
	음악 연주 장면	봉구황 대목만 있음	"곡을 차례로 연주했다"로만 처리	상세하지는 않지만 봉구황 대목까지의 과정이 제시됨	연주했다는 서술만 있음
	정체 탄로 장면	봉구황 연주 후 고개를 들어 살핌	이유 없이 눈을 들어 유심히 살핌	봉구황을 듣고 방으로 들어감	음악을 듣고 방으로 들어감

　논의의 편의상 위와 같이 정리를 하고 보면 우선 계섬월의 과거사 처리 부분에서 차이를 보이고 있음을 알 수 있다. 원전에서는 계섬월이 기생이 된 이유와 현재 선비들의 시를 품평하게 된 목적을 이 부분에서 밝히고 있다. 계섬월은 계모에 의해 강제적으로 기생이 되었고, 자신의 마음에 차는 영웅을 만나기 위해 천하 선비들의 시를 평하고 있다. 이로 인해 술자리의 명랑하고 들뜬 분위기가 계섬월의 기구한 인생과 역설적인 조화를 이루게 된다. 만약 이 부분이 없다면 계섬월은 얼굴이 아름답고 재주가 뛰어난 평범한 기생으로만 읽히게 된다. 또한 양소유가 계섬월과 혼인을 언약하는 동기 역시 정당성을 획득하지 못한다. 따라서 이 계섬월의 과거사 부분은 교육상의 이유로도 보다 구체적으로 삽입되어야 한다.

여기에서 문제는 혼인 언약이 첩으로 맞이한다는 조건으로 이루어
진다는 점, 이와 동시에 계섬월이 절친한 친구인 적경홍을 양소유의 첩
으로 천거한다는 점이다. 사실 이 부분은 조선시대의 시대적 상황과 가
부장제에 대한 이해, 이에 기반하여 창작된 당시 소설의 관습에 대한
이해 속에서 읽혀져야 하기 때문에 아동의 문식으로는 받아들이기 힘
든 부분이다. 원전『구운몽』은 풍부한 묘사와 품격 있는 문체가 버티고
있기 때문에 이러한 장면의 선정성이 충분히 가려지지만 축약된 상태
에서는 양소유의 바람둥이 기질과 그에 매달리는 여성의 모습만 부각
될 소지가 충분히 있다. 그러나 이왕『구운몽』을 현대역의 대상으로 한
이상은 이 부분을 완전히 삭제할 수도 없는 노릇이다.

'생각의 나무' 텍스트는 이 장면이 나오는 페이지 하단에 '생각거리'
라는 부분을 별도로 마련하고 있다.

> 양소유는 계섬랑과 만나자 진채봉과의 약속을 까맣게 잊은 채 사랑에 빠
> 집니다. 게다가 계섬랑에게 사대부 집안의 규수 중에 괜찮은 사람이 없냐고
> 묻습니다. 양소유의 이런 태도에 대해 여러분은 어떻게 생각하세요?[16]

문제가 되는 부분을 짚고 넘어가자는 의도이다. 축약해서 오히려 문
제만 더 부각시킨다면 차라리 원래 장면을 살리면서 이와 같이 비판적
사고를 유도하는 것도 좋은 방법일 것이다.

정경패가 등장하는 장면은『구운몽』에서 상당한 비중을 차지한다.

---

16   박지웅,『모두가 꿈이로다』, 생각의 나무, 2009, 39쪽.

양소유의 제1처가 되는 여성이기 때문에 아무래도 진채봉이나 계섬월과는 비중이 다를 수밖에 없다. 그리고 이정경패를 통해 당대의 바람직한 여성으로서의 모델을 제시하고 있다. 양소유의 첩이 되는 6명의 여성은 모두 여성이 먼저 양소유에게 접근했지만 정경패의 경우는 양소유가 먼저 접근하며, 그 접근 또한 상당히 어렵게 이루어진다. 이 과정은 모두 정경패가 전형적인 사대부 규수로서의 모습을 지니고 있기 때문이다. 정경패는 시를 외우고 예를 익혀 숙녀로서의 몸가짐을 단정하게 하는 까닭에 외간 남자가 만날 방도가 없는 여성으로 설정되어 있다. 그럼에도 불구하고 양소유가 굳이 정경패를 만나기를 원하니, 두련사가 여장(女裝)과 음악연주라는 계교를 내놓은 것이다. 그런데 위의 텍스트들은 이런 정경패의 성격을 부각시키지 않고 있다.

　　다음 날 아침 소유는 숙모를 찾아가 정 낭자를 볼 수 있는 방법을 물었다. 그러자 숙모가 곰곰이 생각하다 "혹시 자네 음률을 익힌 적이 있는가"하고 물었다.[17]

　　양소유가 여장을 한 계기를 이 정도로만 밝히고 있거나 아예 이러한 서술조차 없는 경우가 많다. 그렇기 때문에 양소유가 여장을 하고 음악연주를 한 것이 단순히 정경패와의 만남을 위한 장치로만 읽히게 된다. 사대부 규수로서 자신의 몸가짐을 지키는데 엄격한 정경패의 성격은 전혀 읽을 길이 없게 되었다.

17　위의 책, 같은 곳.

고전소설의 관습으로 보자면 제일 처음에 만난 여성과의 인연이 가장 비중 있게 다루어지기 마련이다. 아마『구운몽』을 처음 읽은 독자라면 진채봉과 양소유의 혼인 여부에 대해 상당히 궁금해 할 것이고, 훗날 진채봉이 양소유의 처가 되지 못하고 첩이 되는 것에 안타까움을 표할 수도 있다.『구운몽』에서 진채봉이 양소유의 처가 될 수 없는 가장 큰 이유 중의 하나는 진채봉이 윤리적 완결성을 보이지 않았기 때문이다. 진채봉은 부모에게 고하지 않고, 여성 스스로가 남성에게 먼저 청혼하는 대담성을 발휘했다. 진취적인 모습이기는 하지만 당대가 인정하는 바람직한 여성의 모습은 아니다. 원전에서는 이러한 진채봉의 행위를 탁문군의 고사에 비유하고 있다. 이는 남자 친척에게도 얼굴을 좀처럼 보이지 않는 정경패의 행동과 대비되고 있으며 그 때문에 진채봉은 양소유의 처음 인연임에도 불구하고 첩이 될 수밖에 없었다.

그렇다면 정경패의 성격만큼은 최대한 원전에 가깝게 부각시켜야 하며, 이를 통해 조선시대 여성관에 대해 독자들이 파악할 수 있도록 해야 한다. 그러나 이러한 부분이 생략되면서 정경패가 제1처가 되고, 진채봉이 첩이 될 수 밖에 없는 이유가 드러나지 않게 되어 작품을 정확하게 이해하지 못하게 되는 결과를 초래하였다. 이는 원전에 대한 깊은 이해가 없이, 앞뒤 이야기의 자연스러운 연결과 가독성만을 고려한 결과로 보인다.

정경패와 양소유의 만남은 음악을 통한 교류라는 점에서 묘한 매력을 지니게 된다. 양소유의 또 다른 처가 되는 난양공주와 만남 역시 통소 소리를 계기로 이루어지는 만큼 음악적 교류는『구운몽』에서 대단히 중요한 부분이다. 정경패와의 음악적 교류에서는 두 사람의 음악에 대한 높은 식견이 부각되기 때문에 엄숙하고도 지적인 분위기가 주를 이루고 있다.[18] 그런 만큼 이 장면을 원전에 가깝게 번역하기 위해서는 수많은 각주가 필요할 정도이다. '곡명'과 그 유래, 곡의 의미를 설명하는 과정에서 서술되는 수많은 인물과 전고들이 모두 각주에서 해명되어야 하기 때문이다. 그러나 아동용 텍스트에서 이 장면을 제대로 살린 경우는 발견할 수가 없다.

⑥ 그는 자신 있게 한 곡을 연주하였습니다. 연주를 마치자 정경패가 입을 열었습니다. "곡조가 참 아름답군요. 태평한 시절의 느낌이 납니다. 하지만 세상의 잡스러운 소리입니다. 다른 곡을 듣기 원합니다." ㉠양소유는 연달아 여덟 곡을 연주하였습니다. ㉡정경패가 그만 듣고자 하여 연주를 그치도록 하자 양소유가 말하였습니다. "제가 들으니 음악소리가 아홉 번 변하면 하늘에서 신이 내려온다고 합니다. 아직 연주하지 않은 한 곡이 남아 있으니 마저 들어 보시길 바랍니다." 그러고는 다시 줄을 골라 한 곡을 연주하니 ㉢음악 소리가 전보다 더욱 유려하고 호탕하였습니다. 그때 문득 ㉣정경패의 뺨이 붉어지고 얼굴에 미소가 사라지더니, 몸을 일으켜 자리를 떠났습니다.[19]

⑦ 소유는 산에서 만나 백발도사가 들려줬던 곡을 차례로 연주했다. 최씨 부인과 경패는 소유의 거문고 소리에 취하여 한나절을 꼬박 보냈다. 그런데 경패가 눈을 들어 소유를 유심히 보더니 얼굴을 붉히며 어찌할 바를 몰라 했다.[20]

18　난양공주와의 교류 장면은 통소 소리에 반응하는 학의 움직임으로 인해 환상적인 분위기를 연출하고 있다.
19　주재우, 앞의 책, 52쪽.
20　김대성, 앞의 책, 50쪽.

원전에서 이 장면은 양소유가 한 곡조를 연주하면 정경패가 품평을
하는 방식으로 진행되며 여덟 곡이 차례로 등장한다. 곡이 거듭될수록
더욱더 품격이 높은 곡조가 등장하는데, 여덟 번째 곡조가 순임금의
'남훈'이다. 정경패는 이 곡조가 그 뜻이 지극히 높고 아름답다고 평하
고는 이보다 더 나은 소리가 없기 때문에 ⓛ에서처럼 그만 듣겠다고 한
것이다. 그런데 ⑥에서는 이런 맥락이 완전히 빠져 있기 때문에 ⓛ의
이유를 알 길이 없다. ⑥의 문맥을 따른다면 정경패가 양소유의 연주에
싫증이 났을 수도 있고, 이미 양소유 정체를 파악했을 수도 있다는 엉
뚱한 해석이 가능하다. 또한 ⓒ의 표현만으로 보면 양소유가 계속 정경
패를 유혹하는 연주를 했을 수도 있다는 해석이 가능하다. 그러나 원전
을 보면 이전의 여덟 곡은 아홉 번째에 연주한 곡과는 완전히 성격이
다른 정중한 음악이었다. 아홉 번째 곡에서 곡의 성격이 달라지니 정경
패가 그 뜻을 알고 뺨이 붉어지고 얼굴에 미소가 사라지며 자리를 떠난
것이다. 따라서 ⑥은 다른 텍스트에 비해 이 장면을 상세하게 서술하고
있지만 기계적인 축약으로 인해 『구운몽』에서 상당히 중요한 비중을
차지하는 장면을 훼손한 결과를 낳고 말았다. 차라리 ⑦과 같이 완전히
압축하는 편이 더 나을 수도 있다. 그런데 ⑦ 역시 정경패의 성격을 곡
해하게 만드는 중요한 결함을 지니고 있다. 당시의 예의에 충실한 정경
패가 아무 맥락 없이 양소유를 쳐다 볼 리가 없기 때문이다. 정경패는
양소유가 마지막에 탄 곡조에 심기가 불편하고 의심이 들어 두어 번 거
들떠보았을 뿐이다. 그런데 ⑦의 번역에서는 아무런 이유 없이 갑자기
정경패가 눈을 들어 유심히 본다고 하여 숙녀로서의 정경패의 성격과
맞지 않는 모습을 그려내고 있다.

원전에 가깝게 현대역을 하는 것도 어렵지만 독서 대상의 눈높이와 교육적 목표에 맞추어 원전을 적절하게 변형 작업도 결코 쉬운 일이 아니다. 어떻게 보면 후자가 훨씬 더 어려울 수도 있다. 변형을 할 때는 원전의 큰 골격을 유지하면서 새로운 텍스트 자체의 정합성을 확보해야 한다. 비교적 잘 만들어졌다고 판단되는 텍스트에서도 이러한 중대한 결함들이 도처에서 발견된다는 것은 우리의 고전에 대한 인식 결여에서 나온 결과라고 판단된다. 줄거리만 대충 전달하고 매끄럽게 연결만 하면 된다는 안이한 인식, 그리고 무엇이 문제인지 정교한 검토 없이 모양새만 갖추어 출판하는 태도 등에 대한 반성과 교정이 필요하다.

4. 현대역 텍스트의 텍스트 외적 측면

청소년 이하를 대상으로 나온 현대역 텍스트는 작품 내용 외에도 다양한 읽을거리와 볼거리를 마련하고 있다. 삽화는 물론이고 작품 해설, 시대적 상황, 생각할 문제 등 상당히 입체적인 구성을 지니고 있다. 이런 구성을 분석하면, 『구운몽』 독서에 대한 현주소를 보다 정확하게 파악할 수 있을 것이다.

먼저 삽화 부분을 살펴보기로 하자. 중국 명, 청대의 소설과는 달리 조선시대 소설에는 삽화가 거의 없다. 소설에서 삽화는 소설의 이해를 돕기 위한 목적으로 삽입된다고 볼 수 있는데 조선시대는 소설은 물론이고 다른 책에서도 삽화가 적극적으로 이용되지는 않았다. 그러나 현대에 출판되는 책들은 삽화 경쟁이라고 할 수 있을 정도로 좋은 삽화를 삽입하기 위해 갖은 노력을 기울이고 있다. 아동용 도서는 말할 것도 없고 고등학교 교과서까지 삽화는 책의 중요한 한 부분을 담당하고 있다.

『구운몽』의 경우 중, 고등학생이 많이 읽는 '나라말'은 전면 삽화와 부분 삽화를 합해서 삽화의 분량이 80쪽 이상을 차지한다. 작품 본문이 311쪽 내외로 구성된 것을 감안하면 30%의 쪽수에 삽화가 들어가 있는 셈이다. '아이세움'과 같은 초등학생용 텍스트는 거의 매 쪽에 삽화가 들어가 있어 텍스트와 삽화의 비중이 거의 같을 정도이다. 그렇다 보니 책이 상당히 화려해졌고 읽는 재미에 보는 재미가 더해졌다. 조선시대에 존재하지 않았던『구운몽』삽도본이 현대에 와서 새롭게 탄생했다는 느낌마저 들 정도이다.

그런데 삽화는 문학이나 독서 교육에서 텍스트의 이해를 더욱 풍부하게 하는 상당히 중요한 기제로 작용하기 때문에 삽화의 내용 또한 무시할 수 없다. 단지 재미있는 볼거리를 제공하기 위한 삽화는 좋은 삽화라고 할 수 없다. 복잡한 텍스트의 의미나 인물의 성격, 상황에 대한 분위기를 제대로 전달할 수 있는 삽화여야 진정한 의미의 삽화라고 할 수 있다. 이 정도에 미치지 못하더라도 최소한 삽화만으로도 해당 장면의 분위기나 인물의 심리 정도는 짐작할 수 있어야 한다.

『구운몽』이 조선시대 소설이고 작품의 배경이 중국의 당나라 시절로 설정되어 있는 만큼 대개의 삽화 역시 동양적인 분위기를 드러내고 있다. 그림 형태도 전형적인 동양화 풍은 아니더라도 동양화에 가까운 형태를 지향하고 있다. 또한 인물은 세밀한 묘사를 지양하고 약간 왜곡된 형태의 얼굴 윤곽을 잡아 만화적 캐릭터의 느낌이 들도록 하였다. 아마 독자층의 연령대를 감안하여 보다 친근감이 들도록 그린 결과로

〈그림 1〉 (나라말, 84쪽)　　　　　〈그림 2〉 (예림당, 131쪽)

보인다. 이렇게 본다면 삽화가 책 자체에 대한 재미나 친근감을 높이는 데에는 충분히 성공한 것으로 보인다. 그리고 엄밀하게 따지자면 문제가 있을 수 있지만 텍스트의 분위기를 전달하는 데에도 일정한 기여를 하고 있는 것으로 판단된다.

〈그림 3〉 (계림, 59쪽)

그런데 삽화가의 개성이 너무 지나치게 반영되었거나 『구운몽』의 전체적인 분위기를 잘못 파악하여 삽화가 텍스트 이해에 방해를 주는 경우도 있다. 〈그림 3〉은 어두운 색감과 무거운 캐릭터로 인해 작품의 전체적인 분위기를 암울한 빛이 돌도록 하였다. 부분적으로 애상적 분위기가 설정되는 곳도 있지만 〈구운몽〉의 전체적인 분위기는 밝고 명랑하다. 특히 양소유의 삶에서 인생의 즐거움이 강조되어야 성진의 각몽 부분에 대한 의미가 더욱 살아난다. 물론 삽화가 그림이라는 독립적인 예술성을 견지할 수 있다. 또한 그것이 삽화가의 임무이기도 하다. 그렇지만 텍스트를 더 잘 이해시킬 목적으로 그려지는 삽화에서 보다 중요한 것은 텍스트에 대한 정확한 이해이다.

이런 맥락에서 생각해 본다면『구운몽』의 삽화 구성에서 반드시 필요한 것은 등장인물에 대한 캐릭터이다.『구운몽』에는 육관대사와 양소유를 비롯하여 8명이 여인이 등장하며, 이중 8명의 여인들은 제각기 다른 성격을 지니고 있다. 이 인물들의 성격이 다채롭기 때문에『구운몽』은 더욱 재미있게 읽힌다. 그렇다면 이 인물들의 캐릭터가 제대로 구현된 삽화가 있다면 그 삽화만으로도 대단히 의미 있는 책이 될 수 있다.

〈그림 4〉, 〈그림 5〉가 이러한 시도를 한 경우로 보인다. 다른 텍스트에서는 개별 인물에 대한 독립적인 캐릭터가 없거나 있다고 하더라도

〈그림 4〉 (나라말, 27쪽) 〈그림 5〉 (나라말, 34쪽)

변별점이 없다. 〈그림 4〉는 진채봉, 〈그림 5〉는 계섬월을 단독 인물화하여 그리고 있다. 캐릭터 자체가 이 인물의 성격을 정확하게 반영했는지의 여부에 대해서는 논란이 있지만 일단 시도 자체는 의미가 있어 보인다.

한편, '아이세움' 텍스트와 같이 만화의 형식을 본격적으로 이용한 삽화도 있다. 만화의 성격답게 인물의 행동과 표정에서 다소 과장된 측면이 드러난다. 고전의 권위를 훼손하고 있다는 비판이 있을 수도 있지만 오히려 독자층의 눈높이에 맞추어 적절한 장면을 구상했다고 판단된다. 특히, 말풍선을 이용해서 실제 텍스트에서 제대로 전달하지 못한 새로운 의미를 만들어내고 있다. '아이세움' 텍스트 51쪽에 수록된 삽화는 여장한 양소유가 정경패에게 그 정체가 탄로 나는 장면인데, "히히, 내 여장에 감쪽같이 속았겠지?"라는 말풍선을 통해 양소유의 행위에 다분히 장난기가 묻어 있도록 하였다. 이것은 실제 작품의 분위기와도 일맥상통하는 면이 있어 원전의 분위기를 어느 정도 반영하고 있다고 할 수 있다.

다음으로 살펴볼 부분은 작품 학습과 관련한 다양한 활동 부분이다. 문학 텍스트를 학습한다는 것 자체가 문제이긴 하지만 현재 출간된 대개의 텍스트가 이런 목적을 가지고 있는 것이 사실이다. 그래서 아예 책의 표지에 '논술대비', '국어수업대비', '독후감 대비' 등의 목적성 문구가 들어가 있기도 하다. 따라서 이러한 학습용 책들이 어떠한 부분을 학습 요소로 삼고 있는지 살펴볼 필요는 있다.

다양한 학습거리로 주목을 받고 있는 책은 '나라말' 텍스트이다. 이 책에는 중간 중간에 작품 해석에 필요한 여러 가지 사실을 삽화와 사진을 곁들여 제공하고 있다. 환생에 대한 것, 작가와 양소유의 비교, 악기, 신선 세계 등에 정보를 제공하고 있다. 또한 꿈속의 일을 대상으로 전개되는 영화에 대한 해설도 말미에 붙어 있다. 이런 정보들로 인해 『구운몽』에 대한 이해의 폭이 깊어질 수 있고, 작품을 떠나서도 과거에 대한 다양한 지식을 얻을 수 있다. 작품 자체에 대한 이해뿐만 아니라 그 작품을 둘러싼 다양한 사회, 문화적 환경을 학습할 수 있다는 것이 우리가 고전을 읽으면서 얻는 큰 수확 중의 하나이다. 이런 학습을 가능하도록 구성을 했다는 점에서 의의를 부여할 수 있겠다.

물론 이 책을 포함해서 대개의 텍스트들이 일차적인 목표로 삼고 있는 것은 작품 내용에 대한 사실적 이해와 비판적 이해이다. '예림당' 텍스트는 아예 개관식 문항을 구성해서 책의 말미에 붙여 놓았다. 그런가 하면 '생각의 나무'는 중요 장면에 대한 '생각거리'를 제공해서 비판적 독서를 하게 했고, '아이세움' 텍스트에서는 논술 문항을 제시하고, 답안에 대한 접근 방법을 알려주고 있다. 독서 교육적 차원에서 본다면 바람직한 구성이라고 생각할 수 있다. 다만, 『구운몽』을 통해서 반드시 생각해 보아야 할 것이 무엇인지에 대해 보다 체계적인 접근이 없다는 것이 아쉽다. 책의 구성에 대한 발상은 좋은데, 이 발상을 실행하기 위해서는 원전 자체에 대한 철저한 이해가 수반되어야 한다. 현대역 텍스트에서 이 과정이 결여되었다는 것은 크게 아쉬운 부분이다.

5. 맺음말

『구운몽』은 『홍길동전』, 『박씨전』, 『심청전』 등의 고전소설에 비해서는 현대역 우선 순위가 떨어지는 것으로 진단된다. 분명하지는 않지만 다른 소설에 대해 분량이 많다는 점, 번역이 까다롭다는 점, 동일한 내용으로는 전 연령대가 읽기가 곤란하다는 점 등이 그 이유가 아닐까 한다. 그러나 이미 오래전부터 고등학교 교육과정에 반영된 작품으로 국정 7차 국어교과서에 수록된 작품이고, 국정 교과서가 없어지는 개정 7차 교육과정에서도 『구운몽』은 중요한 작품으로 거론되고 있다.

문학사에서 『구운몽』이 중요한 작품인 것은 다시 말할 필요가 없다. 문제는 『구운몽』을 우리의 고전으로 확실하게 자리매김을 하는 일이다. 다른 소설을 압도할 정도로 수많은 연구 성과에도 불구에도 『구운몽』에 대한 대중적 인식도는 고전이라고 불릴 수 없도록 정도로 낮은 것이 사실이다. 이제는 『구운몽』을 학교 현장의 문학수업과 연관된 작품, 논술과 연관된 작품이 아니라 어디에 내놓아도 품격이 있는 우리 고전으로 인식될 수 있도록 하는 작업이 필요한 시점이다.

조선시대 소설은 심오한 사상적 깊이와 독창적 문학성을 지닌 고전이 아니라 역사적으로 오래된 소설이라는 관점에서 고전으로 인식되는 경우가 많다. 전공자에게 섭섭한 현상이지만 대중에게 알려진 우리 소설의 면모를 생각하면 충분히 그럴 수 있는 일이다. 『구운몽』은 이런 인식을 불식시키기에 좋은 작품이다. 일반적인 고전소설의 틀에서 완전히 벗어나 있으면서도 당시의 고전소설을 한꺼번에 끌어안는 작품이기 때문이다. 문장의 수준과 주제적 깊이는 말할 나위도 없다.

『구운몽』은『만복사저포기』등의 귀신 모티프,『주생전』등의 기생 모티프를 다양하게 수용하면서 새로운 분위기를 창출한 작품이다.[21] 『만복사저포기』에 설정된 귀신과의 사랑 장면이 대단히 심각하고 진지했다면,『구운몽』은 양소유를 속이기 위한 해프닝으로 귀신을 이용한다. 또『주생전』의 배도는 선화와의 애정 갈등 속에서 죽어가지만 『구운몽』의 계섬월은 애초에 첩이 되겠다는 전제를 두고 있기 때문에 이런 갈등이 개입될 여지가 없다. 이렇게 본다면『구운몽』은 확실히 낭만적인 소설이다.[22] 그러면서도 김만중은『구운몽』을 통해 전에 볼 수 없었던 성진과 양소유, 정경패 등의 새로운 인간형을 창조하였다. 게다가『구운몽』은 정경패와 난양공주와의 혼인 과정에서 보여주듯, 황실의 늑혼과 자매의 혼인이라는 이야기를 통해『유씨삼대록』,『명주기봉』등의 장편소설과도 연결이 되는 작품이다. 이런 맥락에서『구운몽』은 우리 소설사의 중요한 분수령에 서 있는 작품이다. 한문소설과 국문소설, 단편소설과 장편 대하소설, 나아가 중국소설과 한국소설의 사이를 넘나들면서 새로운 소설의 시대를 개척한 작품이라고 평가할 수 있다.[23]

『구운몽』과 현대적 소통을 시작하면서 복잡한 연구사적 맥락이 깔려있는 주제나 의미를 전달하는 것이 우선적인 사안은 아니다. 이 문제는 뒤로 미루어도 될 듯싶다. 먼저 강조해야 할 것은『구운몽』을 통해

---

21 뿐만 아니라 진채봉을 통해서는 〈운영전〉의 궁녀 모티프를 만나게 된다. 이에 대해서는 정길수, 「17세기 장편소설의 형성경로와 장편화 방법」, 서울대 박사논문, 2005에서 자세하게 다루었다.
22 박일용, 『조선시대 애정소설』, 집문당, 1993, 188~218쪽 참조
23 이에 대해서는 송성욱, 「17세기 소설사의 한 국면」, 『한국고전연구』 8집, 2002, 241~270쪽 및 송성욱, 「17세기 중국소설의 번역과 우리소설과의 관계」, 『한국고전연구』 7집, 2001, 71~94쪽 참조

파악할 수 있는 고전소설의 미학이며, 고전소설 전체에 걸쳐 있는 지형도이다. 이 문제가 풀리지 않고서는 『구운몽』을 자발적으로 읽으려는 독자층을 확보하기 힘들다. 『구운몽』과 현대적 소통을 시작하려는 현대역 텍스트들도 이 점에 주목해야 할 것이다.[24]

---

[24] 물론 원전에 기반한 현대역 위주의 텍스트만이 현대적 소통을 위한 유일한 대안은 아니다. 얼마든지 새로운 대안을 모색할 수 있다. 『춘향전』이나 『심청전』이 영화나 드라마, 뮤지컬 등을 통해서 현대적 소통을 하고 있듯이 『구운몽』 역시 이러한 장르로의 확산을 모색할 필요가 있어 보인다. 최근 출간된 정병설, 『구운몽도』(문학동네, 2010)가 이런 시도의 일환으로 여겨진다. 이 작업을 통해 『구운몽』을 한국의 회화사, 풍속사 속에서 폭넓게 읽을 수 있는 계기가 마련된다. 이미 중국에서는 『서상기』나 『홍루몽』에 등장하는 인물을 중심으로 다양한 캐릭터가 만들어졌다. 『구운몽』을 대상으로도 충분히 가능한 일이다. 이런 작업들을 통해 우리 고전을 가치를 새롭게 인식하고 그것에 대한 자부심을 가지게 할 수 있을 것이다.

‖ 참고 문헌 ‖

[자료]

김대성, 『구운몽』, 아이세움, 2008.

박지웅, 『모두가 꿈이로다』, 생각의 나무, 2009.

설성경, 『구운몽』, 책세상, 2003.

성낙수, 유의종, 조현숙, 『중학생이 보는 구운몽』, 신원문화사, 2009.

송성욱, 『구운몽』, 민음사(세계의문학전집 72), 2003.

이상일, 『무엇이 꿈이고 무엇이 꿈이 아니더냐』, 나라말(국어시간에 고전읽기 구운몽), 2007.

정병설, 『구운몽도』, 문학동네, 2010.

정영애, 『구운몽』, 예림당, 2008.

주재우, 『구운몽』, 계림, 2007.

[논문 및 단행본]

권순긍, 「대학 고전소설교육의 지행과 방법」, 『한국고전연구』 15집, 한국고전연구학회, 2007.

권혁래, 「〈구운몽〉의 현재적 소통과 다시쓰기 출판물」, 『온지논총』 27집, 온지학회, 2011.

_____, 「대학 교양수업에서의 〈구운몽〉 읽기와 소설교육」, 『새국어교육』 83집, 새국어교육학
　　　회, 2009.

박일용, 『조선시대 애정소설』, 집문당, 1993.

송성욱, 「17세기 중국소설의 번역과 우리소설과의 관계」, 『한국고전연구』 7집, 한국고전연구학
　　　회, 2001.

_____, 「17세기 소설사의 한 국면」, 『한국고전연구』 8집, 한국고전연구학회, 2002.

이강옥, 「초등학교 고전소설 교육의 의의와 방향」, 『고전소설교육의 과제와 방향』, 월인, 2005.

_____, 「〈구운몽〉의 재해석과 희망의 서사교육」, 『국어교육연구』 46집, 국어교육학회, 2010.

정길수, 「17세기 장편소설의 형성경로와 장편화 방법」, 서울대 박사논문, 2005.

웹툰에 나타난 신화적 상상력

〈신과 함께〉를 중심으로

강미선

1. 서론

현재 한국 만화시장은 온라인 만화가 대세인 시대라고 할 수 있다. 2010년만 해도 만화 소비자 중 오프라인 만화를 주로 이용하는 소비자는 65.8%이고 온라인 만화를 주로 이용하는 소비자는 34.2%였다.[1] 그러나 2013년에는 오프라인 만화를 이용하는 소비자가 53.9%, 온라인 만화를 이용하는 소비자가 46.1%로 온라인 만화를 이용하는 비중이 오프라인 만화를 이용하는 비중과 비슷한 수준으로 증가한다.[2] 그리고 2015년에 이르면 오프라인 만화 이용 소비자가 29.9% 반면, 온라인 만화 이용 소비자는 70.1%로[3] 온라인 만화를 이용하는 소비자의 비중

---

[1]   한국콘텐츠진흥원, 『2010 만화 산업 백서』, 커뮤니케이션북스, 2010, 242쪽.
[2]   한국콘텐츠진흥원, 『2013 만화 산업 백서』, 한국콘텐츠진흥원, 2014, 292쪽.
[3]   한국콘텐츠진흥원, 『2015 만화 산업 백서』, 한국콘텐츠진흥원, 2016, 205쪽.

이 오프라인 만화 이용 소비자를 크게 역전한다. 즉 이제는 만화 이용자들이 오프라인 만화보다는 온라인 만화를 더 많이 접하고 이용하는 것이다.

이렇게 오프라인 만화보다 온라인 만화의 비중이 급격하게 증가한 것은 컴퓨터나 특히 스마트폰이 대중화되면서 오프라인 만화보다 온라인 만화의 접근성이 높아졌기 때문이라고 할 수 있다.[4] 또한 온라인 만화 콘텐츠를 이용하는 소비자들의 89.1%가 '네이버, 다음 등 포털 사이트의 웹툰'을 이용하는 것으로 나타나[5] 온라인 만화 콘텐츠에서 포털 사이트 웹툰의 비중이 절대적임을 알 수 있다. 또한 포털사이트에서도 이러한 흐름에 맞춰 많은 수의 작품을 게재·연재하고 있는데, 현재 다음 웹툰은 582작품, 네이버 웹툰은 551작품을 게재하고 있다. 그리고 연재 작품 수는 다음 웹툰이 175작품, 네이버 웹툰이 172작품으로, 매주 340여 편의 웹툰이 다음과 네이버를 통해서 연재되고 있으며[6] 이러한 수치로 미루어보아 매우 활발하게 웹툰이 연재되고 있음을 확인할 수 있다.

이렇게 웹툰이 활성화되고 많은 작품이 연재됨에 따라 몇 년 전부터 웹툰은 다양한 장르와 소재를 활용하면서 그 폭을 넓히고 있다. 그 중에서 주호민 작가의 〈신과 함께〉는 한국의 신화를 현대적으로 재해석

---

4 『2015 만화 산업 백서』에 따르면 온라인 만화를 이용할 때 주로 사용하는 기기는 스마트폰이 74.3%로 압도적으로 많았으며, 그 다음은 PC / 노트북(22.3%), 태블릿PC(3.3%) 순이었다. 이를 볼 때 온라인 만화 이용자가 급격히 증가한데는 스마트폰의 영향이 매우 크다고 할 수 있을 것이다. 한국콘텐츠진흥원, 앞의 책, 2016, 237쪽.

5 온라인 만화를 이용하는 소비자들은 포털 사이트 웹툰 다음으로 만화 전문 사이트(8.3%), '다운로드'(1.2%)의 순으로 이용하는 것으로 나타났다. 한국콘텐츠진흥원, 앞의 책, 2016, 233~234쪽.

6 한국콘텐츠진흥원, 앞의 책, 2016, 159쪽.

하여 연재 당시에도 독자들의 큰 호응을 받았으며, 그 인기에 힘입어 뮤지컬도 제작됐고, 현재 영화로도 제작 중인 작품이다. 2010년 1월 8일 '저승편'을 시작으로 네이버에 연재를 시작한 〈신과 함께〉는 〈저승편〉, 〈이승편〉, 〈신화편〉의 3부작으로 이루어져 있으며 2012년 9월 1일 연재가 종료되었고 현재 책으로 출판되었다. 또한 2010년 10월17일에 연재 종료된 '저승편'은 2010년 독자만화대상 온라인 만화상, 2011년 부천만화대상 우수이야기 만화상, 독자만화대상 대상, 대한민국 콘텐츠어워드 만화부분 대통령상을 수상하는 등 다각도에서 인정을 받는 작품이기도 하다.

제목에서 알 수 있듯이 〈신과 함께〉는 '신(神)'을 소재로 한 웹툰으로 당시에는 잘 알려지지 않았던 한국의 신화를 소재로 하여 한국의 전통 신과 저승관을 다루었다는 데에서 주목을 받았다. 그리고 이를 현대적으로 재치있게 재해석하는 한편, 현재 한국 사회의 여러 가지 문제와 다양한 인간상을 탄탄한 스토리로 풀어냈다는 점에서 많은 이들의 호평을 받았다.

그런데 이 작품이 연재되는 사이트의 댓글을 보면 종교적 논란이 이는 것을 종종 볼 수 있는데, 이것은 작품에 나타난 저승관을 불교의 것으로만 바라본 것에서 기인한다. 물론 한국의 저승관이 불교와 도교의 영향을 받기는 했지만, 한국의 신화를 살펴보면 저승이나 지옥에 대한 내용이 구체적이고 충실하게 그려져 있음을 알 수 있다.[7]

본고에서는 이러한 점에 주목하여 한국의 신화, 특히 저승에 관한

---

7   작가 역시 이러한 논란에 대해서 자신은 무신론자이며, 이 이야기는 한국 전통 신에 대한 이야기라고 설명하고 있다. 「인기폭발 웹툰 '신과 함께' 2부 시작한 주호민 씨」, 『동아일보』, 2011.2.16.

이야기를 다룬 〈신과 함께 저승편〉에 나타난 저승에 관해 살펴보고자한다. 〈신과 함께 저승편〉에는 저승을 배경으로 한국 신화에만 존재하는 다양한 인물들이 등장하여 이야기를 꾸려나가고 있기 때문에 한국 신화의 저승과 인물들이 어떠한 식으로 재해석 되었는지를 살펴보는 것은 의미 있는 일이라 할 수 있을 것이다. 또한 이 작품은 '저승'을 매개로 두 개의 큰 이야기가 교차되어 전개된다. 이 교차되는 서사 구조가 어떤 의미를 지니고 있으며, 이를 통해 작가가 전하고 싶었던 이야기가 무엇인지에 대해서도 논하고자 한다.

2. 한국 신화의 재해석

〈신과 함께 저승편〉(이하〈신과 함께〉)에서 가장 눈에 띄는 요소는 작품의 제목에서도 드러나듯이 바로 '저승'에 관한 것이다. 그런데 이 저승의 개념은 우리가 일반적으로 알고 있는 기독교적인 '지옥'의 개념이 아니다. 〈신과 함께〉에 등장하는 저승은 현대 일반인들에게는 다소 생소할 수 있지만, 사실 한국의 신화, 특히 무속 신화에서 그려내고 있는 저승의 모습이다. 2장에서는 〈신과 함께〉에 등장한 공간적 배경과 인물을 통해서 이 작품이 한국의 무속신화를 어떻게 차용하였는지 살펴보도록 하겠다.

1) 공간적 배경

〈신과 함께〉는 크게 두 가지 이야기로 이루어져 있다. 그 중 저승이라는 공간을 직접적으로 보여주는 이야기는 '김자홍'의 이야기이다. 김자홍은 죽은 뒤 저승차사와 함께 저승 입구인 '초군문'으로 가는데, 그곳에서 변호사 '진기한'을 만나고 두 사람이 함께 저승 관문을 하나하나 통과하는 과정이 펼쳐진다. 따라서 이 이야기에서는 저승에 어떠한 관문이 있는지, 그 곳에서는 어떠한 일이 벌어지는지 등이 주요한 내용으로 등장할 수밖에 없다.

그렇다면 과연 '저승'이란 어떠한 곳인가. 현대 한국인들은 서양의 기독교적 내세관에 익숙해져 있기 때문에 저승과 지옥을 동일시하는 경우가 많다. 그러나 실제 우리 조상들이 받아들였던 저승의 개념은 이승의 상대 개념으로 죽음 이후의 세상이며 지옥의 상위개념이 된다. 죽음 이후의 세계인 저승에는 극락 내지 천당과 지옥이 다 있을 수 있기 때문[8]이다.

그리고 우리 민간신앙에서의 저승은 사람이 죽으면 가야하는 곳일 뿐, 공간적이나 구체적인 개념을 띠고 있는 곳이 아니었다.[9] 그러나 무속의 특성상 오랜 시간 구전을 통해 거쳐 오는 과정에서 타종교의 영향을 받아 저승의 모습이 형성되고 체계화 된 것이다. 특히 지옥의 경우는 무속에서는 원래 없던 개념이지만 도교와 불교의 지옥관의 영향을

---

8   조흥윤, 「한국지옥연구―무(巫)의 저승」, 『샤머니즘 연구』 1권, 한국샤머니즘학회, 1999, 34쪽.
9   안병국, 「"저승" 관념에 관한 비교문학적 고찰―저승설화 연구를 위한 시론」, 『한국 사상과 문화』 26권, 한국사상문화학회, 2004, 328쪽.

받아 생성된 것으로 알려져 있다.[10]

불교에서는 인간이 죽은 이후의 또 다른 세상인 '명계(冥界)'를 설정한다. 그리고 망자(亡者)의 생전 선업(善業)과 악업(惡業)에 의해 극락정토와 명부지옥의 세계가 정해지는 것으로 되어 있다. 이 때 죽은 이가 생전에 했던 행위가 죽음 이후의 삶을 결정한다는 개념은 도교의 영향이 강하다. 도교에서 인간의 죽음은 기(氣)의 흩어짐에 불과하여 죽은 후의 존재에 인간의 의미를 상정하지 않는 입장을 취하지만 현세의 행위가 수명의 장단을 결정한다는 사고를 갖고 있으며 그것이 불교계에 그대로 전해졌다는 것이다.[11]

또한 명부(冥府)에는 두 가지의 신앙이 크게 영향을 미치는데 바로 '지장신앙(地藏信仰)'과 '시왕신앙(十王信仰)'이다. 지장신앙은 불교의 지옥관이 반영된 것으로 불교설화에 따르면 지장보살은 지옥에서 고통받는 중생을 구원하고자, 마지막 한 사람의 중생이라도 구원을 받지 못하면 성불(成佛)하지 않겠다는 서원을 세웠다고 한다.[12] 이러한 구원관이 반영된 것이 바로 불교의 지장신앙이다. 시왕신앙은 불교의 저승관념과 도교의 명부관념이 결합하여 형성된 것으로 이후 불교의 지옥사상의 발달과 함께 열 명의 왕으로 확대된 것이다. 그리고 이러한 명부의 조직은 『불설예수시왕생칠경(佛說預修十王生七經)』의 편찬으로 시왕에 대한 체계로 정립되면서 그 사상적 기반이 확고해졌다.[13] 그리고 불

---

10   조흥윤은 시베리아 제 민족의 샤머니즘에는 지하계의 개념이 일반적이었으나 종교가 형성되고
      천당 내지 극락이 설정되면서 자연스럽게 그 상대개념인 지옥이 생겨났다고 밝히고 있다. 조흥윤,
      앞의 글, 1999, 35쪽.
11   김태훈, 「지장신앙의 한국적 변용에 관한 연구」, 원광대 박사논문, 2010, 77~93쪽 참고.
12   김정희, 『조선시대 지장시왕도 연구』, 일지사, 2004, 37쪽 참고.
13   김태훈, 앞의 글, 2010, 8~103쪽, 참고.

교와 도교가 한국에 유래되면서, 이러한 사상 역시 자연스럽게 전해졌으며, 이것이 한국의 민간사상인 무속과 결합하여 한국인의 저승관을 마련한 것이다. 그래서 한국의 무가나 신화에 등장하는 저승에 관한 이야기기를 보면 불교나 도교의 영향이 나타나는 부분을 쉽게 발견할 수 있다.[14]

〈신과 함께〉에서의 저승의 모습은 기본적으로 한국의 신화를 바탕으로 하고 있지만,[15] 제10대왕에서 재판이 끝난다는 개념이나, 49재와 같은 천도의식의 부분은 불교의 지장신앙이나 시왕신앙의 개념이 조금 더 강하게 반영된 것으로 보인다. 한국 무속의 '시왕맞이제'에 나타난 저승의 모습에는 제1 진광대왕부터 제10 전륜대왕까지는 주로 이승에서 지은 죄를 다스려 육체적으로 형벌을 주는 역할이 불교와 동일하게 등장한다. 그러나 무속에서는 여기에서 머무르지 않고 제11 지장대왕, 제12 생불대왕, 제13 좌도대왕, 제14 우도대왕, 제15 동자판관까지 5명의 대왕이 더 등장한다. 그리고 이들은 주로 벌을 주기보다는

---

14   대표적인 경우가 무속신화 〈바리공주〉에 나타난 불교적 요소들이다. 이에 관해서는 강진옥, 「〈바리공주〉의 불교제재 수용양상」, 『국제비교한국학』 18권 2호, 국제비교한국학회, 2010 참고. 서울·경기지역 새남굿의 새남부정거리에서도 저승과 관련된 부분을 발견할 수 있다. 새남 부정거리는 명부의 십대왕과 저승사자에게 망자가 발생했음을 고하면서 의례 장소인 굿판의 부정을 물려놓는 것이다. 여기에서 만신은 망자의 넋을 안정시키는 염불을 하고 지장보살에게 죽은 이의 극락왕생을 기원하며 시왕의 영험을 노래한다. 그리고 말미에는 바리공주 신가가 구송된다. 조흥윤, 앞의 글, 1999, 43쪽 참고. 또한 제주도의 큰 굿 중 '시왕맞이제'는 저승에 있는 여러 왕들 및 죽은 이를 저승까지 데려갈 차사를 불러 모시고 행하는 제의로 인간의 죽음 및 사후 세계인 저승의 모습이 비교적 구체적으로 언급되어 있어, 한국 민간신앙에서 저승의 모습을 확인할 수 있는 중요한 자료이기도 하다. 이수자, 「저승, 이승의 투사물로서의 공간」, 김승혜 외, 『죽음이란 무엇인가』, 도서출판 창, 1990, 47~49쪽 참고.

15   주호민 작가도 인터뷰에서 한국의 신화에 나오는 내용을 기반으로 했다고 서술하고 있다(무비위크, 「'신과 함께' 주호민 작가, "이렇게 재밌는 걸, 왜 아무도 몰랐지?"」, 『무비위크』 464호, 2010). 또한 10번째에서 심판이 완전하게 마무리가 된다는 부분이나 기타 소소한 부분을 제외하면 각 지옥의 이름이나 특성, 죄의 성격 등은 우리나라 무속 신앙에서의 내용과 거의 같다.

죽은 이의 넋을 위로하고 이승에서의 한을 풀어주며 앞서의 일을 정리하여 심사하는 역할을 맡고 있다.[16] 따라서 무속에서만 등장하는 11~15대왕이 나타나지 않는 〈신과 함께〉는 불교적 관점이 강하게 드러나는 것으로 여겨질 수 있다. 그러나 불교의 시왕이 심판의 기능만을 담당하였다면 무속에서의 시왕은 이를 정리하고 한을 풀어주는 기능까지 담당하고 있다는 점을 주목할 필요가 있다.

더 나아가 한국의 대표적 무속신화인 바리공주 무가에서 바리공주는 죽은 이의 넋을 좋은 곳으로 인도하는 여신의 모습으로 형상화 되어 있으며 바리공주가 낳은 7명의 아들은 저승의 시왕이 되었다는 내용도 있다. 물론 한국의 무속 신앙이 불교의 영향을 받은 것으로 여겨지지만, 죽은 이를 극락으로 인도하고 살아남은 이를 위로하며 이승과의 연계점을 드러낸다는 데서 불교의 명부신앙과는 구분된다. 불교의 명부신앙은 이승에서의 심판의 개념이 강하기 때문이다.

〈신과 함께〉에서 김자홍의 재판 내용과 결과를 살펴보면 단순히 심판에서 머무르는 것이 아니라 이승과의 연결고리를 확실하게 드러내고 있음을 알 수 있다.[17] 재판 과정 자체는 불교적 저승관인 10대왕에게 재판을 받는 것으로 표현하고 있지만, 실질적으로는 한국의 무속 신앙에서 중점을 두고 있는 '이승에서의 한을 풀어주고, 죽은 이의 넋을 위로하며, 극락으로 인도하는' 모습을 더 충실하게 그려내고 있는 것

---

16 김태훈, 앞의 글, 2010, 123쪽 참고 이수자는 무속에서의 시왕이 15명인 점을 지적하며 시왕이 10명의 대왕(十王)이 아니라 주검을 차지하는 신인 시왕 혹은 시왕으로 봐야 할 가능성을 제시하였다. 이수자, 앞의 글, 1990, 62쪽 참고

17 변성대왕의 심판에서 김자홍의 친구들이 김자홍의 덕으로 인해서 죄가 덜어질 것이라는 부분이나 김자홍의 49제가 끝났을 때 김자홍의 부모를 보여주는 내용, 김자홍이 다시 아기로 환생할 것을 암시하는 내용 등이 이를 반영한다.

이다. 이러한 관점에서 볼 때 〈신과 함께〉의 저승의 모습은 불교의 모습을 많이 차용하고 있지만,[18] 그 근간에 있는 의식은 한국의 무속 신앙, 민간 신앙에 더 가깝다고 볼 수 있다.

김자홍은 49일 동안 심판을 받으면서 7개의 관문을 통과하게 되는데, 사실 그 과정 자체가 이미 험난한 행로라고 할 수 있다. 예를 들어 도산 지옥에서 화탕 지옥으로 가기 위해서는 삼도천을 지나야 하는데 이 때 죽은 이들은 독사들의 습격을 받게 된다. 〈신과 함께〉에서 김자홍은 진기한 변호사의 기지로 무사히 그 강을 건너지만, 원래 지옥의 개념에서는 죽은 이들이 독사들에게 끊임없이 물리며 7일 밤낮을 건너야 겨우 맞은편에 도달한다고 기록되어 있다. 또한 한빙 지옥으로 가는 도중 업관(業關)을 지날 때 김자홍의 손발이 잘라지는 일이 발생하는데, 진기한은 그 곳을 지나는 모든 죄인이 겪어할 과정이라며 김자홍의 손발이 잘리도록 그대로 둔다.[19] 이 부분도 지옥에 관한 불경에 기록돼 있는 내용으로 송제대왕청에 도착한 죄인들은 모두 손발을 잘라내고 그 상태로 다음 지옥을 향해 나아가게 된다. 육칠일을 관장하는 변성대왕에게 가는 과정에서도 쇠공이 굴러다니는 강(江)을 건너야 하지만, 김자홍과 진기한은 염라대왕과 함께 만든 트랙터를 사용하여 무사히 건너간다. 불경에서는 이에 대해 번성대왕에게 가는 길에는 철환소(鐵丸所)라는 곳이 있어 둥근 돌로 된 공이 서로 굴러다니며 맞부딪치는데

---

18 저승에 대한 자료가 가장 풍부하게 남아있는 곳이 불교, 특히 사찰의 명부전인 것도 한 이유라고 볼 수 있다. 무속 신화에도 저승에 대한 이야기가 많이 존재하기는 하지만, 〈시왕경〉이나 〈지장경〉에 명부시왕에 대한 묘사가 나타나고, 그림도 남아있기 때문에 작품에서 수용하기에 더욱 적합했을 것으로 여겨진다.

19 진기한은 곧 살과 뼈를 살리는 꽃을 이용해서 김자홍의 손발을 살려낸다.

이 길을 꼬박 7일 동안 가야만 변성대왕의 궐에 도착한다고 서술한다.[20] 이렇게 김자홍은 원래대로라면 이승에서 지은 죄로 인해 고통을 받으며 다음 지옥으로 향해야 하는 과정을 진기한의 도움을 받아 큰 고통 없이 재판과정을 넘기며 49일을 보내게 된다.

한국의 신화나 불경에 기록된 죽은 사람이 거쳐야 할 49일의 재판기간은 단순히 심판만 받는 것이 아니라 이승에서 죄업으로 인한 벌을 받는 기간이기도 하다. 하지만 작가는 죽은 자가 치러야 할 고난을 진기한 변호사의 기지로 수월하게 지나가도록 설정하고 있다. 이는 지옥의 모습, 고통의 과정을 보여주면서도, 독자들에게 위로를 주는 장치라고 볼 수 있다.

〈신과 함께〉에서 설정된 '변호사'는 생전에 남을 위해서 쓴 돈으로 선임(選任)할 수 있는 존재이다. 진기한은 변호사의 존재에 대해 설명하면서 '생전에 남에게 많이 베푼 사람은 유능한 변호사가 기다리고, 한 푼도 안 쓴 사람은 변호사가 기다리지 않는다'라고 한다. 즉 생전에 다른 이를 위해서 좋은 일을 많이 하고 베풀고 살면 어려운 지옥의 과정도 수월하게 통과할 수 있을 것이라는 것이다. 그러나 실제로 대부분의 사람들은 작품의 주인공인 김자홍처럼 '그다지 남을 위해 쓴 기억이 없는' 삶을 살기 마련이다. 늘 누군가를 도와야 한다고 생각하지만, 실천하기가 쉽지 않기 때문일 것이다. 그런 평범한 사람들을 위해 작가는 '사실 자홍씨 같은 분들이 제일 많죠. 아예 안 낸 건 아니지만 미미한. 그런 분들에겐 염라국에서 무료로 변호사를 대주죠'라는 설정을 그려

---

20   이상 불경에 기록된 지옥의 내용은 김정희, 앞의 책, 2004, 90~96쪽 참고

낸다.[21] 이는 '남을 위해 살아야 한다'는 것을 강조하면서도 한편으로는 일상생활에 힘들어 제대로 남을 위해 살지 못한 수많은 평범한 사람들을 위로하는 작가의 시선이라고 할 수 있을 것이다.

일곱 번의 심판과 각 지옥의 모습 이외에도 〈신과 함께〉에는 한국의 신화를 차용하여 현대적으로 재해석한 저승의 배경이 자주 등장하는데, 저승의 입구인 '초군문', 서사무

© 주호민, 2010

〈그림 1〉 초군문, 바리데기호, 서천꽃밭

가 '바리데기', 제주도 무가 〈이공본풀이〉에 나오는 '서천꽃밭' 등이 그중에 하나이다.

〈그림 1〉에서 확인할 수 있듯이, 〈신과 함께〉에서 나타나는 저승은 전통 신화에서 설정한 개념을 현대적으로 재해석하여 보여준다. 저승의 입구인 '초군문'은 고속도로 톨게이트처럼 표현하였으며, 초군문을 '하이패스'로 통과하면서 황당해하는 김자홍의 모습을 통해 웃음을 자아낸다. 또한 두 번째 그림에 나타난 열차는 '바리데기'호이다. 앞에서도 서술하였지만 바리데기는 죽은 이를 저승으로 인도하는 역할을 하는 여신이다. 그런데 〈신과 함께〉에서는 죽은 이가 저승입구인 초군문까지 가는 열차를 '바리데기'라고 명명하고 있는 것이다. '죽은 이를 인

21　〈신과 함께〉 저승편 4화.

도'하는 개념은 그대로 둔 채 사람을 열차로 재해석 한 것이다. 덧붙여 저승을 묘사한 그림을 열차에 그려 넣음으로써 일반적인 열차와 다른 이미지를 자아내도록 하였다. 〈이공본풀이〉에 나오는 '서천 꽃밭'은 뼈가 오르는 꽃, 살이 오르는 꽃, 피 생기는 꽃, 웃음꽃, 멸망꽃, 싸움하는 꽃 등 여러 가지 신비한 꽃이 있는 꽃밭이다. 〈이공본풀이〉에 따르면 옥황상제의 명으로 김진국 생원이 옥황상제의 명으로 서천 꽃밭 꽃감관(花監官)으로 임명되었고, 후에 그 아들인 '할락궁이'가 온갖 시련을 겪고 부친의 뒤를 이어 꽃감관으로 임명되었다고 한다.[22] 〈신과 함께〉에서는 이러한 내용을 바탕으로 '서천 꽃밭'을 '서천 식물원'으로 바꾸고 '할락궁이'를 '서천 식물원장'으로 설정하는 등 꽃밭을 현대적 이미지의 '식물원'으로 재해석하였다.

〈신과 함께〉에는 배경 이외에도 저승과 관련된 여러 인물이 등장하는데, 이들 역시 한국의 무속 신화에서 등장하는 인물이다. 물론 이러한 인물들도 불교와 도교의 영향을 많이 받기는 하였으나, 불교·도교의 시왕이나 저승의 묘사보다 한국의 신화에 더 가까운 모습의 인물들이다.

저승과 관련하여 한국의 신화에도 등장하는 인물은 바로 이 저승차사이다. 일직차사나 월직차사의 경우는 불교에서의 지옥관에서도 등장하지만, 죽은 사람을 데리러 온다는 개념보다 각 대왕들의 곁에서 그들의 일을 보좌하는 역할의 개념이 강하다. 그러나 〈신과 함께〉에서 등장하는 차사(差使)들은 죽은 사람을 데리러 오는 역할을 하고 있는데,

---

22   김의숙·이창식, 『한국신화와 스토리텔링』, 북스힐, 2009, 285~291쪽 참고.

이는 한국의 무속신화, 그 중에서도 제주
도 신화인 〈차사본풀이〉에 근거한다.[23]

차사는 염라대왕으로부터 저승으로 갈
사람들의 이름이 적힌 붉은 천으로 된 적
패지(赤牌旨)를 받아 이승으로 온다. 차사
는 남색 바지에 백색 저고리, 자주색 행
전(行纏)을 차고, 백색 버선에 미투리를 신
고 있다. 까만 쇠털전립을 머리에 쓰고
한산모시 겹두루마기를 두르고 남색 쾌
자를 걸친다. 옆구리에는 붉은 오랏줄을
달고 옷고름에는 적패비를 단단히 묶어

〈그림 2〉 〈신과 함께〉의 저승차사

차고 팔뚝에는 자신의 신분을 상징하는 석자 다섯 치짜리 팔찌걸이를
매었으며, 가슴에는 용(勇)자, 등에는 왕(王)자가 새겨져있다. 〈그림 2〉
에서 강림도령의 모습을 보면, 〈차사본풀이〉에서 묘사한 대로 그려져
있음을 알 수 있다.

또한 차사에는 여러 직분을 담당한 차사가 있는데, 이 중에서 하늘
에서 심부름을 하는 '일직차사'와 땅의 일을 보는 '월직차사', 이승에
서 죽은 자의 영혼을 잡아 가는 이승차사는 '강림차사'이다. '강림'은
용맹하고 똑똑하여 염라대왕도 오랏줄로 묶는다고 하는데, 적패지를
들고 죽을 때가 된 사람을 찾아간다고 한다. 이 때 조왕신(竈王神)이나
일문전신, 뒷문전신과 같은 가신(家神)들이 집주인에 대한 신심이 깊어

---

23   이후 〈차사본풀이〉와 관련된 내용은 위의 책, 243~264쪽 참고.

지켜주면 강림이 영혼을 데려가는 데 어려움을 겪는다고 한다.[24] 그러나 지붕 상마루에는 집을 지키는 신이 없기 때문에 강림은 이곳으로 와서 죽은 이의 이름을 3번 불러 영혼을 몸에서 불러낸다. 〈신과 함께〉에는 이와 같은 〈차사본풀이〉의 저승차사에 대한 내용의 거의 그대로 나타나 있다. 일직차사와 월직차사가 강림도령과 함께 죽은 이의 영혼을 저승으로 데려오는 일을 함께 하는 것으로 역할이 바뀐 정도일 뿐이다.

특히 강림차사의 경우, 〈차사본풀이〉에 나타난 강림차사와 관련된 내용이 〈신과 함께〉에서도 그대로 반영되는데, 대표적인 경우가 '사만이'에 관한 내용이다. 제주도 신화에 따르면 소사만이라는 사람이 죽을 때가 되자 죽음을 피하기 위해 음식을 마련하고 시왕맞이 굿을 하니 영혼을 가져가기 위해 내려온 세 차사가 음식을 발견하고 다 먹어치웠다. 음식을 먹은 세 차사는 소사만에게 쌀과 옷 등을 더 받은 뒤 사만이의 수명을 37(三十七)세에서 획 하나를 더 그어 삼천칠(三千七)세로 늘여주니 사만이는 삼천 년을 살았다는 것이다.[25] 이 내용이 〈신과 함께〉에도 그대로 실렸는데, 변한 것은 원전에는 사만이가 3천 년을 살았다고 되었지만, 작품에서는 계속 수명을 연장하여 4만 년을 살았다는 것과 그림을 현대의 분위기에 맞게 재치있게 재해석하여 그린 정도이다.

또한 〈그림 3〉을 보면 강림도령과 염라대왕에게 무언가 연관이 있음을 암시하는 내용이 있다. 강림도령이 염라대왕과 대적을 하였으며, 염라대왕 역시 강림도령을 뛰어난 인물로 인식하고 있는 것이다. 이 역시

---

24 〈신과 함께〉-이승편에는 이러한 내용이 반영되어 있다. 일직차사와 월직차사가 김천규 할아버지를 저승으로 데려가려 하자 조왕신과 측신, 성주신이 이를 필사적으로 막는다. 결국 차사들은 이들 가택신의 저항 때문에 할아버지의 영혼을 저승으로 데려가지 못한다.
25 한상수, 『한국인의 신화』, 문음사, 1980, 141~147쪽 참조.

〈차사본풀이〉와 관련된 것으로, 염라대왕을 잡아오라는 고을 원님의 명령을 받은 강림도령은 부인과 조왕신, 문전신의 도움으로 저승에 간다. 강림도령은 저승문 근처를 지나가던 염라대왕을 잡아 묶어 이승으로 데려 오는 데 성공하고, 염라대왕은 이승에서의 일을 해

<그림 3> 강림도령과 염라대왕의 관계

결한 후 저승으로 돌아간다. 그리고 이 때 염라대왕은 강림도령을 함께 데려가 자신의 사자(使者)로 만들어 죽은 이의 영혼을 데려오는 일을 맡긴다. 이 이야기는 〈차사본풀이〉의 대부분을 차지하는 주요 내용인데, 〈신과 함께〉에서는 이 이야기를 아직 자세하게 설명하지 않고 〈그림 3〉처럼 암시하는 정도에서 머무르고 있다.[26]

그 외에 저승과 관련된 여러 인물이 등장하는데 모든 중생을 지옥의 고통에서 구원하기 전까지 성불(成佛)하지 않겠다고 서원한 지장보살은 저승 최초의 변호사 양성기관인 '지장법률대학원'을 만든 것으로 설정하고 있다. 김자홍처럼 저승으로 온 영혼이 진기한 같은 변호사와 함께 각 관문을 통과하면서 영혼이 무사히 49일을 지낼 수 있도록, 즉 '지옥의 고통에서 구원하도록' 한 것이다. 이러한 설정 역시 저승에서

---

26 〈신과 함께〉 이승편에서는 강림도령이 염라대왕을 만나러 가는 길에 검문을 받는 장면이 나온다. 강림도령이 '적당히 검문하자'고 하니 문을 지키는 귀왕대는 '강림차사는 예전에 염라대왕을 습격한 적이 있어서 안 된다'라고 한다. 〈차사본풀이〉의 내용을 계속해서 간접적으로 드러내는 것이다.

〈그림 4〉 지장보살

지장보살이 하는 역할의 본질은 그대로 살리면서 현대적으로 재해석한 좋은 예라고 할 수 있다.

이렇게 〈신과 함께〉는 한국의 무속 신화에 나타난 저승에 관한 여러 요소를 충실하게 반영하면서도 현대적 이미지로 재해석하고 있다. 이는 주로 '그리스 로마 신화'나 서양의 종교관에 기반을 두었던 다른 작품들과 차별성을 띠는 동시에 친근함을 부여하는 부분이기도 하다. '죽음'이라고 하는 다소 어두운 소재를 다루고 있지만, 한국인들의 정서가 반영되어 있는 한국의 무속 신화를 현재적으로 재치있게 재해석하고 있기 때문이다. 또한 재해석에서 머무르지 않고 당시의 사회적 이슈나 유행 등 적절히 반영하고 있기 때문에 독자들에게 친숙함과 호응을 얻어내고 있다.

3. 두 이야기의 교차와 공감대 형성

앞에서 잠시 언급했지만, 〈신과 함께〉는 크게 두 가지 이야기가 교차되면서 이야기가 전개되는 구조를 가진다. 첫 번째 이야기는 평범하게 살다가 직장에서 얻은 과로와 음주로 죽은 '김자홍'이라는 인물이 저승에서 변호사인 '진기한'을 만나 49일 동안 저승의 심판을 받는 과정이다. 또 다른 이야기는 세 명의 저승차사인 강림차사, 일직차사, 월직차사가 억울하게 죽은 군인의 원을 풀어주고 저승으로 인도하는 과정이다. 그리고 두 이야기는 '죽은 영혼의 인도'라는 공통된 요소로 연결되어 있다.

김자홍은 우리 주변에서 한 사람 쯤 있을 법한, 혹은 작품을 읽는 독자와 바로 대입이 될 수 있을 정도로 평범한 소시민이다. 그가 지옥을 통과하면서 풀어낸 삶의 이야기는 누구라도 한 번쯤은 겪고 느꼈을 이야기들이다. 이승에서 살아온 이야기를 적으라는 진기한의 말에 김자홍이 고심해서 적은 것은 언제 태어나 어느 학교를 나와서 어느 회사에 다녔다는 내용이 전부인 한 장의 이력서이다. 진기한은 '저승에서는 뭘 잘 했고 뭘 잘못했는지만 본다'며 김자홍에게 다시 삶을 정리하도록 한다. 그러나 김자홍이 이승에서의 40년 삶을 정리한 내용은 겨우 A4용지 3장이다. 〈그림 5〉에서 4칸으로 정리가 되는 것처럼 '너무나 평범하게' 살았기 때문에 자신의 삶에 대해서 쓸 내용이 없다는 것이다.

그런데 이는 김자홍뿐만 아니라 현대 한국인들 대부분에게 해당되는 내용이기도 하다. 물론 인생에서 심한 굴곡을 겪는 사람도 있고, 특수한 직업이나 환경으로 다양한 경험을 하는 사람들도 있지만 대개의 한국 남자들이라면 김자홍의 삶과 아주 다르지는 않을 것이다. 여자들 역

〈그림 5〉 김자홍이 정리한 삶

© 주호민, 2010

시 군대를 제외한다면 이 범주에서 크게 벗어나지 않을 것이다. 즉 김자홍의 삶은 현재 보통 한국인의 삶이며, 진기한의 표현을 빌면 '딱히 기억나는 착한 일도 나쁜 일도 없는 굴곡이라곤 없는 인생'인 것이다.

이후로 지옥의 심판을 받으면서 드문드문 드러나는 김자홍의 삶 역시 현재를 살아가는 독자들과 공감대를 형성하는 삶이다. 부모에게 불효한 자를 심판하는 송제대왕의 앞에 드러난 김자홍의 불효는 어려운 집안 형편에도 불구하고 대학을 가기 위해 재수 학원을 고집하여 부모의 마음을 슬프게 한 것과 바빠서 명절에 고향에 내려가지 못해 부모님을 쓸쓸하게 만든 것이다. 이는 현대 한국인들이라면 누구나 한 번쯤 겪었을 일이고, 부모님의 마음을 아프게 할 것을 알면서도 저지르는 일 중에 하나이다. 즉 독자들은 누구나 겪고, 누구나 죄책감을 느끼면서도 저지를 수밖에 없는 잘못을 김자홍을 통해 보면서 김자홍과 자신을 동일시하게 되고 자신의 삶을 돌아보게 되는 것이다. 결국 〈신과 함께〉에서 김자홍이 49일 동안 지옥을 통과하는 과정은 독자가 스스로가 김자홍과 동일시되어 자신의 삶을 바라보며 반성하는 과정이기도 한 것이다. 실제로 〈신과 함께〉 저승편 51화의 의견쓰기 란을 보면 많은 독자들이 '인생을 돌아보게 하는 만화'라고 댓글을 단 것을 확인할 수 있으며, 이 외에도 자신의 잘못을 반성하고 부모님과 가족들에게 사죄하며, 앞으로 잘 살겠다는 다짐을 하는 내용의 댓글이 많이 달려있는 것을 볼 수 있다.

그런데 여기에서 중요한 것은 변호사 진기한의 존재이다. 평범한 소시민인 김자홍은 49일의 험난한 심판 과정을 무사히 통과하게 되는데, 여기에 결정적인 역할을 제공하는 이가 바로 진기한이기 때문이다. 진기한은 뛰어난 재치와 언변(言辯)으로 지옥과 무죄 사이에 아슬아슬하게 걸쳐있는 김자홍을 무사히 마지막 관문까지 인도한다. 어려운 상황이 닥칠 때마다 진기한이 '구원자'가 되는 것이다. 김자홍은 뛰어난 능력을 보여주는 진기한에게 혹시 '신(神)'이 아니냐며 묻지만 진기한은 '모든 것은 김자홍이 생전에 쌓은 업으로 결정되는 것'이며 자신은 '억울하지 않게끔' 짚어줄 뿐이라고 한다. 그러나 이 만화를 읽은 독자들은 진기한이 '신'임을 짐작한다. 김자홍이 '신 아니세요?'라고 묻는 장면에서 놀라는 장면, 저승의 대왕들이 진기한의 능력에 감탄하는 모습, '지장 법률 대학원'에서 가장 좋은 성적을 받았지만 더 많은 사람들을 구하기 위해서 편한 자리를 버리고 평범한 사람들 속으로 뛰어든 점 등을 보면 그러한 짐작은 확신으로 자리 잡는다.

결국 김자홍의 이야기는 '신'이 평범하고 선량하게 살아온 김자홍으로 대변되는 '우리'를 변호하여 심판과정을 무사히 마치는 내용이라고도 할 수 있다. 독자들은 신의 도움으로 김자홍이 지옥에 가지 않는 것을 보고 안도하는 한편 자신의 삶을 돌아보며 위안을 받는다.

그런데 사실 진기한의 역할은 우리 무속 신화에서 '바리데기'의 역할과 유사하다. 죽은 이를 인도하는 바리데기는 〈신과 함께〉에서는 이미 열차로 재해석된 바가 있다. 그러나 바리데기가 가지고 있는 본질적인 역할은 단순히 죽은 이를 인도하는 것에서 그치지 않는다. 바리데기는 부친의 병을 고칠 약을 얻기 위해 스스로 저승으로 내려가고, 약을 얻는 조건으로 무장승과 지낸 후 약을 가지고 이승으로 돌아오는데, 돌아오는 길에 죽은 이들의 영혼을 만나고 그들의 극락왕생을 빌어준다. 그리고 바리데기는 오랜 시간 저승에서의 고난을 견디고 부친의 병을

낮게 한 공으로 죽은 영혼을 인도하는 여신이 되고, 바리데기의 인도를 받아 저승문 안에 들어간 망자(亡者)는 지장보살의 안내를 받아 극락왕생하게 된다.[27] 인간이었던 바리데기는 저승에서 시간을 보내며 고난을 극복하는 과정을 거쳐 신성(神性)을 획득하고, 바리데기의 보호를 받는 죽은 이들은 지옥에 가지 않게 되는 것이다.

〈신과 함께〉의 진기한도 어렸을 때 죽은 후[28] 바리데기처럼 저승에서 오랜 시간을 보내게 된다. 그리고 바리데기가 오랜 시간과 고난을 거쳐 신성을 획득한 것처럼 진기한 역시 죽은 이를 지옥에서 구출하는 변호사가 되고 신성을 획득한 것이다. 물론 중간에 어떠한 과정이나 고난을 거쳤는지 알 수 없기에 바리데기와 동일시 하기는 어려운 부분도 있다. 그러나 진기한이 신으로 설정된 것만은 분명하며, 저승에서 오랜 시간을 지내며 고난을 겪고, 신성을 획득한 한편, 그 능력으로 죽은 이들이 지옥에 가지 않도록 보호하는 모습은 바리데기의 모습과 거의 같다고 볼 수 있다. 결국 작가는 바리데기를 죽은 이를 인도한다는 관점에서 '열차'로 형상화하기는 하였으나 바리데기가 수행하는 본질적인 역할은 진기한 변호사에게 투영한 것이다.

〈신과 함께〉의 큰 축을 담당하는 또 다른 이야기는 군에서 억울하게 죽은 원귀(寃鬼)의 한을 세 저승 차사가 풀어주는 내용이다. 현실에서 억울한 일을 당하는 사람은 많지만 작가는 '세상에서 가장 원통한 죽

---

27 이본에 따라 조금씩 내용이 달라지지만 가장 대표적인 진오귀굿에 나타나는 바리데기는 지장보살과 유사한 역할을 하는 것으로 설정되어 있다. 강진옥, 앞의 글, 2010, 244~5쪽 참고

28 〈신과 함께〉 저승편 76화를 보면 어려서 죽은 아이들은 저승 삼신할머니가 맡아서 키우다가 성년이 되면 이승에서 인간으로 다시 태어나든지, 저승에 남아서 저승의 치안을 담당하는 귀왕대가 되거나 저승의 변호사가 된다고 설명하고 있다. 이러한 설정으로 미루어 진기한 역시 어려서 죽은 후 저승에서 자라 변호사가 되었음을 짐작할 수 있다.

음이 군대에서 죽는 것'이라고 생각하고[29] 그의 한을 풀어주는 이야기를 그려낸다. 군대는 가장 강력하고 폭력적인 권력이 지배하는 곳이며 동시에 사회와 격리된 밀폐된 공간이다. 이런 환경에서 죽음을 맞게 된 사람들 중에는 그 원인조차 제대로 알려지지 않는 경우도 있으며, 유족(遺族)들과 이를 지켜보는 많은 사람들은 죽음이 권력에 의해 은폐되는 모습을 보면서 자신들의 나약함과 억울함을 느끼게 된다. 권력을 갖지 못한 자의 나약함과 현실의 불공평함을 뼈저리게 느끼지만 현실에서 이를 해결하기는 어렵다.

그런데 이러한 억울함, 불공평함이 해소되는 곳이 바로 저승이다. 작가는 현실의 불공평함과 억울함의 문제를 저승과 연결하여 해석하고 있는 것이다. 비록 현실에서는 권력이나 돈으로 인해서 불공평한 대우를 받고 억울함을 느낄 수밖에 없지만, 결국은 저승에서 이러한 억울함이 해소될 것이라는 위안을 보여주고 있다.

그 대표적인 예가 강림차사의 낙인이다. 2소대장은 총기사고로 유성연이 죽자 이를 해결하기는커녕 자신의 대위 진급을 위해서 이를 은폐한다. 그리고 그 과정에서 죽은 줄 알았던 유성연이 다시 정신을 차리자 그대로 생매장을 하는 범죄를 저지른다. 이후 유성연의 모친이 군에 찾아와 탈영병으로 낙인찍힌 자신의 아들을 찾아달라고 애원할 때에도 발뺌하는 한편 그 사실을 알고 있는 다른 부하들에게도 입단속을 시키는 등 자신의 앞날에만 연연하는 모습을 보인다. 그리고 그 사이에 유성연에게 실수로 총을 쏜 부하 역시 자살을 택한다. 2소대장의 잘못

---

29   무비위크 464호, 2010 인터뷰 참고

된 행동이 두 사람을 죽이고, 그 상황을 알고 있는 두 사람도 함께 죄를 저지르도록 했으며, 유성연의 모친에게도 지울 수 없는 상처를 안긴 것이다.

저승 삼차사들은 이 모든 상황을 알게 되지만 2소대장을 저승으로 데려오지는 못한다. 그들에게는 정해진 수명이 있고, 그것을 어기게 될 경우 저승의 질서가 흐트러지기 때문이다. 강림도령은 그러한 저승의 질서가 옳지 않다며 저승차사의 일을 거부한다. 이는 요즘 현실에서 사람들이 느끼는 부당함과 같다. 돈이 있고 권력이 있어서 나쁜 짓을 해도 벌을 받지 않고 교묘하게 법망을 피하여 호의호식하고 더 오래 건강하게 사는 많은 사람들을 뉴스로 접하며 느끼는 서민들의 억울함과 분노와 같은 것이다. 이에 염라대왕은 강림차사에게 '낙인'을 허락한다. 이 낙인이 찍히면 비록 이승에서는 편하게 돈과 권력을 누리면서 살 수 있지만, 죽은 후 저승에 가서는 어떠한 변호사도 선임할 수 없고 지옥에서도 가중처벌을 받게 된다고 한다. 이승에서는 비록 불공평하고 억울한 일이 있을지라도 결국 죽으면 이승에서 쌓은 죄에 대한 합당한 벌을 받게 될 것이라고 작가는 그리고 있는 것이다.

그 후에야 저승삼차사는 유성연을 초군문행 바리데기호에 태운다. 저승으로 인도하는 것이다. 물론 '바리데기호'와 '변호사'라는 죽은 이를 인도하는 존재가 존재하고 있지만, 억울한 죽음으로 인해 원귀(冤鬼)로 이승을 떠돌았을 유성연의 한을 풀어주고 저승행 열차에 태운 것은 저승삼차사이다. 일반적으로 무자비하고 무섭게만 여겨지던 저승차사가 이 작품에서는 인간의 억울함을 풀어주기 위해서 노력하는 친근한 존재로 설정된 것이다.[30] 강림도령이 원래 인간이었던 것을 감안한다면 결국 강림도령을 포함한 저승삼차사도 '바리데기'나 '진기한'과 같은 역할을 하는 인도자라고 볼 수 있다.

유성연의 이야기는 김자홍의 이야기와 대비되어 시너지 효과를 제공한다. 김자홍은 현실에서 힘들고 어렵게, 큰 복이나 복권 당첨도 누리지 못하며, 결혼도 하지 못한 채 다소 이른 나이에 죽음을 맞이한다. 열심히 살았지만 그에 비해 큰 행복이나 복을 받지 못했던 어쩌면 억울하게도 보일 수 있는 인생이자 죽음이라고 할 수 있다. 그러나 저승에서는 이승에서 그렇게 착하고 선량하게 산 대가로 진기한과 같은 변호사를 만나서 인간으로 환생하게 된다. 그리고 김자홍의 그러한 삶은 후에 김자홍의 친구나 가족들에게도 좋은 영향을 미쳐 그들이 지옥에 가지 않을 수 있는 역할도 제공한다. 그러나 2소대장은 권력과 돈으로 눈앞의 곤란한 문제를 은폐하려 했지만, 결국 모든 것이 탄로가 나서 처벌을 받게 되는 동시에 저승에서도 가중처벌을 받을 것이 예고되어 있다. 그리고 억울한 죽음으로 묘사된 유성연의 변호는 김자홍의 변호로 이미 그 능력을 인정받은 진기한이 맡게 된다. 비록 유성연이 자신의 억울한 죽음으로 인해 원귀가 되어 여러 가지 죄를 저질렀지만, 진기한이 변호를 함으로서 유성연도 결국 좋은 결말을 얻게 될 것임을 독자들은 예상하는 것이다.

〈신과 함께〉의 두 이야기는 하나는 저승에서, 하나는 이승에서 이뤄지며 '죽은 영혼을 인도한다'는 공통점만 존재하는 것으로 보인다. 그

---

30 강림도령과 월직차사 이덕춘이 유성연의 한을 풀어주는 동안 일직차사 해원맥이 과로에 시달리는 장면, 갓 태어난 아기의 영혼을 데려 온 해원맥이 환생한 김자홍의 영혼을 그 아기의 부모에게 다시 인도하는 장면 등도 무자비하고 잔혹하다는 저승차사에 대한 일반적인 선입관을 깨트리는 설정이다.

러나 두 이야기는 현재를 살아가면서 겪을 수 있는 억울함, 현세의 삶에서 느끼는 불공평함을 서로 다른 각도에서 보여주고 있다. 이는 부정하고 돈과 권력이 팽배한 현실에서 평범한 소시민으로 선량하게 사는 것이 손해를 보는 일이고 때로는 억울한 일도 겪지만 결국 그 모든 것은 저승에서 합당하게 보상, 혹은 처벌을 받을 것임을 시사하고 있는 것이다. 그리고 이것을 보는 독자들은 현실에 대한 불만을 어느 정도 해소하는 한편 '그럼에도 불구하고' 조금 더 선량하게 살아야겠다고 한 번 더 다짐하게 된다.

4. 신화적 상상력이 주는 공감대

인간은 누구나 죽음과 그 후의 세계에 대한 두려움을 가지고 있다. 그것은 가보지 않은 세계에 대한 두려움인 동시에 혹시나 내가 모르게 지은 죄로 인해서 죽은 후에 고통이 뒤따르지 않을까 하는 공포이다. 〈신과 함께〉는 이러한 두려움과 공포를 한국의 전통 신화, 즉 '우리의 신화'를 통해서 보여줌으로써 해소하고 있다. 한국의 서사무가에서 '바리데기'는 인간이었음에도 불구하고 저승에서 오랜 시간을 보내고 신이 된 인물이다. 그리고 죽은 이들의 영혼을 극락으로 인도하기 위해서 노력하는 존재이기도 하다. 이러한 우리 전통 신화 속의 인물을 '진 기한'이나 '저승삼차사' 등으로 구현하여 선량하게만 산다면 이들이 우리를 지옥의 심판에서 변호해 줄 것이라는 세계관을 보여주고 있다. 그리고 다른 나라의 저승이 아닌 같은 정서를 공유하는 우리 신화의 저승을 통해 그려냄으로써 이루어짐으로서 정서적 안정감까지 함께 획득하게 되는 것이다.

또한 작가가 재해석한 저승의 현대적 이미지는 현실을 반영하는 동시에 작품에 더욱 몰입할 수 있게 하는 힘을 제공한다. 김자홍과 진기한은 '의령수'가 있는 나루터를 거쳐 '삼도천'을 건너야 제2 초강대왕의 화탕지옥으로 갈 수 있다. 원전에 나타난 삼도천은 강을 건널 때 나루터가 세 군데라고 해서 붙여진 이름이다. 물이 얕아 죄가 가벼운 죄인만 건너는 위 나루터, 금·은으로 만든 다리가 놓여 선인들만 건널 수 있는 가운데 나루터, 물살이 빠르고 깊어 악인이 건너는 아래 나루터의 세 나루터로 이루어져 있다. 그리고 이 나루터에는 현의옹(懸衣翁)과 탈의파(奪衣婆)가 있어 탈의파가 죄인의 옷을 빼앗아 현의옹에게 건네주면 현의옹이 옷을 받아 옆에 있는 의령수(衣領樹)에 걸어 그 무게에 따라 죄의 무게를 달면 그에 의해 강을 건너는 삼도가 정해진다고 한다.

그런데 작가는 이 삼도천을 '정비 사업'으로 직강화되어 위, 중간, 아래의 구분이 없어진데다가 덕분에 세 곳 모두에 독사가 들끓게 된 곳으로 재해석 하였다. 이 부분이 4대강 사업을 비유한 것임은 의심할 여지가 없다. 정비 사업으로 인해서 오히려 환경이 더 안 좋아졌음을 풍자하고 있는 것이다. 그리고 삼도천 정비 사업으로 의령수가 베어진 덕에 죽은 사람의 옷을 벗겨 죄의 경중을 달던 현의옹과 탈의파는 저울로 옷의 무게를 재서 모터보트를 빌려주는 것으로 그 일을 이어 가고 있다. 이러한 요소들은 현재 한국의 모습을 반영함으로써 독자들에게 친근함을 제공하는 한편, 원전의 설정도 함께 알 수 있게 하는 효과를 불러온다.

〈그림 6〉 염라대왕

© 주호민, 2010

원래 염라대왕은 입으로 지은 죄를 심판하는 존재이다. 그러나 인터넷의 발달로 인해 '말'이 아닌 손가락이 치는 자판으로 인한 '글'로 일어나는 죄가 증가함에 따라 그것도 함께 심판하기 위해서 〈신과 함께〉의 염라대왕은 컴퓨터를 사용한다. 염라대왕은 '인간들이 새로운 죄를 창조한다'면서 '혀만 뽑던 시절이 좋았는데 이제는 손가락도 뽑아야 하나'라고 중얼거린다. 작가가 말로 저지른 죄와 인터넷에서 글을 함부로 씀으로 인해서 발생하는 죄를 동일한 것으로 인식하고 있음을 알 수 있다. 이 역시 원래 있었던 염라대왕에 대한 내용을 현대적으로 재해석하여 인터넷이라는 장치를 끌어 온 재치있는 요소이다.

그 밖에도 염라대왕의 업경이 리모트 콘트롤로 가동된다든지, 구글(google) 홈페이지를 패러디한 죽을(Joogle), 스타벅스(Starbucks)를 패러디한 헬벅스(Hellbucks) 등 소소하게 현재 대한민국의 모습을 반영하는 요소는 웃음과 함께 현실과의 연결, 작품의 몰입을 더욱 가중시키는 역할을 한다.

또한 〈신과 함께〉의 단행본을 출판하는 출판사에서는 작품에서 웃음과 현대적 해석을 동시에 제공했던 '헬벅스'의 텀블러와 작품에서 주인공이 입었던 '극락 추리닝'을 제작하여 단행본을 구매하는 독자에게 선물로 제공하였다. 한국 신화를 재해석한 작품에서 머무르지 않고 새로운 콘텐츠로 그 영역을 넓힌 것이다. 실제로 이후 〈신과 함께〉 후드티, 헬벅스 머그컵, 업경 미니 클립등 다양한 제품을 계속 선보임으로써 관련 상품의 확장을 보여주고 있다.

그리고 〈신과 함께〉처럼 기존의 콘텐츠를 현대적으로 해석하는데 성공한 경우는 콘텐츠의 영역 확대와 더불어 원전에 대한 흥미를 다시 불러 모으기도 한다. 예를 들어 영국 BBC의 시리즈 드라마인 〈셜록(Sherlock)〉은 아서 코난 도일의 원작인 『셜록홈즈』 시리즈의 재해석을 성공적으로 했다는 평가를 받고 있다. 원전에서 왓슨의 일기가 드라마에서는 블로그로 변화한다든지, 원전에서 신문으로 정보를 접하던 셜록이 아이폰과 인터넷을 통해서 정보를 제공받는 것 등의 현대적 시각부터 원전을 교묘히 패러디하여 만들어낸 탄탄한 스토리는 전 세계적으로 큰 호응을 받았다.[31] 드라마 셜록의 이러한 성공적인 재해석은 '셜록 홈즈' 원전에 대한 관심으로 이어지는 효과를 보였다. 〈신과 함께〉도 한국의 무속 신화나 저승관을 충실히 반영하고 재해석함으로써 그 동안 잘 알려지지 않았던 한국 신화에 대한 관심을 불러일으키는 데 큰 역할을 했다고 여겨진다.

〈신과 함께〉가 주는 메시지는 단순하다. '착하게 살아야겠다'가 그것이다. 그런데 작가는 이 단순하고 당연한 메시지를 만화라는 시각 매

---

[31]   한국의 경우 미리 영국 BBC에서 파일을 받아 더빙판으로 제작한 후, BBC에서 방송한 다음 날 바로 방송할 정도이다. DVD나 블루레이 등도 시즌1부터 시즌3까지 제작되었으며, 시즌4의 DVD와 블루레이도 제작 예정이 확정되어 있다.

체와 한국 전통 신화의 저승관, 만화적 상상력, 그리고 현대를 살아가는 사람들의 모습을 잘 버무려 흡입력 있는 스토리로 제공하고 있다. 그리고 여기에는 비록 지금은 힘들고 어렵지만 착하게 살아 훗날 저승에 갔을 때 진기한 변호사 같은 신을 만나서 지옥에 가지 않기를 바라는 사람들의 소박한 소망 역시 반영되어 있다. 김자홍이 이승에서 행했던 일은 현재를 살아가는 누구라도 저지를 수 있고, 이미 저질렀던 일이기 때문에 그러한 메시지는 더욱 강하게 다가오게 된다. 작가는 한국의 전통 신화가 가지고 있는 보편성인 '착하게 살자'라는 메시지를 현대적으로 재해석하여 진지하지만 유쾌하게 풀어내고 있다. 또한, 이승의 불합리함에도 불구하고 자신의 정체성을 추구하고 현실을 반성하며 삶을 진실하게 살아가기를 바라는 마음 역시 그려내고 있다.

〈신과 함께〉는 〈저승편〉에 이어 〈이승편〉, 〈신화편〉을 통해 역시 한국 사회의 어둡고 힘든 단면을 보여주면서도 이를 긍정적으로 풀어내어 독자들에게 희망과 위로를 전달하고 있다. 또한 저승의 신들만 보여주었던 〈저승편〉과 달리 살아있는 사람들의 삶에서 함께 하는 조왕신, 성주신, 측간 신등 한국의 신들을 다양하게 등장시켜 현대인들이 몰랐던 한국의 신화를 보여주고 있다. 그리고 〈저승편〉에서 등장했던 강림도령, 월직차사, 일직차사는 이 이야기에도 주요 인물로 등장하여 저승편과의 연결고리를 획득한다. 본고에서는 〈저승편〉만을 다루었지만, 〈이승편〉, 〈신화편〉에서도 한국의 신화를 통해 독자들에게 희망과 위로를 전하는 작가의 시선은 이어지고 있는 바, 추후에는 〈신과 함께〉를 전체적으로 살펴보는 작업이 필요하다고 여겨진다.

‖ 참고문헌 ‖

[자료]
주호민, 〈신과 함께 저승편〉, 네이버 웹툰, 2010.

[논문 및 단행본]
강진옥, 「〈바리공주〉의 불교제재 수용양상」, 『국제비교한국학』 18권 2호, 국제비교한국학회, 2010.
김의숙, 이창식, 『한국신화와 스토리텔링』, 북스힐, 2009.
김정희, 『조선시대 지장시왕도 연구』, 일지사, 2004.
김태곤, 『황천무가 연구』, 창문사, 1966.
김태훈, 「지장신앙의 한국적 변용에 관한 연구」, 원광대 박사논문, 2010.
동아일보, 「인기폭발 웹툰 '신과 함께' 2부 시작한 주호민 씨」, 2011.2.16
무비위크, 「'신과 함께' 주호민 작가, "이렇게 재밌는 걸, 왜 아무도 몰랐지?"」, 『무비위크』 464호, 2010.
안병국, 「"저승" 관념에 관한 비교문학적 고찰―저승설화 연구를 위한 시론」, 『한국 사상과 문화』 26권, 한국사상문화학회, 2004.
이상민, 『대중매체 스토리텔링 분석론』, 북코리아, 2009.
이수자, 「저승, 이승의 투사물로서의 공간」, 김승혜 외, 『죽음이란 무엇인가』, 도서출판 창, 1990.
조미라, 「애니메이션에 나타난 신화적 상상력―애니메이션 〈오늘이〉를 중심으로」, 한국콘텐츠학회, 『한국콘텐츠학회논문지』 제7권 제2호, 2007.
조흥윤, 「한국지옥연구―무(巫)의 저승」, 『샤머니즘 연구』 1권, 한국샤머니즘학회, 1999.
최수완, 「한국 웹툰의 문학성―사랑을 통한 주체 확립 과정을 중심으로」, 『이화어문논집』 24·25집, 2007.
한국콘텐츠진흥원, 『2010 만화 산업 백서』, 커뮤니케이션북스, 2010.
_____, 『2013 만화 산업 백서』, 한국콘텐츠진흥원, 2014.
_____, 『2015 만화 산업 백서』, 한국콘텐츠진흥원, 2016.
한상수, 『한국인의 신화』, 문음사, 1980.

III. 매체의 변환

매체적 관점에서 텍스트의 변환 양상 및 의의 고찰

'오늘이' 텍스트를 중심으로

정선희 · 이지양

1. 서론

신화는 OSMU(one source multi use)의 대표적인 텍스트로서 문학과 예술에 모티프를 제공하는 원천이다. 서양의 신화뿐 아니라 우리의 신화도 이와 같은 역할을 충실히 하고 있으며, 다양한 매체로 변용되어 외형을 달리하면서 문학과 문화의 생산과 수용에 영향을 미치고 있다. 신화는 일체화(embodiment) 즉 '동화 체험'을 지향하며, '나 이상의 나'로서의 신령한 주인공에게 자신을 합치시키는 과정에서 자아의 한계를 넘어서 삶의 승격과 완전성을 실현한다.[1] 따라서 신화는 아동들이 세상을 인식하고 자아를 발달시키는 측면에서 의미가 있다.

제주도 무속신화인 〈원천강본풀이(袁天綱本解)〉도 다양한 텍스트들로

---

[1] 신헌재 · 권혁준 · 곽춘옥, 『아동문학의 이해』, 박이정, 2009.

변용되어 재생산되는 신화 중 하나이다. 〈원천강본풀이〉는 오늘이가 부모를 찾기 위해 원천강으로 가는 과정에서 여러 사람들로부터 도움을 얻게 되고 그 대가로 그들의 문제를 해결해 준 뒤, 신녀가 된다는 이야기이다.[2] 이 신화는 아동을 대상으로 하여 동화와 그림책은 물론 애니메이션, 창작극 등 다양한 텍스트로 변형되어 있으며, 초등학교 교과과정에서도 다루어지고 있다. 2007년 개정 교육과정에 의한 3학년 국어 읽기 교과서에는 '오늘이'라는 이야기로 실려 있으며, 2학년 즐거운 생활에서는 애니메이션 〈오늘이〉를 활용하여 학습한다.

현순실[3]은 몇 편의 텍스트를 그 예로 들며, 제주도의 계절 근원 신화인 〈원천강본풀이〉가 동화, 연극, 애니메이션 등 다양한 문화상품으로 거듭나고 있다고 하였다. 〈원천강본풀이〉를 저본으로 하는 '오늘이'라는 제목의 텍스트를 조사해 보면 동화 4편, 그림책 5편, 애니메이션 1편, 전자책 1편, 그 외 창작물 4편이 있다. 동화로는 『한락궁이 원천강 오늘이』(엄혜숙, 1999), 『계절을 여는 아이 오늘이』(초록인, 최현숙, 2005), 『사계절의 신 오늘이』(유영소, 2009), 『오늘이』(송재찬, 2013) 등이 있고, 그림책으로는 『오늘이』(이성강, 2004), 『오늘이』(서정오, 2007), 『오늘이』(허난희, 2008), 『오늘이』(김선우, 2009), 『오늘이』(정하섭, 2010)가 있으며, 애니메이션 〈오늘이〉(이성강, 2003), 전자책 『오늘이』(이성강, 2004)가 있다. 창작극으로는 〈춘하추동 오늘이〉(2003), 〈어린이 음악극 오늘이〉(2008), 〈오늘, 오늘이〉(국악뮤지컬 집단 타루, 2009), 발레로는 〈시간의 꽃 오늘〉(김순정 발레단, 2008) 등이 있다.

---

2   본고는 '박봉춘본'의 '원천강본풀이'의 내용을 가감 없이 정리하였다고 밝힌 신동흔의 텍스트를 저본으로 삼는다(신동흔, 『살아 있는 한국 신화』, 한겨레출판, 2014. 60~68쪽 참고).
3   현순실, 「제주신화 '원천강본풀이' 뜬다」, 『제민일보』, 2006.6.20.

특히, 애니메이션 〈오늘이〉(이성강, 2003)의 경우 인쇄 그림책으로 변형하여 출판하였고, 이를 다시 전자책(e-book)의 형태로 변환하여 전자기기를 이용하여 읽을 수 있도록 하였다. 이처럼 '원천강본풀이'는 서사무가인 노래에서 박봉춘 본과 신동흔 본의 신화와 이들을 저본으로 한 동화, 그리고 영상으로 표현하는 그림책과 애니메이션, 전자책 등 다양한 매체로 변형되어 있다.

매체는 인간이 특별한 의도를 가지고 제작한 것으로 일정한 메시지 전달을 목적으로 한다.[4] 따라서 매체를 달리하여 생산된 텍스트는 매체의 형식적 다름과 함께 내용의 변화를 필연적으로 수반한다. 이것은 텍스트가 특정한 매체로 표현되면서 각 매체의 고유한 특성을 내포하게 되기 때문이다. 어떤 매체를 선택한다는 것은 그 매체의 특성이 불러올 예측하지 못한 효과까지 선택함을 의미하게 된다.[5] 그러므로 신화인 한 텍스트가 동화, 그림책, 애니메이션 등의 매체로 변형되었다면, 각 매체들의 고유한 특성이 전달하려는 의미에도 영향을 미쳤을 것임을 유추할 수 있다.

본고에서는 신화인 '원천강본풀이'를 저본으로 하여 '오늘이'라는 제목으로 창작된 아동용 2차 텍스트를 대상으로 한다. 동화, 그림책, 애니메이션은 공통적으로 2차원적 시각 매체이다. 그러나 동화는 문자로, 그림책은 문자와 영상(관습적 영상)으로, 애니메이션은 영상(디지털 영상)으로 메시지를 전달하는 측면에서 서로 다른 매체라고 할 수 있다. 따라서 분석 대상을 동화, 그림책, 애니메이션으로 매체를 구분할 것이

---

4   주형일, 『영상매체와 사회』, 한울아카데미, 2004, 13쪽.
5   Daniel Chandler, 강인규 역, 『미디어 기호학(Semiotics for bigginer)』, 소명출판, 2006, 31쪽.

다. 그리고 텍스트 분석을 통해 저본에서 2차 텍스트로 매체가 변하는 데에 따른 변환 양상을 찾고, 그 변형된 2차 텍스트는 어떠한 의의를 가지는 가를 탐색하고자 한다.

이를 위해 다음과 같은 연구문제를 설정하였다.

첫째, 매체별 아동용 텍스트 '오늘이'의 변화 양상은 무엇인가?
둘째, 매체 변형된 2차 텍스트는 어떠한 의의를 가지는가?

〈표 1〉 분석 대상 도서

매체	텍스트	특징		추천 연령
동화	사계절의 신 오늘이 (유영소 글, 한태희 그림, 2009)	61쪽	교보	초등1~6학년
			예스24	초등1~4학년
			알라딘	초등1~4학년
	계절을 여는 아이 오늘이 (최현숙 글, 정승혜 그림, 2011)	165쪽	교보	초등1~6학년
			예스24	초등1~4학년
			알라딘	초등3~4학년
그림책	오늘이 (서정오 글, 조수진 그림, 2007)	16장면	교보	4~7세
			예스24	4~6세
			알라딘	4~7세
	오늘이 (김종민 그림, 김선우 글, 2009)	16장면 (CD자료 -11분)	교보	4~7세
			예스24	4~7세
			알라딘	4세~초등2학년
애니메이션	오늘이 (이성강, 2003)	상영시간 16분	전연령	

매체별 변환 양상을 살펴보기 위해서 각 매체별로 텍스트를 선정하고 분석을 하였다. 분석 대상 텍스트는 '오늘이'라는 제목을 사용하는 아동용 텍스트 중에서 매체에 따라 전래동화 2편, 그림책 2편, 애니메이션 1편을 선정하였다.

먼저, 본 연구를 위해 〈원천강본풀이〉의 매체 변형과 관련된 선행연구들을 살펴보았다. 그 결과 원본인 〈원천강본풀이〉의 의미와 해석이 매체가 달라짐에 따라 어떠한 서사의 변형을 가지고 왔는가에 대한 연구[6]가 주를 이루고 있음을 알 수 있었다.

동화와 애니메이션을 비교한 김유진[7]은 동화에서는 본래의 신화적 의미가 삭제되었고, 애니메이션에서는 원래 이야기의 구조와 주제가 변화되어 또 하나의 새로운 이야기가 창조되었다고 하였다. 매체의 변형과 신화의 의미를 서사적으로 분석하고 있다.

그림책으로의 변환을 연구한 김명옥[8]은 서사무가에서 그림책으로 전환할 때 가장 큰 차이점은 문체였으며, 서술적인 면에서도 차이가 있다고 하였다. 다시쓰기 한 그림책들은 장면을 요약하거나 생략함으로써 서사적 긴장감을 떨어뜨렸으며, 결과적으로 그림책은 원저가 지닌 예술성을 살리지 못했다고 주장하였다.

애니메이션과 원저를 서사적 소통의 관점에서 비교 분석한 이종호[9]

---

6   김유진, 「원천강 본풀이의 신화적 성격과 현대적 변용 양상」, 『아동청소년문학연구』 제6호, 한국
     아동청소년문화학회, 2010; 김명옥, 「『원천강본풀이』를 재화한 〈오늘이〉에 나타난 서술전략과
     문체 연구─그림책 을 중심으로」, 『동화와 번역』 제22집, 건국대 동화와번역연구소, 2011; 이종호,
     「서사무가 〈원천강본풀이〉와 애니메이션 〈오늘이〉 비교 연구」, 『온지논총』 제27권, 온지학회,
     2011; 김권호, 「교과서 수록본 「오늘이」의 비판적 검토─「원턴강본푸리」와 어린이용 판본과 의
     비교를 중심으로」, 『우리말교육현장연구』 제6집 1호, 우리말교육현장학회, 2012.
7   김유진, 위의 글, 2010.
8   김명옥, 위의 글, 2011.

는 원전이 굿과 계열화된 서사무가라면 〈오늘이〉는 현대의 애니메이션과 계열화한 담론으로서 새로운 의미를 생성하고 있다고 하였다. 우리 구비문학의 문화콘텐츠화로서의 의미도 언급하면서 어린이용으로 판본으로 변형할 경우 원본의 내용을 살릴 것을 강조하였다.

교과서 텍스트를 비판적으로 검토한 김권호[10]는 신화적 인간의 성장 과정으로서의 여행담이 아닌 효행담으로 이야기가 변화되었다고 하였다. 또한 각색 판본들과의 차이점을 따져 달라진 모티프의 의미가 우리의 신화적 세계관에 비추어 적절하지 않음을 밝히고 있다.

이 밖에도 신화적 모티프를 바탕으로 한 애니메이션에서 중요한 것은 현대적 시각으로 재해석하는 작가의식이라는 결론을 도출한 조미라[11]의 연구와 애니메이션 〈오늘이〉를 매체 활용 문학논술 지도 전략으로 모색한 김명석[12]의 연구, 그리고 자연과 생명에 대한 신화적 대안으로서 '오늘이'를 분석한 이명현[13]의 연구가 있다.

이상의 선행연구를 통해서 신화(서사무가)가 동화, 그림책, 애니메이션, 교과서 읽기 텍스트 등으로 변이하는 과정에서 서사적인 측면의 이야기 구조와 주제가 바뀌거나 축소되었음을 알 수 있었다. 또한, 변이된 아동용 텍스트가 예술적, 교육적인 측면에서 검토가 시도된 것은 의미 있다고 할 수 있다. 그러나 각각의 텍스트를 고유한 특성을 갖는 매

---

9 이종호, 위의 글, 2011.
10 김권호, 위의 글, 2012.
11 조미라, 「한국 장편 애니메이션의 서사적 특성 연구」, 『방송공학회지』 10권 제1호, 한국방송·미디어공학회, 2005.
12 김명석, 「영상매체를 활용한 문학논술 지도 전략―애니메이션 〈오늘이〉 수업 사례를 중심으로」, 『우리문학연구』 제28호, 우리문학회, 2009.
13 이명현, 「오늘이에 나타난 자연과 생명에 대한 신화적 대안」, 『동아시아고대학』 제33집, 경인문화사, 2014.

체로 인식하는 매체적 관점에서의 연구는 미흡한 것으로 보인다. 매체를 변형하여 창작된 2차 텍스트는 서사적인 측면 뿐 아니라 또 어떠한 변형을 가져 왔고, 이와 같은 2차 텍스트는 어떠한 의미를 가지는가에 대한 논의가 이루어져야 할 필요가 있다.

한편, 본고에서의 '서사'는 선행연구에서의 '서사'와는 범위가 다르다. 서사(narrative)는 이야기(story)와 담론(discourse)으로 이루어져 있다.[14] 사건들의 내용과 그 연쇄를 나타내는 것을 이야기라 하고, 그 이야기가 표현 또는 전달되는 방식을 담론이라 한다. 이런 측면에서 선행연구에서의 '서사'는 '이야기'에 해당한다고 볼 수 있다. 본 연구에서는 매체가 변형됨으로써 나타나게 되는 텍스트의 내용과 전달 방식의 변화를 중심으로 분석과 논의가 진행된다. 따라서 본고에서의 '서사'는 '이야기'와 '담론'을 모두 포함하고 있다.

2. '오늘이' 텍스트의 매체별 변환 양상

제주도 무속신화 〈원천강본풀이〉는 두 가지의 해석을 내포하고 있다. 첫째는, 오늘이가 부모를 만나기 위해 원천강을 여행하는 여행담이자 탐색담이다. 오늘이가 부모를 찾기 위해 원천강으로 가는 과정에서 장상이, 연꽃나무, 큰 뱀, 매일이, 옥황의 시녀를 만나 그들에게 도움을 받게 되고 그 대가로 그들로부터 과제를 받게 된다. 원천강에 도착하여

---

14   S. Chatman, 한용환 역, 『이야기와 담론(*Story and discourse structure in fiction and film*)』, 푸른사상, 2012, 20~21쪽.

부모를 만나고 부모로부터 답을 얻어 돌아오는 길에 각각의 과제를 차례로 해결한 후, 신녀가 되어 인간 세상의 곳곳에 원천강을 등사하는 일을 하게 된다는 내용의 이야기이다. 둘째는, 자신의 삶을 능동적으로 창조하고 나아가 인간 세상에 계절의 질서를 부여하는 신으로 거듭나는 과정을 그린 신화이기도 하다. 부모로부터 버림받은 인간 세상 아이 오늘이가 원천강(天上)의 부모(神)를 찾아가지만 그 부모에게서 머무르지 않고 과제 해결을 위한 자신의 길을 떠남으로써 자신 또한 신이 된다는 이야기이다.

신화 '원천강본풀이'가 동화, 그림책, 애니메이션으로 매체를 달리하여 아동용 텍스트로 변환되는 과정을 살펴보겠다.

1) 동화-등장인물 변화와 서사

(1) 새로운 등장인물을 부가한 『계절을 여는 아이 오늘이』

『계절을 여는 아이 오늘이』에서는 작가의 말을 통해서 저본이 되는 '원천강본풀이'의 해석과 재구성의 정도, 창작의 의도를 밝히고 있다.[15] 이를 정리하여 보면 이 동화는 신화를 주제로 하고 있고, 내용은 변경하지 않았지만 새로운 인물을 등장시켜 흥미를 더하였으며, 감동과 교훈을 줄 수 있도록 재창작하였음을 알 수 있다.

먼저, 주인공인 오늘이에 대해 살펴보면, 인물의 설정이 저본과는 다름을 알 수 있다. 저본에서는 오늘이가 강림들에서 솟아났다고만 할 뿐 그 이외의 탄생 배경에 대해서는 아는 것이 아무 것도 없다. 그래서

---

15   최현숙, 『오늘이』, 교학사, 2011, 166~167쪽.

오늘이를 발견한 사람들이 오늘을 낳은 날로 하여 오늘이라는 이름을 지어주게 된다. 그리고 강림들에 홀로 사는 어린 오늘이에게 학이 날아와 야광주 한 개를 물려주며 생존을 도와준다. 즉, 저본에서는 주인공 오늘이의 탄생에 대한 무지로 인해 비논리적이지만 다양한 상상이 가능하며, 학이 키우는 신성하고 특별한 인물임을 상징적으로 나타내고 있다.

이에 반해, 『계절을 여는 아이 오늘이』의 경우에는 강남국의 '강림들'이라는 들판을 배경으로 하여, 여행에서 돌아오는 백씨부인이 대여섯 살쯤 된 여자아이 오늘이를 발견한다. 백씨부인의 '얼마나 모진 부모이기에 이런 곳에다 어린 자식을 버리고 갔을꼬'라는 생각은 오늘이가 부모로부터 버림받은 아이라는 것을 알려준다.[16] 오늘이가 버림받은 아이라는 이와 같은 설정은 "어차피 넌 엄마 아빠에게 버림받은 아이니까. 네 부모님은 아마 아주 멀리 도망가 버렸을 걸?"이라는 유선의 말 속에서 반복된다.[17] 즉, 오늘이는 대여섯 살 여자 아이로서 강림국의 강림들에 부모로부터 버려진 아이라는 것이다. 이와 같은 출생 배경은 부모로부터 버림받은 오늘이가 백씨 부인의 보살핌으로 성장한다는 개연성에 초점을 두고 있다는 것을 알 수 있다.

이 텍스트에는 새롭게 창조된 인물들이 여럿 등장한다. 말하는 흰 다람쥐인 다람이, 까만 염소, 유선이, 삼신할머니, 강림차사, 홍도깨비, 청도깨비, 문어, 남자 차림의 아가씨 등이다. 다람이와 사람들과의 만남은 오늘이를 발견하게 되는 계기가 되며, 다람이는 오늘이와 여행을

---

16   최현숙, 『오늘이』, 교학사, 2011, 15쪽.
17   위의 책, 23쪽.

같이 하며 정보를 제공하는 인물이다. 엄마 학은 다람이와 함께 오늘이를 위해 부모님이 보내준 원천강의 동물로서 오늘이를 보살피며 돕는 역할을 한다. 또한, 삼신할머니와 강림차사는 오늘이가 원천강으로 부모님을 찾아 여행을 떠나는 결정적 동기를 제공하며 오늘이를 돕는다. 이 두 인물과 조왕할머니는 우리나라의 여러 신에 대해 어린이들에게 알리고자 하는 교육적인 의도에서 삽입된 것으로 보인다.

한편, 갈등을 일으키는 인물로 유선이를 창조하여 등장시킨다. 유선이는 꽃을 함부로 꺾고 동물들을 괴롭히며, 어른들의 사랑을 독차지 하는 오늘이에게 시비를 걸고 독설을 뱉는 등 오늘이를 괴롭히며 갈등을 키우는 인물이다. 그러나 오늘이가 없는 동안 아픈 백씨 부인을 대신하여 꽃밭을 가꾸었으며, 돌아온 오늘이에게 사과하며 반성하는 모습을 보임으로써 도덕적 성장을 보인다.

재미를 주는 요소로서 별충당을 찾아가는 과정에는 홍도깨비와 청도깨비를 등장시키고, 청수바다에서는 약한 새끼 거북을 괴롭히는 문어를 등장시키고 있다. 뿐만 아니라 매일이 아가씨에게 여자로서 세상살이의 불평등함을 큰소리로 묻는 남자 차림의 한 아가씨가 있다. 이 아가씨는 남녀가 평등한 세상을 만들어야 한다는 교육적인 메시지를 드러내기 위해 창조된 인물이다.

이처럼 새로운 인물들을 창조하여 등장시킴으로써 이들과 관련된 작은 사건들이 만들어져서 이야기를 더욱 풍요롭게 하고 서사의 분량을 늘리는 효과를 가져왔다. 또한, 아동들이 좋아하는 다람이(다람쥐), 염소, 도깨비, 문어 등의 등장인물은 신화를 친근하게 느끼도록 하는 재미 요소로써 활용되었다. 또래인 유선의 성장은 교훈적이며, 삼신할

머니, 강림차사, 조왕신의 등장은 우리의 신에 대한 정보를 제공하고,
여신 이야기라는 큰 주제에 부합되도록 남자 차림의 아가씨를 등장시
켜 양성평등이라는 사회문제를 생각하도록 하는 등 인물은 교육적인
효과를 가져 오는 장치이다.

〈표 2〉『계절을 여는 아이 오늘이』에서 창작된 인물과 역할

등장인물	역할	효과
다람이	오늘이의 친구. 여행의 동반자이자 안내자.	다람쥐의 발화와 행동으로 인한 유희적 효과.
엄마 학, 까만 염소	오늘이의 친구.	동물을 등장시켜 친근함과 재미를 유도하는 유희적 효과.
삼신할머니, 강림차사, 조왕할머니	오늘이를 돕는 등장인물.	우리나라의 신을 소개하는 교육적 효과.
유선이	오늘이를 괴롭히는 갈등 관계의 등장인물.	자신의 잘못을 반성하고 성장하는 교육적 효과.
홍도깨비, 청도깨비, 새끼 거북, 문어	오늘이가 여행 중 만나게 되는 등장인물.	재미를 살리는 유희적 효과.
남자 차림 아가씨	오늘이가 여행 중 만나게 되는 등장인물.	남녀평등을 강조하는 교육적 효과.

(2) 등장인물의 성격을 구체화한 『사계절의 신 오늘이』

『사계절의 신 오늘이』는 저본과 비교하여 보면 등장인물과 내용면
에서 큰 변화는 없다. 저본에 충실하게 어휘와 문장을 어린이 수준에
맞게 쉽게 고치고 공손한 입말체로 바꾸어 어린이들에게 이야기 해주
는 것과 같은 문체로 변경한 정도라고 할 수 있다. 예를 들어 〈표 3〉에
서 이야기가 시작되는 부분을 저본과 비교하여 나타내었다.

저본 (신동흔 본)	『사계절의 신 오늘이』
아득한 옛날, 적막한 들에 옥 같은 여자 아이가 외로이 나타났다. 아이를 발견한 사람들이 물었다.	그 아이는 참 고왔어. 말간 눈이 유난 또렷해서 자꾸 눈이 갔지. 입술을 앙다물어도 순해 보였어. 이 참한 아이가 누굴까, 사람들은 궁금해서 물었어.

그러나 서술방식에 있어서는 저본과 차이가 있음을 알 수 있다. 두 텍스트를 비교해 보면 공통적으로 3인칭 시점에서 서술되고 있지만, 저본이 객관적 시각인 반면 『사계절의 신 오늘이』는 전지적인 시점에서 서술되고 있다. 저본의 객관적(중립적) 서술자는 주관성을 배제하고 관찰자의 시점에서 인물의 말과 행동을 객관적으로 묘사하여 독자로 하여금 현장감을 느끼게 한다. 반면, 『사계절의 신 오늘이』의 전지적 서술자는 과거와 미래는 물론 등장인물의 내면세계까지 알고 있으며 동시에 독자의 시대에도 살고 있는 전지전능한 사람이다. 이와 같은 전지적 서술자는 독자에게 믿음을 주고 편안함을 주어 독자를 수동적으로 만든다.[18]

이와 같은 서술 방식의 차이는 등장인물의 묘사에도 차이를 가져오는 것으로 나타난다. 『사계절의 신 오늘이』에서는 주요 등장인물인 오늘이, 장상이, 연꽃나무, 큰 뱀, 매일이를 묘사할 때 구체적이고 평가적으로 서술하고 있다. 서술자는 오늘이의 외모가 '곱'다, 눈은 '말갛고 또렷'하다, 입은 '앙다물'고 있다고 구체적으로 묘사하였으며, 성격은 '순'하여 거짓됨이 없는 아이라고 평가하고 있다. 장상이는 푸른 옷을 입고 또랑또랑한 목소리를 가지고 있다고 외형을 묘사하였고, 힘찬 목

---

18   이지은, 『소설의 분석과 이해』, 연세대 출판부, 2010, 56~64쪽.

소리를 통해 활동적이고 건강한 사람이지만 출입이 자유롭지 못한 불만족스런 삶을 살고 있는 사람이라고 평가하고 있다. 매일이의 경우에도 또랑또랑 맑게 글을 읽는 소리로 똑똑하고 지혜로우며 심성이 고울 것이라고 말한다. 또한 장상이와 매일이가 이렇게 글만 읽고 있는 원인은 벌을 받고 있기 때문이라는 독자가 알지 못하는 추가적인 정보를 준다. 따라서 독자는 모든 것을 다 알고 있어 많은 정보를 알고 전달하는 전지적 서술자를 신뢰하게 된다.

이 텍스트의 주요 인물들의 묘사를 저본과 비교하여 정리하여 보면 〈표 4〉와 같다.

〈표 4〉『오늘이』 주요 등장인물 묘사 비교

등장인물	저본 (신동흔 본) 내용	『사계절의 신 오늘이』
오늘이	옥 같은 여자 아이, 강림들에서 솟아남	참 곱고, 말간 눈이 유난 또렷했으며 입술을 앙다물어도 순해 보였다, 들에서 나고 삶
장상이	글 읽는 도령, 청의동자, 하늘의 분부로 언제나 글만 읽음	푸른 옷을 입은 도령, 또랑또랑 고요하면서도 힘찬 목소리, 벌을 서느라 자유로이 즐겁게 살지 못함
연꽃나무	연화못 가의 연꽃나무, 맨 윗가지에만 꽃이 피고 다른 가지에 피지 않는 팔자	연화못 가의 큰 연꽃나무, 윗가지에만 딱 한 송이 꽃이 피고 나머지는 꽃이 피지 않는 나무, 일 년 내내 뿌리와 가지와 이파리에 공을 들이는데 꽃을 못 피우는 가지를 보면 속상함
큰 뱀	청수바닷가에 누워서 구르고 있는 큰 뱀	커다란 이무기, 몸이 스무 자도 넘는 기다란 이무기, 오늘이가 무섭지 않게 조심스럽게 헤엄을 치면서도 꼬리만큼은 힘차게 움직임
매일이	별층당 위에 앉아 글을 읽고 있는 한 처녀, 글만 읽고 읽는 팔자	또랑또랑 맑게 글을 읽는 아가씨, 밤낮으로 책을 읽어야 하는 벌을 받음

『사계절의 신 오늘이』에서는 등장인물의 외형을 자세히 묘사하고 성격을 부가하여 등장인물을 구체적으로 형상화함으로써 동화(전래동화)로 변형되었음을 알 수 있다. 등장인물을 현실적으로 이해 가능하게 재현함으로써 등장인물에 대한 더욱 많은 정보를 주어 독자로 하여금 이야기의 틈을 메워 쉽게 텍스트를 읽을 수 있도록 하였다. 또한 저본에는 없는 창조된 등장인물은 텍스트 내적으로는 유희적 효과를 가져왔고, 텍스트 외적으로는 교육적 효과를 주었다.

2) 그림책 - 글과 그림의 역할 분담

1) 그림으로 이야기하는 『오늘이』(서정오 글, 조수진 그림, 2007)

'서정오 선생님이 들려주는 우리 신화'라는 부제가 달린 그림책 『오늘이』는 저본의 내용 중 중심 사건만을 남겨 차례대로 글과 그림으로 표현한 16장면의 펼친 면으로 되어 있다. 이 그림책의 글은 이야기 진행을 위한 최소한의 정보만 제공할 정도로 짧게 기술되어 있고, 그림은 인물과 배경에 대한 구체적인 정보를 제공한다.

먼저 글을 살펴보면, 저본에서는 오늘이를 발견한 사람들과 오늘이와의 직접 대화를 통해서 오늘이에 대한 정보가 서술되는데 반해, 서정오의 『오늘이』에서는 전지적인 화자에 의해 서술된다. 글에서는 등장인물들이 나누는 대화체 문장들과 인물 묘사 그리고 사건과 사건을 연결해주는 인과관계에 해당하는 부분이 생략 또는 축소된다. 따라서 사건과 사건의 사이에는 많은 이야기의 틈이 존재한다.

이 그림책의 그림은 밝고 화려하며 환상적인 분위기의 민속적인 기법으로 표현되어 있다. 그림은 등장인물과 배경에 대한 정보를 도상 이미지로 묘사함으로써 문식성이 낮은 아동들도 이야기를 구성하고 이해하기에 쉽도록 하였다. 또한, 그림은 가장 이해하기 쉬운 커뮤니케이션 매체로서 메시지를 감정에 호소하기 때문에 정서적으로 큰 영향을 미친다.[19] 따라서 이 그림책에서의 그림은 인물과 배경의 묘사와 분위기를 통해 정보를 전달함으로써 독자들에게 이야기 구성의 용이함과 감상의 근거를 마련해 주고 있다.

따라서 이 그림책의 그림은 글로 표현되지 않은 정보를 제공함으로써 서사의 틈을 메우며 내용을 보완 또는 확장하는 역할을 한다. Nikolajeva[20]는 언어와 이미지의 상호작용에 따라 5가지로 유형화하였다. 이에 따라 글과 그림의 상호작용을 살펴보면, 서정오의『오늘이』는 이 유형들 중에서 글과 그림이 서로의 스토리를 보완하고 서로 부족한 점을 보충해 주는 상보적 유형에 해당한다고 할 수 있다.

Roland Barthes[21]는 도상적 메시지에 대해 언어학적 메시지의 기능을 정박(ancrage)과 중계(relais) 구분하였다. 정박은 주로 이미지 중심의 매체에서 언어가 이미지의 의미를 고정시켜 이미지의 다의성을 한정해 주는 경우에 해당한다. 중계는 대표적으로 만화에서처럼 언어와 이미지가 서로 보충적인 역할을 하는 경우를 말한다. 따라서 이 그림책의 경우, 글과 그림이 서로 내용을 보충하고 있어서 글과 그림의 관계에서 볼 때 정박에 해당하는 것을 알 수 있다.

---

19 주형일, 『영상매체와 사회』, 한울아카데미, 2004, 17~18쪽.
20 Maria Nikolajeva, 조희숙 · 지은주 · 신세니 · 안지성 · 이효원 역, 『아동문학의 미학적 접근(*Aesthetic approaches to children's literature : An introduction by Maria Nikolajeva*)』, 교문사, 2009, 283~284쪽.
21 Roland Barthes, 김인식 편역, 『이미지와 글쓰기』, 세계사, 1993, 94쪽.

〈그림 1〉 원천강에서의 오늘이 (첫 번째 펼친면)

〈그림 1〉을 살펴보면 커다란 학을 타고 날고 있는 오늘이가 구멍을 기운 치마를 입고 있지만 머리에는 붉은 꽃을 꽂고 오색의 꽃다발을 손에 쥔 채 펼친 면의 중앙에 그려져 있다. 오늘이의 커다란 둥근 얼굴은 큰 눈과 살짝 벌어진 입 모양을 하고 있어서 웃고 있음을 알 수 있다. 그리고 파란 밤하늘에 모양이 다른 달이 다섯 개 떠 있고 별들이 반짝이고 있는 배경은 환상적인 분위기를 나타내고 있다. 글로는 표현되지 않았던 오늘이의 행복한 감정과 오늘이를 둘러 싼 신비한 상황들이 그림에서는 잘 표현되어 있다.

백주할머니와 오늘이가 만나는 두 번째 펼친 면의 그림에서도 백주할머니에 대한 정보를 그림으로 나타내고 있다. 아래의 〈그림 2〉를 보면, 백주할머니는 흰머리를 쪽 지어 비녀를 꽂고 노랑 저고리에 남빛 치마를 입고 있으며 검은 빛이 도는 커다란 황소를 타고 있다. 이 그림은 백주할

하루는 강림들 복쪽에 사는 백주할머니가 지나가다 말했어.
"애야, 오늘아, 네 어머니 아버지는 원천강 부모궁에 살고 있단다.
강림을 복쪽 흰 모래밭을 지나 소나무 언덕에 있는 청자를
찾아가면 길을 가르쳐 줄 사람이 있을 게다."
그 말을 들은 오늘이는 어머니 아버지를 찾아가기로 마음먹었어.
낭김승 길들을 동부들에게 인사를 하고 나서
곧장 강림들을 떠났지.

〈그림 2〉 오늘이와 백주할머니가 만나는 그림 (두 번째 펼친면)

머니의 나이를 가늠하게 해주고 성공적인 결혼생활을 한 여성임을 의미

하고 있다. 더욱이 백주할머니가 풍요와 힘의 상징인 커다란 소를 타고

있는 것으로 미루어 보아 비범한 인물임을 상징적으로 나타내고 있다.

양면에 걸쳐 그려진 사선 구도의 그림은 백주할머니는 왼쪽 면 위쪽

에 오늘이는 오른쪽 면 아래쪽에 위치하여 두 사람 사이의 공간적인 거

리감을 느끼게 하며, 권위 또는 능력을 지닌 백주할머니와 결핍 또는

능력 부재 상태의 오늘이를 대비하고 있다. 따라서 우연히 길에서 만난

백주할머니가 오늘이를 알아보고 부모의 거처와 찾아가는 방법을 알

려주는 비논리적인 일이 자연스럽게 받아들여지도록 한다.

이상을 정리하여 보면, 그림책『오늘이』(서정오, 이수진 그림)는 저본에

비해 서사가 생략 또는 축소되었다. 글은 중심 사건만을 짧게 서술하고

있고, 그림은 밝고 화려하며 환상적인 분위기의 민속적인 기법

으로 표현되어 있다. 또한, 그림은 오늘이와 백주할머니의 묘사에서 살펴본 것처럼 인물과 배경에 대한 구체적인 정보를 제공하고, 그림이 가진 매체의 특성으로 인해 감정에 호소하여 정서적인 반응을 유도하는 역할을 하고 있다. 이 그림책에서 글과 그림은 서사를 구성함에 있어 서로의 정보를 보완 또는 보충해 주고 있다. 따라서 이 그림책에서 글과 그림의 관계는 정박에 해당하며, 글과 그림은 상보적으로 상호작용하고 있음을 알 수 있다.

(2) 시와 노래로 이야기하는 『오늘이』(김선우 글, 김종민 그림, 2009)

'한솔 알강달강 옛이야기' 시리즈 중의 하나인 그림책 『오늘이』 역시 16장면의 그림으로 이루어진 그림책으로 저본에 가까운 어휘와 내용으로 서술되어 있다. 글은 그림과 함께 제시되며, 예스러운 모양의 글자체를 사용하였다. 그림은 수채화 기법으로 인물과 배경은 비교적 단순하게 표현되어 있고 밝고 가벼운 분위기를 느낄 수 있다. 전체적으로 환상적인 분위기를 만들기보다는 예스러운 분위기를 살려 사실적이라는 느낌이 들게 한다. 등장인물들의 얼굴과 복장은 과거 우리 민족의 모습을 하고 있고, 배경에 그려진 초가집과 기와집, 우물 등은 우리 조상들의 주거 형태로서 낯설지 않다.

앞에서 분석한 서정오의 『오늘이』에서처럼 이 텍스트에서도 중요한 사건을 중심으로 서사가 진행된다. 그런데 다른 텍스트들과는 달리 이야기 중 두 부분이 시로 표현되어 있다. 한 부분은 원천강 문지기 앞에서 통곡하며 오늘이가 하소연하는 부분으로 오늘이가 어렵사리 원천강에 도착하였으나 문지기가 앞을 가로막고 문을 열어주지 않자 눈물을 흘리며 한탄을 하는 내용이다. 이 부분은 서사의 절정에 해당하며, 부모님에 대한 그리움과 원통함을 쏟아놓는 곳으로 독자는 시를 통해 오늘이의 감정에 몰입하고 공감하게 된다. 그리고 다른 한 부분은 원천강의 사계절을 묘사하는 부분으로 봄, 여름, 가을, 겨울을 시로 묘사한다. 이 시는 반복적인 구조와 운율로 계절의 특징을 노래한다.[22]

〈표 5〉 시로 표현하고 노래로 부르는 부분

원천강 문 앞에서 우는 부분	사계절을 묘사하는 부분
들판에 홀로 자란 외로운 아이 오늘이가 머나먼 길을 건너 부모님을 찾아왔네. 이 문 안에 내 부모 있으련만 문 하나 사이에 두고 만나질 못하니 이내 마음이 서럽고 서럽구나. 어머님, 아버님, 나는 오늘이라오.	다시 만난 오늘이와 부모님은 함께 원천강을 둘러보았단다. 아름다운 원천강에는 문이 네 개 첫 번째 문을 여니 온갖 꽃 내음 가득하고 두 번째 문을 여니 푸른 나뭇잎 손짓하네. 세 번째 문을 여니 온갖 열매 익어가고 네 번째 문을 여니 흰 눈이 소복하네. 원천강엔 봄 여름 가을 겨울이 함께 사는구나.

　　오늘이와 부모님이 원천강의 사계절을 둘러보는 장면에는 하나의 펼친 그림에 4개의 대문과 사계절이 함께 그려져 있다.

　　즉, 글이 서술하고 있는 정보를 그림이 반복하여 표현하고 있다. 글이 그림의 내용을 한정하고 있어서 글과 그림의 관계에서 볼 때 정박에

22　이 그림책의 독특한 점은 CD가 포함되어 있어서 청각 텍스트로 변형한 듣기 자료도 활용할 수 있다는 것이다. 부드러운 목소리의 여자 성우가 전체적으로 이야기를 진행하며, 직접 발화인 경우에는 어린이 목소리의 성우가 오늘이를 연기하고 다른 등장인물도 그에 맞게 성우들이 이야기하고 있다. 또한 배경음악으로 국악이 사용되고 있는데, 부모를 찾아가는 과정은 느린 템포로, 그리고 약속을 지키기 위해 다시 돌아오는 과정은 빠른 템포로 연주되어서 오늘이의 감정을 음악으로 표현하고 있다. 따라서 『오늘이』(김선우 글, 김종민 그림)는 공감각적인 그림책 읽기가 가능하다. 이는 그림책에 시와 음악을 결합함으로써 그림책이 다른 장르 또는 다른 매체와도 융합 가능함을 시사한다.

해당하는 것을 알 수 있다. 또한, 글과 그림의 상호작용 측면에서는 글과 그림이 같은 정보를 반복하면서 똑같은 스토리를 전달하고 있는 대칭적 유형에 속한다고 할 수 있다.

김선우의 『오늘이』는 글이 중심이 되어 이야기를 서술하고 있으며, 글의 내용을 그림으로 반복적으로 또는 보완하여 보여주며 글과 그림이 서로 상호작용하며 역할을 분담하고 있음을 알 수 있다. 또한, 이야기와 그림 그리고 시로 이야기를 구성함으로써 아동에게 문학 감상의 폭을 넓혀줄 뿐만 아니라, 그림책이 다른 장르 또는 매체와도 융합 가능한 텍스트임을 보여준다.

3. 애니메이션의 변형된 주제와 시청각적 유희

1) 애니메이션 〈오늘이〉가 보여준 새로운 해석

애니메이션 〈오늘이〉(이성강, 2003)는 원천강에서 행복하게 살던 오늘이가 뱃사람들에 의해 납치되었다가 간신히 살아나서 행복하게 살던 자신의 원천강으로 돌아가는 과정을 그린 이야기이다. 애니메이션의 시작은 어둠에 쌓인 원천강을 배경 이미지로 하여 공간적인 배경과 함께 주인공을 설명하는 텍스트가 자막에 나타난다. 즉, 이름도 태어난 곳도 알지 못하는 한 여자 아이가 학과 여의주를 가지고 원천강에서 살았다는 것이다. 그러나 저본에 의하면 오늘이는 인간세상인 강림에서 태어나 살았으며 그의 부모국은 신계(神界)인 원천강이라고 한다. 이처럼 첫 장면부터 애니메이션은 저본과는 다른 새로운 이야기로 시작한다.

저본과 애니메이션 모두 결핍을 채우기 위한 탐험스토리라 할 수 있는데, 목적지가 공통적으로 원천강이다. 그러나 두 텍스트에서 의미하는 원천강의 의미는 상이하다고 생각된다. 애니메이션 〈오늘이〉에서의 원천강은 오늘이가 살던 곳(집)으로 안전하고 행복한 곳으로 시련과 오랜 여행 끝에 돌아가게 되는 곳이다. 이에 반해, 저본의 원천강은 신계로서 오늘이가 살던 곳(집)이 아니라 시련과 오랜 여행 끝에 도달하게 되는 성장의 장(場)이 되는 곳이다.

한편, 저본에서는 오늘이가 다른 등장인물들의 도움으로 원천강에 도착한 후 이들과의 약속을 지키기 위해 인간세상으로 돌아온다. 선녀가 된 후에도 계절을 주관하는 신이 되어 인간세상으로 다시 내려온다. 그러나 애니메이션에서는 오늘이에게 도움을 준 이들과의 약속이 용에 의해 우연히 연속적으로 이루어지며, 약속을 해결하고자 하는 오늘이의 자발적인 의지가 나타나지 않는다.

따라서 저본에서는 '잃어버린 부모를 찾아 자신의 정체성을 확인하고 나아가 여신이 되는 오늘이의 이야기'가 주제라면, 애니메이션에서는 오늘이의 여행을 아름답고 재미있게 시각화하여 '오늘이의 집 찾기'라는 다소 가벼운 주제로 변경되었다고 할 수 있다.

2) 애니메이션 〈오늘이〉 등장인물의 역할 변화

애니메이션 〈오늘이〉에서는 백씨부인, 옥황상제의 시녀들, 문지기, 오늘이의 부모, 옥황상제가 생략되었고, 오늘이를 납치하고 야아(학)에게 화살을 쏘는 뱃사람들을 창조하여 등장시켰다. 생략된 백씨 부인을 대신하여 오늘이가 원천강으로 떠나는 계기를 마련해 주는 것은 새롭게 창작된 인물인 뱃사람들이다. 오늘이는 뱃사람들로 인해 원천강을 떠나게 되고 학을 잃게 된다. 즉, 뱃사람들을 창조하여 등장시킴으로써 오늘이의 적대자 또는 맞서는 사람이 분명해 진다. 옥황상제의 시녀들, 문지기, 부모, 옥황상제 또한 생략되었는데, 이로 인해 하늘세상(神界)과 관련된 에피소드들이 모두 없어지게 된다. 따라서 여행을 무사히 마친 오늘이가 나중에 신이 되는 이야기에서 자신의 고향인 원천강을 찾아 돌아가는 여행 이야기로 그 내용이 축소된다.

한편, 애니메이션 〈오늘이〉에서는 용의 역할이 강조되어 있음을 알 수 있다. 용이 영상에 등장하는 시간은 약 5분정도로 오랜 시간동안 이야기를 진행하는데, 이를 통해 용이 단순 조력자 이상의 중요한 인물임을 알 수 있다. 한다. 이무기는 오늘이를 얼어붙은 원천강에 데려다 주었고, 그 이후에도 갈라진 땅속으로 추락하는 오늘이를 구하기 위해 자신의 많은 여의주들을 포기하였다. 용이 되어 얼어붙은 원천강과 학을 녹여 회생시켰을 뿐 아니라 오늘이가 해결해야 할 과제들을 해결하는 데 결정적인 역할을 한다. 또한 애니메이션의 장점인 역동적인 움직임을 효과적으로 표현할 수 있으며, 흥미롭고 환상적인 요소를 갖춘 등장인물로서 독자의 시선을 유도하는 역할을 하고 있다.

애니메이션 〈오늘이〉에서 주인공의 이름인 '오늘이'는 제목에서 한 번 등장할 뿐 텍스트 전체에 걸쳐 한 번도 나타나지 않는다. 제목이 주인공의 이름인 것이라는 관습적인 방식을 배제한다면, 오늘이는 성별도 나이도 이름도 없는 정체성을 상실한 존재이다. 또한, 오늘이는 자신의 존재보다는 자신을 보호해주던 야아를 찾음으로써 과거의 행복했던 원천강을 좇는 유약한 존재라고도 할 수 있다. 목적지인 원천강에 도착하고 약속을 해결하는 과정에서도 오늘이보다 용이 더욱 주체적인 역할을 하는 것으로 나타난다. 따라서 상대적으로 주인공의 역할이 축소되었다 할 수 있다.

이처럼 주인공의 역할 비중이 축소되고 상대적으로 용의 역할이 커지게 된 것은 움직임을 강조하여 표현하는 애니메이션의 매체 특성을 반영한 것이라고 할 수 있다. 오늘이가 보여주는 행동보다는 용이 빠르게 움직이는 역동성을 강조함으로써 이야기에 긴장감과 흥미를 유발할 수 있다. 따라서 애니메이션에서 인물의 재구성은 매체의 특성에 기인한 변환이라고 할 수 있다.

3) 역동성과 전통성을 살린 이미지와 배경음악

〈오늘이〉는 특정한 사건이나 장면에 따라 영상으로 보여주는 지속 시간을 달리하고, 음악적 효과를 이용하여 서사에 리듬을 주고 있다. 또한, 여행이라는 주제에 맞게 등장인물들은 수평으로 움직이며 전경과 근경을 적절히 활용함으로써 거리감과 공간감을 느낄 수 있게 한다. 이미지를 왼쪽에서 오른쪽으로 표현하는 것은 관습적인 표현 방법으로 일반적으로 시간의 흐름을 나타내는 구성 방법이다. 그러나 애니메이션 〈오늘이〉에서는 이미지를 왼쪽에서 오른쪽으로 또는 그 반대 방향으로 수평적인 구성 방법에 의해 다양하게 표현하고 있다.

오른쪽에서 왼쪽으로의 움직임은 구름이가 매일이를 만나러 날아가는 장면에서 장소의 이동을 보여줄 뿐 아니라, 뱃사람들이 오늘이를 납치할 때 오른쪽에서 왼쪽으로 움직이며 선과 악의 영역을 표현했고, 안정되고 행복했던 과거는 왼쪽에, 미지·새로움·불안함과 같은 미래는 오른쪽에 표현하였다. 왼쪽에서 오른쪽으로 움직이는 것은 바다에서 살아나 뭍으로 올라가는 장면에서는 삶과 죽음을, 원천강을 찾기 위해 걷는 장면에서는 여행의 시간성 등을 나타냈다. 그리고 용이 날아다니는 장면에서는 용이 좌우를 양쪽 방향으로의 움직임과 원천강을 순환함으로써 용의 존재론적인 의미를 영상으로 표현한 것으로 볼 수 있다.

어떤 것을 다른 것보다 더 중요하거나 주의를 끌만한 가치가 있는 것으로 선택함으로써 이미지의 차별성을 부각시키는 요소를 현저성이라 하는데, 이미지의 현저성은 크기, 초점의 명확성, 색 대비, 원근법, 특별한 문화적 상징 등 다양한 요소를 통해서 나타난다.[23] 애니메이션 〈오늘이〉의 현저성은 전통적인 색깔·문향·복장으로 표현하고 있는 영상과 가야금을 비롯한 전통 국악기로 연주하는 배경음악에서 찾을 수 있다.

〈오늘이〉 영상은 우리의 전통적인 오방색과 문향을 사용하여 전통적인 분위기를 조성한다. 장상이나 뱃사람 그리고 내일이의 복장은 우리 민족의 문화적 상징을 나타낸다. 이무기가 용이 되어 얼어붙은 원천강을 녹이고 오늘이의 약속을 해결해 준 후, 하늘로 올라가는 마지막 장면까지의 약 2분가량의 시간과 종영자막(end credits, closing credit)이 나오는 동안의 영상과 배경음악은 역동성과 전통성이 서로 조화를 이루고 있다.

---

23   주창윤, 『영상이미지의 구조』, 나남, 2013, 108~112.

이와 같이 한국적 상징을 담은 영상과 전통 악기로 연주되는 배경음악은 한국적 정서와 예술성을 잘 표현한다. 역동성과 전통성을 살린 이미지와 배경음악으로 구성된 〈오늘이〉는 움직이는 영상과 음향으로 구성되는 애니메이션의 매체적 특성을 잘 보여주고 있다.

4. '오늘이' 매체별 텍스트의 의미

1) 문학성과 교육성을 추구하는 동화

앞에서 서사무가인 '원천강본풀이'를 저본으로 하여 동화로 변형한 두 편의 텍스트를 분석하였다. 그 결과 두 텍스트 모두 등장인물을 변화시키거나 새로운 인물을 창조하는 방식으로 새로운 텍스트로 거듭났음을 알 수 있다.

등장인물은 행위력을 가지고 있어서 이들로 인해 무언가가 발생하고, 서사 속에서 행위를 추동시키며 사람들의 주목을 받는다.[24] 그런데 등장인물들은 일반적으로 사건의 전개 또는 연쇄와 같은 행위보다 이해하기 어려우며, 서사 속에서 가장 흥미로운 틈으로 나타나지만, 독자는 등장인물의 내면을 들여다 볼 수 없다.[25] 따라서 등장인물에 대한 보다 자세하고 충분한 정보를 얻기 위해서는 독자들 마음속에 그려지는

---

[24] H. Porter Abbott, 우찬제 · 이소연 · 박상익 · 공성수 역, 『서사학 강의(*The Cambridge introduction to narrative*)』, 문학과지성사, 2010, 248~250.

[25] 위의 책, 252쪽.

등장인물에 대한 표상을 자극하고 촉진하여야 한다. 또한, 등장인물의 외형, 발화, 행동 등을 통한 외재적 표현은 인물을 드러내는 가장 유리한 방법이다. 이와 같은 외재적 인물화는 독자의 인지 수준에 맞춘 아동 픽션의 전반적 또는 교훈적 개작을 가능하게 한다.[26] 이처럼 등장인물은 서사에서 흥미로운 존재이면서 이야기의 틈이다. 또한 등장인물의 변화는 서사를 변형할 수 있는 하나의 전략으로 활용될 수 있다. 앞에서 분석한 두 텍스트에서 등장인물에 대해 묘사되는 다양한 정보는 등장인물을 이해할 수 있게 한다. 그리고 등장인물에 대한 이해는 등장인물의 행동으로 이루어지는 사건들을 자연스럽게 연결할 수 있게 한다. 즉, 등장인물에 대한 구체적인 묘사는 서사의 틈을 보완해주는 역할을 하여 쉽고 재미있는 텍스트가 되도록 한다.

또한, 성격을 변화시켰거나 새로 창작된 등장인물은 서사에 재미를 주는 유희적 효과를 유발하며, 〈표 2〉에서 보여주는 것처럼 교육적 의도를 가지고 서사에 활용될 수 있다. 따라서 이와 같은 방식으로 변환한 동화는 서사 문학으로서의 문학성과 함께 텍스트 내적으로는 재미있는 서사를 구성하고, 외적으로는 의도된 교육적 효과를 기대할 수 있는 매체라 할 수 있다.

2) 통합적 문학교육을 추구하는 그림책

그림책 텍스트는 이야기를 전달하는 데 글과 그림의 상호작용에 의한다. 따라서 글과 그림이 어떤 방식으로 텍스트를 구성하느냐 하는 것

---

26   Maria Nikolajeva, 조희숙·지은주·신세니·안지성·이효원 역, 『아동문학의 미학적 접근 (*Aesthetic approaches to children's literature : An introduction by Maria Nikolajeva*)』, 교문사, 2009, 207쪽.

은 그림책 서사에서 매우 중요한 요인이다. 저본을 그림책 텍스트로 변형하는 과정에서 글은 생략과 축소를, 그림은 글의 내용을 보완 또는 확장을 통해 서사를 구성하여 전달하고 있다.

글의 난이도를 낮추고 서사를 축소한 것은 Nikolajeva[27]의 주장처럼 그림책은 분량 면에서 제한이 있기 때문에 복잡한 서사 구조를 기대할 수 없기 때문이다. 즉, 그림책의 한정된 지면과 대상 독자가 문해력이 낮은 어린 연령의 아동들임을 감안한 결과라 할 수 있을 것이다.

Noddelman[28]은 언어란 의미 있는 것의 부호화이기 때문에 어린 아동들은 아직 경험하지 않은 경험을 묘사하는 언어는 학습할 수 없다고 하며, 아동들에게 스키마를 넘어서 존재하는 이야기 세계를 전달하기 위해서는 낯선 대상들을 그림으로 시각화하여 가르쳐 줄 필요가 있다고 하였다. 또한 그는[29] 그림은 글이 제공하는 것과 관련된 다른 정보를 제공한다고 하였는데, 이에 따르면 그림은 글이 전달하는 정보를 더욱 쉽게 그리고 풍부하게 전달할 수 있음을 알 수 있다. 따라서 아동들에게 글과 함께 그림으로 된 텍스트를 제시하였을 때 더욱 쉽게 정보를 수용하고 감상할 수 있다.

'오늘이' 그림책은 우리의 신화를 저본으로 하고 있는 만큼 전래문화에 대한 정보를 제공하여야 한다. 그림책에서 전래문화는 그림의 기법, 색깔, 분위기 등으로 알 수 있으며, 특히 주인공의 복장과 머리모양 등의 묘사는 매우 중요하다.[30] 분석 도서인 두 그림책에서 신화의 세계

---

27 위의 책, 192쪽.
28 Perry Noddelman, 김상욱 역, 『그림책론(Words about pictures : The narrative art of children's picture books)』, 보림, 2011, 337쪽.
29 위의 책, 373~379쪽.

를 표현하는 방식을 비교해 보면, 서정오의 『오늘이』는 환상적인 분위기이고, 김선우의 『오늘이』는 소박한 분위기로 서로 다르다. 그러나 두 텍스트는 공통적으로 인물의 생김새와 복장, 가옥의 형태 등을 통해 우리의 전통문화를 고려한 그림으로 텍스트를 구성하고 있다. 따라서 아동용 그림책에서 전래문화를 전달하는 데 그림의 역할이 중요하며, 이와 같이 스키마가 부족한 정보는 그림으로 효과적으로 전달할 수 있음을 알 수 있다.

그리고, 그림책은 아동들의 문학교육에 있어서도 중요한 의미를 가진다. 그림책은 글의 문학성과 그림의 예술성이 상호작용하여 이루어내는 서사물이다. 문학 텍스트를 통해 교육하는 방법으로 주제를 중심으로 여러 학문 간, 발달 영역 간, 활동 간을 통합하여 교육적 경험을 갖게 하는 것을 통합적 접근에 의한 유아문학교육이라 한다.[31] 통합적 접근에 의한 유아문학교육은 유아들로 하여금 언어에 대한 흥미를 갖게 되고 더 쉽고 재미있게 문학적·예술적 감상을 하게 된다. 그림책은 그림·이야기·시 그리고 경우에 따라서는 노래와 음악을 융합하여 총체적으로 접근할 수 있다. 그러므로 다양한 장르와 매체를 융합할 수 있는 그림책은 유아들의 통합적 문학교육 측면에서도 의미가 있다.

30　「한국전래동화 그림책에 등장하는 주인공의 복장을 통해 본 문화적 신뢰성에 관한 연구」, 『어린이문학교육연구』 제3권 제2호, 한국어린이문학교육학회, 2003, 25~26쪽.

31　황정현, 이상진 외, 『독서지도 어떻게 할 것인가』 1, 에피스테메, 2008, 313쪽.

3) 문학적 이해와 상상력을 돕는 애니메이션

애니메이션 〈오늘이〉는 '원천강본풀이'를 모티프로 하여 작가의 상상력이 만들어낸 텍스트라고 할 수 있다. 이야기를 이루는 사건들은 단순하게 진행되지만 영상과 음악을 통해 시청각적으로 의미를 확장하여 전달하고 있다. 매체 변환을 통해 전연령층을 대상으로 하는 유희적이고 문화적인 텍스트가 되었다.[32]

〈오늘이〉는 애니메이션의 분류에 따르면 그림 애니메이션(drawn animation)으로 하위 분류상으로는 셀 애니메이션(cell animation)에 해당한다.[33] 즉, 셀 애니메이션으로 제작된 만화영화이다. 따라서 표현 기법에 있어 만화의 특성을 나타내고 있다. 예를 들어 등장인물의 캐릭터를 살펴보면, 외형은 단순하면서도 신체에 비해 큰 머리를 갖고 있다. 캐릭터의 커다란 머리는 눈과 입을 중심으로 얼굴 표정을 통해 구체적이고 다양한 정보를 전달할 수 있고, 독자로 하여금 등장인물과 동일시하기에 용이하게 한다.[34] 이처럼 만화로 그려진 한 칸 한 칸의 그림을 빠른 속도로 보여줌으로써 움직이는 영상으로 인식하도록 한 것이다.

아동용 텍스트에서 움직이는 영상에 대한 논의는 그림책비디오 장르에서부터 시작되어,[35] 최근에는 컴퓨터나 스마트폰과 같은 전자 매

---

32 애니메이션 〈오늘이〉는 신화 '원천강본풀이'가 문화콘텐츠의 서사로서 역할을 하고 있다는 점에서 문화적인 텍스트라 할 수 있다.
33 박기수, 『애니메이션 서사 구조와 전략』, 논형, 2004, 56~57쪽.
34 정선희・이지양, 「그림책에서의 만화적 표현 연구―매체 변환의 관점을 중심으로」, 『어린이문학교육연구』 제15권 제4호, 한국어린이문학교육학회, 2015, 88쪽.
35 김세희, 「유아를 위한 그림책 비디오에 대한 분석」, 『어린이문학교육연구』 창간호, 한국어린이문학교육학회, 2000.

체를 활용한 전자그림책으로까지 논의가 진행되고 있다. 김세희[36]는 그림책 비디오는 움직임, 음악, 대사, 음향효과 등을 사용한 종합예술적 성격을 가짐으로써 원작 그림책과는 다른 차원의 영상예술적인 텍스트가 될 수 있다고 하였다. 따라서 그림책비디오는 아동들에게 감동이 있는 문학의 세계로 들어서는 동기를 마련해 줄 수 있으며, 이야기에 대한 이해를 증진시키는 데 효과가 있다고 하였다.[37]

이와 같은 연구 결과는 그림책비디오뿐 아니라 애니메이션에서도 공통적으로 적용될 수 있다. 그림책비디오와 애니메이션은 전자 기기를 활용하여 읽을 수 있는 움직이는 영상으로서 대사와 음악 또는 음향효과로 구성된다. 그러나 그림책비디오에서는 원작의 충실도가 텍스트에 작용하는 중요한 요소인 반면, 애니메이션은 작가의 의도에 따라 원작의 충실도는 차이가 크게 나타난다. 분석 대상인 애니메이션 〈오늘이〉도 원작의 충실도가 높다고 할 수 없다.

〈오늘이〉는 영상 매체로 그 양태가 완전히 변환되면서 내용과 주제 면에서 저본과는 차이가 큰 것으로 나타난다. 구비문학의 애니메이션화는 다양하게 형성되어 있는 향유 계층을 우선 염두에 두어야 한다는 조미라[38]의 제안처럼 대상 독자(시청자)층을 전연령으로 광범위하게 설정하였기 때문에 내용과 주제가 변화된 것으로 판단된다. 또한 〈오늘이〉는 신화적 상상력으로 신화 '오늘이'를 재해석한 작가의 의식이 반

36　위의 글, 67쪽.
37　위의 글
38　조미라, 「한국 장편 애니메이션의 서사적 특성 연구」, 『한국방송공학회지』 10권 제1호, 한국방송·미디어학회, 2005; 「애니메이션에 나타난 신화적 상상력─애니메이션 〈오늘이〉를 중심으로」, 『한국콘텐츠학회 논문지』 제7권 제2호, 한국콘텐츠학회, 2007.

영되었기 때문이기도 하다.[39]

신화 '오늘이'를 매체 변형한 애니메이션 〈오늘이〉는 움직이는 영상과 등장인물들의 대사를 통해 시청각적으로 이야기를 보여주어 아동들이 이해하기 쉽다. 아동은 정지된 것보다 움직임이 있는 것을 더 자연스럽게 느끼고. 문자보다는 그림이나 음성언어를 통해서 정보를 찾고 이해하는 데 익숙하다. 그러므로 움직임과 음성언어를 통해 시청각적으로 정보를 전달하는 애니메이션은 아동에게 있어 문자 중심의 텍스트보다 쉽고 재미있는 텍스트가 될 수 있다.

또한, 아동들은 현실적적으로 경험하지 못한 시공간과 사건에 대해 제한적으로 이해할 수밖에 없다. 애니메이션은 '상상의 세계 또는 그 이상의 모든 것'을 이미지화하여 상상의 세계를 구현한다.[40] 따라서 애니메이션은 아동에게 문학적 상상의 세계를 이미지화하여 제시함으로써 아동이 이야기를 이해하고 문학적 상상을 키우는 데 도움이 될 수 있다.[41]

5. 요약 및 결론

본고에서는 서사무가인 '원천강본풀이'를 저본으로 하여 매체 변환

---

39 조미라, 위의 글, 2006, 244쪽.
40 배주영, 『디지털 애니메이션 스토리텔링』, 살림, 2005, 7쪽.
41 원작과 이를 매체 변형한 애니메이션은 같은 텍스트라고 할 수 없다. 그러나 문학교육 면에서는 애니메이션이 효과적인 교육 도구로 활용될 수 있을 것이다. 본고에서는 애니메이션이 교육적 도구로써 가능성이 있음을 제시하는 것에서 의미를 찾고자 한다.

한 2차 텍스트로의 변환 양상을 찾고, 매체 변형된 2차 텍스트의 의의를 고찰하였다. 2차 텍스트는 매체별로 동화·그림책·애니메이션으로 구분하였고, 선정한 대상 텍스트를 분석을 하였다. 분석 대상은 '오늘이'라는 제목을 사용하는 아동용 텍스트 중에서 전래동화 2종, 그림책 2종, 애니메이션 1종을 선정하였다. 각 텍스트들은 같은 저본에서 출발하였지만 매체를 변형함에 따라 서로 다른 변형 양상을 보이고 있었다.

분석의 결과를 요약하면 다음과 같다.

동화는 신화의 내용을 크게 변경하지는 않았지만 인물의 성격을 변화시키거나, 새로운 인물을 등장시키는 등 등장인물을 변환시켜 이야기를 구성하였다.『계절을 여는 아이 오늘이』에서 새로운 등장인물들은 유희적 효과와 교육적 효과로 작용하고 있다.『사계절의 신 오늘이』에서는 전지적 서술자가 등장인물의 외형을 구체적으로 묘사하고 성격을 전달함으로써 더욱 많은 정보를 제공하고 있다. 이것은 등장인물의 이해를 통해 이야기의 틈을 메울 수 있게 하여 텍스트를 쉽고 재미있게 읽을 수 있도록 한다. 이처럼 동화는 문학성이 있는 서사로서 유희적이고 교육적인 효과를 기대할 수 있는 매체이다. 동화는 텍스트 내적으로는 아동들에게 좀 더 쉽고 재미있는 문학적 경험을 줄 수 있고, 텍스트 외적으로는 교육적 의도를 실현할 수 있는 텍스트라고 할 수 있다.

그림책은 글의 영역에서는 축소를 그림 영역에서는 보완 또는 확장을 하여 표현함으로써 매체 변환을 하였다. 글의 영역에서는 핵심이 되는 사건을 중심으로 이야기가 짧게 진행되며, 간결하고 짧게 문자로 써져 있다. 그림에서는 글을 이해하기 쉬운 형태로 이미지화하여 보여주거나, 글로 표현되지 않은 정보를 제공한다. 이와 같은 글과 그림의 상호작용으로 인해 이야기는 구체화되거나 확장되고 있다. 그림책『오늘이』(서정오 글, 이수진 그림)는 밝고 화려하며 환상적인 분위기로 신화의 환상성을 살렸고, 민속적인 기법의 그림으로 우리의 옛이야기임을 나타내고 있다.『오늘이』(김선우 글, 김종민 그림)는 이야기와 시 그리고 그림으로 구성되어 있다. 그림책에서 우리의 전통문화에 대한 신뢰성을 고려한 그림으로 텍스트를 구성하고 있다는 점은 문화적 측면에서도 중요하다. 또한, 그림책은 그림·이야기·시·노래·음악을 융합하여 총체적으로 접근할 수 있어서 유아들의 통합적 문학교육 측면에서 의미 있는 텍스트이다.

애니메이션은 서사를 축소하고 주제를 변형하여 예술성 있는 영상과 음악으로 이야기를 시청각적으로 전달하고 있으며, 전 연령층이 즐길 수 있는 유희적인 텍스트가 되었다. 오늘이의 이동과 용의 움직임을 통한 역동성은 매체의 특징을 잘 나타내고 있다. 애니메이션에서 오늘이와 용 등 등장인물의 역할 변화는 이야기 주제에 영향을 미쳤고, 유희적인 효과를 가져왔다. 영상에서는 전통 색과 문향, 복장, 가옥 등 민족적인 이미지와 상징으로 전통성을 살리고 있다. 특히, 전통적 분위기의 영상과 가야금 등의 국악기를 이용한 배경음악이 조화를 이루어 한국적 정서와 예술성을 잘 보여주고 있다. 애니메이션은 움직이는 영상·음성언어·음향을 통해 정보를 전달하므로 아동에게 문자 중심의 텍스트보다 쉽고 재미있는 텍스트가 될 것이다. 또한, 문학적 상상의 세계를 이미지로 보여줌으로써 아동이 이야기를 쉽게 이해하도록 하며 문학적 상상력을 키우는 데 도움을 줄 수 있는 텍스트이다.

분석의 결과를 토대로 내린 결론은 다음과 같다.

첫째, 아동용 텍스트로 변형된 '오늘이'는 매체에 따라 다른 변화 양상을 나타내고 있다.

동화는 저본의 등장인물을 변화시키거나 새로운 인물을 창조하는 방식으로 변환되었다.

그림책은 이야기를 축소하여 글로 짧게 기술하고 그림으로 정보를 보완 또는 확장하는 방식으로 변환되었다.

애니메이션은 역동성과 전통성을 살린 영상과 배경음악으로 신화적 세계를 표현하는 방식으로 변환되었다.

둘째, '오늘이' 2차 텍스트의 매체별 의의는 다음과 같다.

동화는 서사의 문학성과 함께 유희적 · 교육적인 효과를 기대할 수 있는 매체이다. 텍스트 내적으로는 아동들에게 좀 더 쉽고 재미있는 문학적 경험을 줄 수 있고, 텍스트 외적으로는 교육적 의도를 실현할 수 있다.

그림책은 글과 그림의 상호작용으로 정보를 제시함으로써 아동들이 쉽게 이야기를 이해하고 감상할 수 있게 한다. 또한 그림책은 이야기 · 시 · 그림 · 음악 등 다양한 장르와 매체를 통합할 수 있다는 점에서 유아들의 통합적 문학교육 측면에서 의미가 있다.

애니메이션은 영상 · 음성언어 · 음향을 사용하여 시청각적으로 정보를 전달하므로 아동들에게는 문자 중심 텍스트보다 쉽고 재미있는 텍스트이다. 또한 경험해 보지 못한 문학적 상상의 세계를 이미지로 보여주어 아동들의 이해를 돕고 문학적 상상력을 키울 수 있다.

본 연구는 OSMU(one source multi use)의 대표적인 텍스트인 신화가 아동용 텍스트로 변환되는 것을 매체적 관점에서 살펴보았다. 서사무가인 〈원천강본풀이〉를 아동용 텍스트로 매체 변형한 동화 · 그림책 · 애니메이션을 대상으로 하여 그 변환 양상을 분석하였고, 매체 변형된 2차 텍스트의 의의를 고찰하였다는 데 연구의 의미가 있다. 본 연구는 신화(서사무가)를 저본으로 하여 매체 변형된 아동용 2차 텍스트를 연구 대상으로 그 범위를 한정하였다. 따라서 본고에서 밝힌 매체의 변환 양상과 그 의의를 다른 장르나 갈래의 모든 텍스트에 확대 적용하는 것은 무리가 있을 수 있다.

앞으로 문학 콘텐츠 또는 문화 콘텐츠의 개발이 본격화되면서 '오늘이'처럼 과거의 텍스트가 현재의 텍스트로 거듭나는 기회가 더욱 많아질 것이다. 그 과정에는 매체라는 도구가 필연적으로 동원될 것이며, 매체는 텍스트의 외형뿐만 아니라 내용을 변화시킬 것이다. 이것은 또한 독자들의 이해와 사고 그리고 감상에도 영향을 미칠 것이다. 문학과 매체 그리고 독자의 연결 지점에 대한 지속적이고 심도 있는 후속 연구가 진행되어야 할 것이다.

‖ 참고문헌 ‖

[논문 및 단행본]

김권호, 「교과서 수록본 「오늘이」의 비판적 검토-「원텬강본푸리」와 어린이용 판본과 의 비교를 중심으로」, 『우리말교육현장연구』 제6집 1호, 우리말교육현장학회, 2012.

김금희, 「한국전래동화 그림책에 등장하는 주인공의 복장을 통해 본 문화적 신뢰성에 관 한 연구」, 『어린이문학교육연구』 제3권 제2호, 한국어린이문학교육학회, 2003.

김명석, 「영상매체를 활용한 문학논술 지도 전략-애니메이션〈오늘이〉수업 사례를 중심으로」, 『우리문학연구』 제28호, 우리문학회, 2009.

김명옥, 「『원천강본풀이』를 재화한〈오늘이〉에 나타난 서술전략과 문체 연구-그림책 을 중심으로」, 『동화와 번역』 제22집, 건국대 동화와번역연구소, 2011.

김선우, 『오늘이』, 한솔교육, 2009.

김세희, 「유아를 위한 그림책 비디오에 대한 분석」, 『어린이문학교육연구』 창간호, 한국어린이문학교육학회, 2000.

_____, 「유아의 그림책비디오 시청에 관한 연구-이야기에 대한 이해 증진 효과와 그림 책비디오의 특성에 관한 유아의 인식을 중심으로」, 『유아교육연구』 제21권 제4호, 한국유아교육학회, 2001.

_____, 「그림책과 영상기술의 만남-그림책비디오를 중심으로」, 『어린이문학교육연구』 제3권 제1호, 한국어린이문학교육학회, 2002.

김유진, 「원천강 본풀이의 신화적 성격과 현대적 변용 양상」, 『아동청소년문학연구』 제6호, 한국아동청소년문학학회, 2010.

박기수, 『애니메이션 서사 구조와 전략』, 논형, 2004.

배주영, 『디지털 애니메이션 스토리텔링』, 살림, 2005.

서정오, 『오늘이』, 봄봄, 2007.

신동흔, 『살아 있는 한국 신화』, 한겨레출판, 2014.

신헌재·권혁준·곽춘옥, 『아동문학의 이해』, 박이정, 2009.

유영소, 『오늘이』, 한겨레아이들, 2009.

이명현, 「오늘이에 나타난 자연과 생명에 대한 신화적 대안」, 『동아시아고대학』 제33집, 경인문화사, 2014.

이성강, 『오늘이』, 디앤엠커뮤니케이션 (D&M Communication), 2003.

이수진, 『이미지들 너머』, 그린비, 2013.

이종호, 「서사무가〈원텬강본푸리〉와 애니메이션〈오늘이〉비교 연구」, 『온지논총』 제27권, 온지학회, 2011.

이지은, 『소설의 분석과 이해』, 연세대 출판부, 2010.

전동렬, 『기호학』, 연세대 출판부, 2012.

정선희・이지양, 「그림책에서의 만화적 표현 연구-매체 변환의 관점을 중심으로」, 『어린이 문학교육연구』 제15권 제4호, 한국어린이문학교육학회, 2015.

조미라, 「한국 장편 애니메이션의 서사적 특성 연구」, 『한국방송공학회지』 10권 제1호, 한국방송・미디어학회, 2005.

_____, 「애니메이션에 나타난 신화적 상상력-애니메이션 〈오늘이〉를 중심으로」, 『한국콘텐츠학회 논문지』 제7권 제2호, 한국콘텐츠학회, 2007.

주창윤, 『영상이미지의 구조』, 나남, 2013.

주형일, 『영상매체와 사회』, 한울아카데미, 2004.

최현숙, 『오늘이』, 교학사, 2011.

현순실, 「제주신화 '원천강본풀이' 뜬다」, 『제민일보』, 2006.6.20.

황정현, 이상진 외, 『독서지도 어떻게 할 것인가』 1, 에피스테메, 2008.

Daniel Chandler, 강인규 역, 『미디어 기호학(*Semiotics for bigginer*)』, 소명출판, 2006(원본 2002).

H. Porter Abbott, 우찬제・이소연・박상익・공성수 역, 『서사학 강의(*The Cambridge introduction to narrative*)』, 문학과지성사, 2010(원본 2002).

Maria Nikolajeva, 조희숙・지은주・신세니・안지성・이효원 역, 『아동문학의 미학적 접근. (*Aesthetic approaches to children's literature : An introduction by Maria Nikolajeva*)』, 교문사, 2009(원본 2005).

Perry Noddelman, 김상욱 역, 『그림책론(*Words about pictures : The narrative art of children's picture books*)』, 보림, 2011(원본 1988).

Roland Barthes, 김인식 편역, 『이미지와 글쓰기』, 세계사, 1993.

S. Chatman, 한용환 역, 『이야기와 담론(*Story and discourse structure in fiction and film*)』, 푸른사상, 2012(원본 1978).

[DB자료]

교보문고 (www.kyobobook.co.kr)

알라딘 (www.aladin.co.kr)

예스24 (www.yes24.com)

각색영화 시청이 중학생 독자의 텍스트 이해에 미치는 영향

『이상한 나라의 앨리스』를 중심으로

이임정

1. 서론

과거에는 주로 활자 매체를 통해서 문학이 전달되었지만, 현재에는 영상매체를 통해서도 문학이 전달되고 있다. 영상 매체는 시네마 텍스트가 관람자를 주체로 자리매김함으로써, 필름의 이야기(Narrative) 속에 그들을 꿰매버린다고 한다. 다시 말해서 모든 주체를(관람자) 지배이데올로기 내에 위치시키고(Subject in ideology), 거기에 종속시킨다(Subject to ideology)는 특징이 있으며 실제로 영상매체를 접하는 사람들의 성향에 영향을 미치게 되었다.[1]

매체의 발달로 독자의 성향이 바뀌었으며[2] 이렇게 만들어진 독자의

---

[1]   이강수, 『수용자론』, 한울아카데미, 2001, 164쪽.

성향은 문학을 경험하는 방식의 변화로 이어진다. 문학작품을 감상하는 방식은 원작 소설을 읽는 것 보다 각색 영화를 보는 것을 더 선호한다. 때문에 각색영화 제작된 후 출판사는 원작을 홍보하기도 하며 '스크린셀러'라는 신조어가 출현하기도 했다.

문학계에서는 영상매체에 대하여 위기의식을 갖게 됨과 동시에 영화가 '문학의 위기'를 조장하였다는 배타적인 입장을 취하기도 하였다. 하지만 독자 성향의 변화와 영상매체의 양적 증가는 추세에 문학계는 문학이 영상으로 변용되어 접근하는 현상에 대하여 더 이상 배타적인 입장만을 고수할 수 없게 되었다. 실제로 1980년 영화진흥공사에서 선정한 '한국 대표 영화 200선' 중 거의 절반에 해당하는 92개 작품이 문학작품을 영화한 것으로 나타났다. 문학과 각색영화에 대해 연구한 루이스 자네티는 사실상 모든 영화의 1/4~1/5 정도가 문학 작품을 영화화한 것이라고 말하였다.[3]

1970년대 이후에 독일에서는 '문학작품의 영화화(literaturverfilmung)를 위시한 많은 용어가 생겨나고 이러한 용어들은 영화화된 문학을 연구할 수 있는 토양을 마련해 주었다. 문학의 영화화를 옹호하는 입장을 취한 앙드레 바쟁은 '문학의 영화화'라는 새로운 매체로의 전환이 보다 많은 관객에게 예술작품을 경험하게 하며, 예술작품이 가지는 주제의식의 영향을 확대할 수 있는 가능성을 지닌다'고 말하였다.

---

2 청소년들은 여가시간에 주로 독서보다 텔레비전 시청을 선호하고, 소비적이고 오락적인 텔레비전에 익숙해짐에 따라 지적 부담과 몰입이 필요한 독서는 거부하며, 독서를 하더라도 기분 전환용 읽을거리를 선호하여, '읽기'보다는 건성으로 보는 시간 때우기 식의 '보는 독서'를 하는 경향이 있다(최정호, 「텔레비전 방송과 한국인의 생활양식」, 『언론과 커뮤니케이션 제문제』, 나남, 1993, 385쪽).

3 Giannetti, Louisd. D, 박만준·진기행 역, 『영화의 이해』, k-books. 1995, 303쪽.

문학작품이 영화화되는 초기 1980년대까지는 원작 소설을 그대로 재현하는 것을 미덕으로 삼았지만 다양한 개성과 뛰어난 재능을 지닌 신인 감독들로 인하여 2000년대는 변용된 각색영화가 본격적으로 등장하기 시작한다. 변용된 각색은 인물들의 변화, 주제의 변화를 갖고 새로운 텍스트의 모습으로 독자와 관객에게 접근하게 된다. 때문에 우리는 문학작품을 영화로 경험할 때에 원작의 가치를 그대로 재현하기 위하여 노력한 작품을 감상하기도 하고, 감독의 개성에 따라 원작과는 다소 차이가 있는 작품을 감상하기도 한다.

구인환은 다양한 서사경험은 서로에 영향을 미치며, 서사 스키마에 개입한다고 보고, 드라마 보기와 소설 읽기는 분명 다른 즐거움과 해독 방식으로 체험됨에도 불구하고, 양자의 서사 경험은 서로 간섭하며 상호영향관계에 놓여있다고 말하였다.[4] 이러한 상호영향관계는 독자의 내재텍스트와도 연관된다. 김도남은 필자가 구성하는 텍스트가 다른 텍스트와 갖는 영향관계는 직접적인 인용이나 공유를 통하여 이루어질 수도 있고, 간접적인 언급이나 암시 관계에 의하여 이루어질 수도 있으며, 같은 소재나 주제를 다루게 됨으로써 생겨날 수도 있다. 이러한 관계는 독자가 구성하는 내적 텍스트에도 그대로 적용된다고 말하였다.[5] 이런 텍스트의 상호작용은 독자(수신자, 관객)의 역할을 다양하게 만든다. 이채원은 수신자는 단순히 정보를 전달받는 수동적 입장에 있는 것이 아니라 의미생산에 적극적으로 참여하는 행위자라고 말하였다.[6] 즉, 독자는 생산과 소비가 동시에 이루어지는 생비자로 역할

---

4   구인환, 『문학독서 교육, 어떻게 할 것인가』, 푸른사상, 2005, 193쪽.
5   김도남, 『상호텍스트성과 텍스트 이해 교육』, 박이정, 2003, 129쪽.

이 바뀌게 된 것이다. 이채원은 매체의 전이는 생산과 수용 양 측면에서 새로운 심미적 지평을 여는 작업이고, 이것은 서로 뫼비우스의 띠처럼 어우러지며 인간의 사유의 방식과 표현양식을 더 풍부하게 확장시킬 것이라고 말하였다.[7]

각색영화는 미디어 교육과 문학교육의 장에서 교재로 많이 활용되고 있다. 하지만 각색영화는 원작의 대체물이 아닌 원작을 매개하여 생산된 또 다른 텍스트이다. 때문에 각색영화를 문학교육에 활용하는 것에 앞서 각색영화가 갖는 특징들을 분류하여 각색영화들이 어떤 특징을 갖는지 살펴볼 필요가 있다. 이를 바탕으로 수업의 목적과 각색영화의 특징을 고려하여 텍스트를 선정한다면 더욱 효과적인 문학수업의 결과를 얻을 수 있을 것이다.

이에 본 연구는 원작의 충실도가 다른 각색영화를 분석하여 변용의 차이를 밝히고, 변용의 정도가 다른 각각의 영화가 원작에 대한 독자의 텍스트 이해와 인식에 어떠한 영향을 주는지 알아보고자 한다. 본 연구의 목적은 원작소설에의 충실도가 다른 각색영화 시청이 원작의 텍스트 이해와 인식에 어떠한 영향을 미치는지를 알아보고자 하는 것이다. 이 목적을 달성하기 위하여 본 연구에서는 다음과 같은 연구내용을 설정하였다.

첫째, 텍스트 이해의 과정과 상호텍스트성 이론의 개념을 정리하여 독자의 각색영화 시청과 원작소설에 대한 텍스트 이해과정이 갖는 의의

---

6   이채원, 『소설과 영화, 매체의 수사학』, 국학자료원, 2012, 96쪽.
7   위의 책, 330~331쪽.

를 논의한다.

둘째, 각색영화의 개념과 특징을 정리하고 각색영화의 사례를 분석한다.

셋째, 각색영화 시청 경험이 중학생 독자의 소설 텍스트 회상과 이해, 그
리고 다매체 경험에 대한 인식에 어떻게 영향을 주는지 검증한다.

2. 텍스트 이해의 과정과 상호텍스트성

1) 텍스트 이해의 과정

읽기 과정을 설명하는 데 있어 인지주의 관점에서 벗어나 사회적 인
지주의 혹은 구성주의적 관점이 강조되고, 사회문화적 연구 방법이 등
장하고 있다. 읽기 과정은 텍스트를 인지하고 이해와 해석의 과정을 거
쳐 수용자가 텍스트에 대하여 재구성하는 과정을 통틀어 말하는 것으
로 점차 확대되기 시작한다.

Van den Broek, Fletcher & Risden(1993)은 읽기 이해과정을 텍스트와
의 상호작용을 통해 개인이 능동적으로 의미를 구성해 가는 인지적 과정으
로 이해할 수 있다고 말한다.[8] Potts & Peterson(1985), Hannon &
Daneman(2001)의 연구는 읽기과정과 관련하여 읽기 이해를 구성하는
구체적인 하위요인을 ① 텍스트의 내용을 기억하는 자료기억(Text memory),
② 텍스트 내용들 간의 관계를 밝혀내는 자료추론(Text inference), ③ 장기기

---

8   신종호·권희경, 「읽기이해과정을 구성하는 하위 인지능력에 대한 개인차 연구」, 『敎育心理硏
究』 제18회, 한국교육심리학회, 2004, 196~218쪽.

억에 저장되어 있는 관련 지식이나 경험을 인출해 내는 지식접근(Knowledge access), ④ 텍스트 내용과 관련 지식을 결합해 내는 지식통합(knowledge integration)을 제안하였다.[9]

Tierney와 Pearson(1984)은 '읽기와 쓰기 둘 다의 구성적인 성격 간에 현저하게 비슷한 점이 있다'는 읽기 모형을 제안했다. 이 모형은 읽기 이해에서도 존재하는 작문의 네 가지 측면을 파악하고 있다. 간단히 말하면, 독자는 계획자, 구성자, 편집자, 모니터이다. 독자가 하는 네 가지 역할은 독특하고 선형적인 것이 아니라 회귀적이고 저자, 독자, 독자가 투사한 저자의 견해, 독자의 다른 자아 간의 의미 타협에서 여러 가지 방식으로 결합한다. 여기에서 편집자 역할에서, 독자들은 이해를 재구성하고, 다시 다듬고, 다시 형성하고, 검토하면서 발전하는 해석을 검토한다.[10]

텍스트를 이해한다는 것은 텍스트에 제시된 텍스트 생산자의 생산 의도를 파악하는 한편, 텍스트의 내용을 근거로 하여 수용자의 스키마를 동원하여 텍스트의 의미를 재구성하는 과정이라고도 할 수 있다.[11] 이러한 개념을 통하여 읽기과정이 텍스트 중심에서 수용자 중심의 읽기로 변화되었음을 알 수 있다.

이해와 해석의 과정에는 독자의 인지능력과 스키마가 관여하면서 텍스트 이해에 영향을 미치게 된다. 이해와 해석에 대하여 이상태[12]는

9   위의 글, 198쪽.

10   Bogdan, Deanne, Straw, Stanley B. "*Beyond Communication : Reading comprehension and Criticism*", Heinemann, 2007, 198쪽.

11   박영목 · 노명완 외, 『문식성 교육연구』, 한국문화사, 2008, 442쪽.

12   이상태, 「중등 학생의 국어 문장 이해도 검정에 관한 연구」, 『국어교육연구』 제22호, 경북대 국어 교육학회, 1990, 42~43쪽,

다음과 같이 설명한다.

이해란 학습한 내용을 기계적으로 기억하는 수준을 넘어서 표현형태가 바뀌더라도 그 의미를 파악할 수 있으며, 속뜻을 해석하고, 그 내용을 넘어서 추론하는 능력을 포함한다. 다시 말하면, 동일 내용의 표현의 변환과 해석과 추론이 이해의 징표가 된다고도 할 수 있다. 여기에서 말하는 변환이란 텍스트의 의미나 의도에 변화를 일으키지 않고 자료를 부연하거나 구체적인 내용을 더 추상화할 수 있거나 언어 표현을 도표로 표현하거나, 은유나 상징 등의 표현을 그 표현의도에 맞는 덜 비유적인 표현으로 바꾸는 힘을 나타낸다. '해석'이란 읽은 자료를 다시 정리하거나 재배열하거나, 관점을 달리하여 새로운 의미해석을 하는 일을 말한다. 또 추론이란 읽은 텍스트 내용에서 빠진 곳을 내삽하거나 반대로 텍스트에 나타난 경향을 자료 밖으로 외삽하는 일을 말한다.[13]

독자는 각자 다른 인지능력, 배경지식, 스키마를 갖고 있으며 이러한 차이는 독자의 텍스트 이해과정인 기억(회상), 이해(추론하여), 해석(재구성 및 적용)에 영향을 미치게 된다. 결국 독자는 각각의 서로 다른 재구성된 텍스트를 만들게 된다. 이렇게 재구성된 텍스트는 그것이 얼마나 합리적이며 객관적이며 심층적인가에 따라 독자의 이해능력을 평가하게 된다.

---

13   위의 글, 39~79쪽 참조.

2) 상호텍스트성의 개념과 의의

(1) 상호텍스트성의 개념

기존의 텍스트 중심의 읽기에서 수용자 중심의 읽기로의 변화는 독자반응중심과 상호텍스트성 이론의 출현과 함께 시작되었다. 이 두 이론의 공통점은 텍스트 이해과정의 중심이 독자라는 것이며 차이점은 텍스트를 바라보는 시각의 차이에 있다.

텍스트와 독자의 반응에 중점을 둔 볼프강 이저(Wofgang. Iser)는 '독자는 텍스트의 의미 산출에 적극적으로 참여하여 저자와 동등한 위치를 갖는 공저자가 된다'고 말한다. 이를 뒷받침하여 스탠리 피쉬는 모든 독자가 작가가 되는 좀 더 개방적인 방법을 발전시키고자 노력하였다. 피쉬는 1970년에 『독자안의 문학―감정적 문체론(*Literature in the reader affective stylistics*)』을 발표하고 그 후 계속되는 그의 저술을 통해 비평의 임무란 '시차를 두고 서로 잇달아 일어나는 말에 독자가 어떤 반응을 보여주는 가를 점검하는 것이다'라고 주장하였다. 이어 Rosenblatt의 독자의 능동성을 강조하는 독자반응이론(Reader-response theory)의 출현과 함께 읽기에서 수용자가 중심이 되는 변화는 자리 잡게 된다.

상호텍스트성은 속, 사이, 상호의 뜻을 지닌 'inter'라는 접두어에, 물건이 짜여 있다는 말에서 유래한 단어인 원문, 본문 이란 뜻의 'text'가 결합한 말이다. 상호텍스트성은 한 텍스트 속에 다른 텍스트가 존재하는 것으로, 인용이나 표절과 같이 원래의 모습이 그대로 텍스트에 나타나기도 하고, 암시나 암유 등과 같이 변형된 형태로 존재하기도 한다.[14]

상호텍스트성은 1960년대 중반 이후 바흐친, 크리스테바, 바르트 등이 상호텍스트성이라는 개념의 기반을 다져 놓았고 이후 그들의 문예이론을 물려받은 프랑스 문예 비평가들이 상호텍스트성에 주목하였다. 상호텍스트성은 구조주의에서 후기구조주의 운동으로의 이행이라고 기술되며 구조주의자들의 문학개념 기반을 무너뜨리기 위한 장치로써 사용되었다. 이 세계의 모든 문화적 가공물 텍스트는 앞서 있었던, 혹은 동시대에 있는 문화적 가공물 텍스트로부터 영향을 받거나, 때로는 영향을 서로 주고받아 공간적·시간적으로 얽히고 뒤섞여 있으므로, 모든 텍스트의 산출과 수용에서 연계성들이 매우 중요하다는 관점에 선 탈근대주의적 연구자들이 즐겨 이 용어를 사용해왔던 것이다.[15]

구조주의 문학 비평가들은 소쉬르 언어학의 적용으로 문학 비평을 객관적이며 과학적으로 만들고자 했던 반면, 후기구조주의 비평가들은 문학의 본질처럼 그 본질이 비안정적인 비평은 주관적인 욕망과 그 욕망의 발편이 산출물이 되어야 한다고 주장하였다.[16] 바흐친의 대화주의를 토대로 크리스테바는 상호텍스트성의 용어를 창안하였고 이후 바르트는 '새로운 텍스트는 없다', '작가는 죽었다', '모든 텍스트는 영원히 지금 여기서 쓰이어진다'라는 발언을 통하여 이를 공고히 하였다. 독자반응이론과 상호텍스트성이 독서 행위에 있어 독자의 역할에 대하여 공통된 의견을 보이고 있으나 텍스트에 대한 견해는 다르게 나타난다.

독자반응이론의 이저, 피쉬, 로젠블렛은 텍스트에 대한 다른 의미를 부여하진 않았으나 상호텍스트성에서 바라보는 텍스트는 '모자이크',

---

14   김도남, 「상호텍스트성을 바탕으로한 읽기 지도 방법 연구」, 한국교원대 박사논문, 2002, 52~54쪽.
15   한국텍스트언어학회, 『텍스트언어학의 이해』, 박이정, 2007, 194~195쪽.
16   위의 글, 199쪽.

'데쿠파주' 등으로 개념 짓고 있다. 이는 텍스트는 하나의 완전한 존재가 아닌 여러 조각이 모여 하나의 텍스트를 이룬다는 것으로 해석할 수 있는데, 여기에서 독자의 이해능력 또한 조각 중 하나로 간주할 수 있다. 결국, 텍스트 읽기, 의미 해석하기에서 작가 중심의 독창성, 유일성, 단수성, 자율성이라는 개념이 언제나 옳은 것이 아니라는 점이 상호텍스트성이 알려지기 시작한 이후 널리, 그리고 점점 뚜렷이 인식되었다. 모든 텍스트는 독자의 전제에 열린 자세를 가지고 있고, 따라서 복수적인 의미, 뒤집어 해석할 수 있는 의미를 띠며 사회 안에 존재하는 여러 대화적인 '목소리'의 표현, 혹은 그 정반대의 억압도 된다는 주장이 제기되는 것은 상호텍스트성의 영향 때문이다.[17]

(2) 상호텍스트성의 의의

소설과 영화의 매체 전이 양상은 일방적인 수수관계가 아니다. 소설의 의미의 망과 해석의 망 그리고 미학은 영화에 의해, 영화의 의미의 망과 해석의 망 그리고 미학은 소설에 의해 새롭게 더욱 풍부하게 조명될 수 있는 것이다. 여기서 소설과 영화의 관계는 상호간에 해석의 지평을 넓힐 수 있는 대화적 관계가 된다.[18]

수사학자인 하트(Roderick p. Hart)는 독자들이 독가가 가진 마음속의 조각들은 좀더 큰 의미로 구성될 수 있는 참조 체계를 형성한다. 독자들이 의미를 구성할 때, 이 참조 체계는 특정한 맥락이나 상황의 작용에 의하여 의미 조각들 사이의 상호텍스트적인 연결이 이루어진다. 즉

---

17   앞의 글, 210쪽.
18   이채원, 『소설과 영화, 매체의 수사학』, 국학자료원, 2012, 322쪽.

독자가 구성하는 의미는 독자가 함께 하는 다른 텍스트의 맥락과 상황에 의하여 조절된다는 것이다. 즉, 독자의 마음속에 구성되는 독자가 읽은 다양한 텍스트의 내용과 의미의 조각들이 맥락에 의하여 서로 결합되어 이루어진다.[19]

보그랑드와 드레슬러는 텍스트의 속성으로 접속구조, 접속성, 의도성, 용인성, 정보성, 상황성, 상호텍스트성을 들었다.[20] 그중 하나인 상호텍스트성의 일반적 정의는 한 텍스트가 다른 문학 텍스트와 맺고 있는 상호 관련성을 말한다. 상호텍스트성에 의하면 한 텍스트는 이전 텍스트의 영향을 받을 수밖에 없고, 그래서 그 텍스트에는 이전 텍스트들의 흔적이 곳곳에서 감지된다. 김도남은 독자는 책을 읽으며 내재텍스트[21]를 구성한다고 말하였는데 내재텍스트 또한 상호텍스트성을 지닌다고 말하였고 내재 텍스트 구성을 위한 기제를 다음과 같이 정리하였다.

독자는 내재 텍스트를 구성하기 위하여 여러 가지 기제를 사용하며 이러한 기제들은 읽기 상황에 따라 달라질 수 있다. 이들 기제를 내재 텍스트를 구성하는 활동 형태에 따라 세 가지 속성으로 구분하여 범주화하였는데 첫째는 내재 텍스트를 구성할 때 형식 조건에 따라 내재 텍스트 외부에 드러나 작용하는 '외형 기제' 범주, 둘째는 내재 텍스트를 구성하는 활동 조건에 따라 외재 텍스트와 내재 텍스트 사이에서 작용하는 '매개 기제' 범주, 셋째는

---

19   김도남, 『상호텍스트성과 텍스트 이해교육』, 박이정, 2013, 132~133쪽.
20   김태옥, 『담화 텍스트 언어학 입문』, 양영각, 1991, 31쪽.
21   독자가 구성한 내재 텍스트는 '관념'과 동의어라고 말할 수 있다. 관념은 독자가 주체적으로 텍스트를 읽고 구성한 생각 내용이다. 이 글에서 관념을 주로 '내재적 텍스트'라는 용어로 쓴다. 그것은 상호텍스트성이 '텍스트'와 대비되는 용어이기 때문이다. 내재 텍스트는 독자가 기호로 표현하기 이전에 마음속에만 존재하는 텍스트이다.

내재 텍스트를 구성하는 내용 조건에 따라 내재 텍스트 내부에서 작용하는 '내포 기제' 범주이다. 독자는 이들 상호텍스트성의 기제를 활용하여 내재 텍스트를 구성하게 된다.

상호텍스트성을 바탕으로 한 접근은 텍스트에 대한 보다 폭넓은 의미구성을 통한 이해에 바탕을 두는 것이다. 이것은 텍스트 이해에 직접적으로 접근하는 방식이며, 독자가 지식을 구성하기 위한 실제적인 방식이며 주어진 텍스트를 확장된 방법으로 이해하는 방법이라 할 수 있다고 말하였다.[22]

텍스트의 연결관계를 중심으로 텍스트를 읽는 방식은 다음과 같은 세 가지 방식으로 나누어진다.[23]

> 첫째, 텍스트 내에서 상호적인 접근(intratextuality)
> 둘째, 다른 텍스트와의 관계에서의 상호텍스트적인 접근(intertextuality)
> 셋째, 텍스트 밖에서 텍스트 이해에 영향을 미치는 것과의 관계를 통한 접근(extratextuality)

첫째, 여기에서 텍스트 내에서 상호적인 접근은 텍스트 안에서 이루어지는 참조 현상을 말한다. 둘째, 다른 텍스트와의 관계에서의 상호텍스트적인 접근은 동일 작가의 텍스트들이나 텍스트와 같은 주제를 담고 있는 텍스트들 간의 관계에서 찾을 수 있다. 셋째, 텍스트 밖에서 텍

---

22   김도남, 『상호텍스트성과 텍스트 이해교육』, 박이정, 2003, 140쪽.
23   위의 글, 144쪽.

스트 이해에 영향을 미치는 것과의 관계를 통한 접근(extratextuality)은 개인의 스키마나 배경지식, 사회 문화적 관념의 영향을 말한다.

이를 통해 문학수업에서 각색영화를 시청하는 활동의 의의는 독자의 상호텍스트성을 활성화시키기 위한 수단이라고 말할 수 있다. 각색영화는 독자의 스키마가 되고, 원작의 이해에 영향을 미칠 수 있다. 때문에 각색영화를 이용한 문학수업에서 이용되는 각색영화는 원전을 대체하는 것이 아닌 상호텍스트성을 활성화시키기 위한 것임을 교수자는 인식해야 된다.

3. 각색영화 사례

1) 각색영화의 개념

각색에 대한 이론가들의 관점은 다양한 각색의 정의와 일부분 일치하는 것을 확인할 수 있다. 위키아 시나리오 용어는[24] 각색을 '소설이나 희곡, 또는 일기나 수기를 영화가 될 수 있게 재구성하여 시나리오화하는 것'이라고 정의했다. 위키백과는[25] 각색을 '한 장르의 문학을 다른 장르로 바꾸는 일이다. 영화화나 극화 등이 있다'라고 정의한다. 또한, 클라라 베런져(Clara beranger)는 각색을 '단편소설, 장편소설, 희곡 또는 다른 형식의 문학을 영화 형식으로 바꾸는 것을 의미한다'고 정의하였

---

24   위키아, '시나리오 용어', http://ko.jedi.wikia.com/wiki/시나리오_용어(2017.1.18)
25   위키백과, '각색', https://ko.wikipedia.org/wiki/각색(2017.1.18)

다.[26] 영화용어해설집에서는 '연극, 소설, 자서전 등 기존의 여타 장르로 발표된 작품을 재창작한 영화'라고 정의하였다. 여기에서 신봉승은 단지 '형식의 변화'라고만 언급하였지만, 영화용어해설집에는 '재창작'이라고 말하였다. 또한, 움베르트 각색영화에 대하여 에코는 원작에 대한 해석이라고 말하였는데 이것은 각색된 작품들이 다양한 형태를 지니고 있기 때문에 모두 수용 가능한 정의라고도 생각할 수 있다. 이채원은 각색을 다시 쓰기의 범주 안에 있다고 말하며 '이전 텍스트의 갖가지 흔적들'을 가지고 있는 것이 바로 각색이라고 통칭되는 소설과 영화의 매체 전이라고 말한다.[27]

각색에 대하여 잣대가 다른 정의들은 그 정의를 내리는 학자의 학문적 근원이나 예술계의 시류에 의거하여 다른 양상을 보이지만 각색 양식 구분을 살펴보면 이 모든 것을 포괄한 개념들을 알 수 있다.

2) 각색영화의 특징

각색영화는 원작으로부터 스토리를 빌려오면서 보다 쉽게 영화를 제작할 수 있을 것이라는 생각을 하게 한다. 하지만 각색은 제작자로 하여금 양날의 검과 같다. 왜냐하면 원작에서 탄탄한 스토리를 빌려 창작의 부담감은 줄어들지만 훌륭한 원작의 훼손 가능성에 대한 점을 염두에 두지 않을 수 없기 때문이다. 루이스 자네티는 "어떤 측면에서는 소설이나 희곡을 영화화하는 것은 순수한 시나리오를 쓰는 것보다 더

---

26   클라라 베런저, 정일몽 역, 『시나리오 작법』, 영화진흥공사, 1993, 195쪽.
27   이채원, 『소설과 영화, 매체의 수사학』, 국학자료원, 2012, 164쪽.

많은 기술과 독창성을 요한다"[28]라고 말하며 각색의 어려움에 대하여 말하고 있다.

소설을 영화로 각색하는 것은 문자기호를 도상기호로 전환을 의미한다. 기호 전환의 과정에서 일어나는 변용은 불가피하게 일어날 수밖에 없으며 변용은 기호의 변용과 의미의 변용으로 나뉘어 생각할 수 있다. 여기에서 의미의 변용은 각색가의 의도에 의해 일어나게 되는 것과 수용자의 의미해석에 따른 변용으로 나누어진다. 각색가는 이를 통하여 원작을 빌려 원하는 목적을 이루게 된다. 또 수용자의 측면에서 일어나는 변용은 수용자가 서로 다른 기호를 받아들이는 체험의 경험이 독자로 하여금 전혀 다른 심미적 체험을 하게 된다.

결국, 각색되면서 일어나는 의미의 변용과 기호의 전환 과정에서 일어나는 변용을 통하여 제작된 각색영화는 이를 시청하는 독자에게 다른 심미적 체험을 경험하게 된다. 이러한 심미적 체험은 독자에게 영향을 미치며 독자가 구성하는 이해와 해석이 달라질 수 있다는 것을 시사한다.

여러 연구자들은 각색영화를 원작의 '충실도'에 따라 유형화시키려는 노력을 하였다. 이를 정리하면 〈표 1〉과 같다.

자유로운 각색은 세 가지의 유형 중 원작과의 거리가 가장 먼 유형이다. 원작소설의 일부분만을 차용하여 각색자나 감독에 의하여 새로운 작품을 만든 것이다. 충실한 각색은 말뜻 그대로 가능한 한 원작의 정신에 가까이 다가가면서 원전의 소재를 영화의 견지에서 재현하려는 것이다. 축자적 각색은 대개 희곡에 한정된다. 연극을 단지 녹화하면

---

28   Giannetti, Louis, D., 박만준·진기행 역, 『영화의 이해』, k-books, 1995, 399쪽.

〈표 1〉 루이스 자네티의 원작의 충실도에 따른 유형

A	자유로운 각색	하나의 상황 혹은 한 인물을 채택하여 원작과는 독립적으로 전개시켜 나감
B	충실한 각색	원작의 정신에 가까이 다가가면서 원전의 소재를 영화의 견지에서 재현
C	축자적 각색	보다 나은 작품을 위한 원작의 수정

원작과 비슷해지지만 보다 나은 작품을 위하여 여러 가지 영화의 차원을 부가하는 것이다. 말하자면 원작을 보다 섬세하게 수정할 따름이다. 자네티는 실제로 대부분의 영화가 이 세 지점 사이에 어중간하게 있다고 말한다.[29] 루이스 자네티의 이러한 구분은 각색의 거리에 따라 차이가 있긴 하지만 '원전'을 토대로 하여 만들어진 모든 창작영화에 대하여 각색이라고 넓게 정의할 수 있는 것에 의미가 있다.

한명환은[30] 볼프강 가스트의 '전환' 형식의 공시적 유형학[31]을 〈표 2〉와 같이 정리하였다.

---

29 위의 책, 396쪽.
30 한명환, 「각색영화와의 비교를 통해 본 소설의 의미 재고-〈꿈〉, 〈우리들의 일그러진 영웅〉, 〈서편제〉를 중심으로」, 『현대문학이론연구』 24, 현대문학이론학회, 2005, 413~415
31 볼프강 가스트(1999 : 130~132)는 문학 작품 전환의 유형들을 통시적 · 공시적으로 나누어 고찰하였다. 텔레비전극의 '전환' 유형에 대한 통시적 고찰의 일곱 가지 각색 유형을 다음과 같이 정리했다.
    1. '실내극'으로 '전환'하기
    2. 소재 획득의 방편으로서의 '전환'
    3. '슈투트가르트 양식'
    4. 영화적 자연주의와 사실주의
    5. 텔레비전 특유의 고전 '전환'
    6. 역사적 경험의 기록으로서의 문학
    7. 오락거리로서 모험을 제공하는 문학의 영화화 (앞의 책, 396쪽).

A 유형	문학작품을 원자재로 한 각색	모티프만을 소스로 활용할 뿐 전체적인 구성이나 사건 진행은 완전히 달라진다
B 유형	도해로서의 각색	'원전에의 충실성'을 목표로 각색한 것
C 유형	변형으로서의 각색	원작과 비교하여 새로우면서도 아날로지를 갖는 작품[32]
D 유형	기록으로서의 각색	원작에 충실하고자 기술적으로 컨트롤한 각색 영화를 가리킨다

전봉주는 카힐(Geoffrey Cahir)과 안드류(Dudley Andrew), 와그너(Geoffrey Wagner)가 구분한 각색의 유형을 정리하였다. 전봉주가 정리한 유형들을 표로 나타내면 〈표 3〉과 같다.[33]

〈표 3〉 충실도에 따른 각색의 유형

카힐 (Cahir,2006)	문자 그대로 (literal)	전통적인 (traditional)	급진적인 (radical)
안드류 (Andrew, 2000)	변형 (transforming)	교차 (intersecting)	차용 (borrowing)
와그너 (Wagner,1975)	전환 (transposition)	논평 (commentary)	유추 (analogy)

여기에서 문자 그대로(literal), 변형(transforming), 전환(transposition)은 기의만 달라진 원작의 정신을 그대로 재현하려는 것을 말하고, 전통적인 (traditional), 교차(intersecting), 논평(Commentary)은 작색가의 해석이 들어간

32 　크로이처에 의하면 아날로지란 원전이 갖는 내용과 형식의 관계라거나 기호 및 텍스트 체계, 그리고 의미나 특유의 영향 방식 등이 파악되어야함을 전제로 하며, 이를 바탕으로 상이한 기호재료를 갖는 다른 매체, 예술 양식, 혹은 장르라고 부를 수 있는 것 속에서 하나의 새로우면서도 가능하면 유사성을 갖는 작품이 탄생하는 것을 가리킨다.

33 　전봉주, 「제인 오스틴의 영화적 재생산─오만과 편견」, 광운대 박사논문, 2007, 35쪽.

각색을 말한다. 전달, 급진적인(radical), 차용(borrowing), 유추(analogy)는 각색가의 의도에 따라 새로운 작품으로 변형된 것을 말하는 것이다.

이를 종합하자면 각색의 유형을 구분하는 것은 크게 두 가지로 나뉜다. 각색의 과정에서 이루어지는 두 가지 변형은 첫째 각색가의 의도에 따른 변형, 둘째 각색가의 의도와 관계없이 일어나는 매체에 의한 변형이다. 첫 번째 각색가의 의도에 따른 변형은 다시 둘로 나누어 생각할수 있는데 그 변형의 의도가 원작의 정신을 보다 잘 설명하기 위함인가, 자신의 새로운 작품을 위함인가로 나누어 구분할 수 있다.

3) 각색 영화 〈이상한 나라의 앨리스〉 분석

(1) 소설 『이상한 나라의 앨리스』의 특징

본 연구의 목적인 각색영화의 충실성에 따른 독자의 독자반응과 이해의 차이를 알아보기 위하여 루이스 캐럴의 『이상한 나라의 앨리스』를 선택하여 분석하고자 한다. 루이스 캐럴의 『이상한 나라의 앨리스』는 소설보다는 축약된 동화로 많이 알려졌다. 동화 『이상한 나라의 앨리스』는 꿈과 희망을 주는 신비로운 이야기로 어린이 독자의 사랑을 받고 있지만 소설 『이상한 나라의 앨리스』는 독자에게 불쾌감과 거부감을 주기도 한다. 그 이유는 단순한 서사구조로 아름답고 신비로운 판타지 세계를 나타내는 동화와 다르게 개연성 없는 인물의 갈등과 인과성이 결여된 사건의 연속, 상호간의 대화가 불가능한 언어의 나열 때문이다. 이에 플래너리 오코너(Flannery O'connor)는 『앨리스』를 "견딜 수 없을 만큼 끔찍한 책"이라고 말하고 있으며 캐서린 오 포터(Katherine Ann

Porter) 역시 어린 시절에 접했던 『앨리스』에 대해 "끔찍했던 경험"이라고 회상하고 있다.[34]

본 연구에서 대상을 루이스 캐럴의 『이상한 나라의 앨리스』로 선택한 이유는 단순한 서술구조로 제작된 아동용 동화책으로 제작되어 익숙한 줄거리로 단순해석이 가능하며, 원본에서 제시된 복잡한 수사구조, 상징적인 장치, 인과관계 없는 사건들의 진행으로 인하여 해석의 어려움을 겪게 되는 이중적인 모습을 가지고 있기 때문이다.

루이스 캐럴의 『이상한 나라의 앨리스』는 오랜 세월 동안 원형콘텐츠로 작용하며 다양한 각색을 통해 영화와 애니메이션으로 수차례 제작되었고 텔레비전 시리즈물로도 여러 번 만들어졌다. 또한 여러 작품으로 각색된 텍스트는 감독들의 각각 다른 목적과 의도를 갖고 표현되었다.[35]

루이스 캐럴의 『이상한 나라의 앨리스』는 아동용 동화책으로 많이 읽히고 있지만, 청소년 추천도서로 선정되어 있기도 하다. 그 이유는 앨리스가 겪는 혼란 속에서 자아를 찾아가는 과정이 청소년 시기의 성장을 의미하기 때문이다.

『이상한 나라의 앨리스』는 청소년에게 흥미를 주는 판타지요소가 포함되어 있으며, 해석이 다양하게 이루어질 수 있는 텍스트이다. 『이상한 나라의 앨리스』는 이러한 『이상한 나라의 앨리스』의 특징들은 실험자들로 하여금 다양한 내재텍스트를 관찰할 수 있을 것이다.

---

34   이강훈, 『이상한 나라의 앨리스 연구』, 동문선, 2010, 48쪽.
35   김윤아, 「우는 앨리스, 불안한 앨리스, 전사 앨리스—이상한 나라의 앨리스의 영화적 변용」, 『시네포럼』 제13호, 2011, 219~251쪽.

(2) 원작 소설과 각색 영화의 비교

원작 소설과 각색 영화를 비교 분석할 때 다음과 같은 기준으로 분석할 예정이다. 분석 대상은 원작 소설 루이스 캐럴의『이상한 나라의 앨리스』, 두 편의 영화는 충실도가 높은 해리 해리스의 〈이상한 나라의 앨리스〉와 충실도가 낮은 팀 버튼의 〈이상한 나라의 앨리스〉로 선정하였다. 이 작품들을 대상으로 첫째 원작 소설과 영화로 제작된 2편의 작품들의 줄거리 차이, 둘째 등장인물의 차이, 셋째 인물 간의 관계의 차이, 넷째 공간이동의 차이 다섯째, 공간의 해석과 주제의 차이로 구분하여 비교하였다.

원작 소설과 해리 해리스, 팀 버튼의 작품은 원작의 충실도가 많은 차이가 난다. 루이스 자네티의 각색 유형으로 분류하면 해리 해리스의 작품은 원작 그대로의 재현인 Ⓑ 유형, 팀 버튼의 작품은 모티브만을 차용한 자유로운 각색인 Ⓐ 유형으로 분류할 수 있다.

4. 각색영화 시청의 영향력 분석

1) 연구 방법

(1) 연구 문제

이 논문은 원작소설에의 충실도가 다른 각색영화 시청이 중학생 독자의 텍스트 회상과 이해, 그리고 다매체 경험에 대한 독자의 인식에 어떤 영향을 주는지 알아보는 데 그 목적이 있다.

이를 위해 본 연구가 설정한 구체적인 연구문제는 다음과 같다.

(연구 문제 1) 원작에의 충실도가 다른 각색영화 시청 경험이 중학생 독자
　　　　　　 의 자유회상에 차이를 가져오는가?

(연구 문제 2) 원작에의 충실도가 다른 각색영화 시청 경험이 중학생 독자
　　　　　　 의 텍스트 이해에 차이를 가져오는가?
　　　　　　 ① 원작에의 충실도가 다른 각색영화 시청 경험은 중학생 독
　　　　　　　　 자의 텍스트의 사실적 이해에 차이를 가져오는가?
　　　　　　 ② 원작에의 충실도가 다른 각색영화 시청 경험은 중학생 독
　　　　　　　　 자의 텍스트의 추론적 이해에 차이를 가져오는가?
　　　　　　 ③ 원작에의 충실도가 다른 각색영화 시청 경험은 중학생 독
　　　　　　　　 자가 텍스트를 적용적 이해에 차이를 가져오는가?

(연구 문제 3) 원작에의 충실도가 다른 각색영화 시청 경험은 중학생 독자
　　　　　　 들의 다매체 경험에 대한 인식에 차이를 가져오는가?

(2) 연구 도구와 절차

이와 같은 연구문제에 대한 답을 얻고자, 본 연구에서는 다음과 같
이 연구를 수행하였다. P시에 소재한 Y중학교 1학년에 재학 중인 12명
을 표집하였다. 이들을 소설만을 감상한 비교집단, 소설과 충실도가 높
은 영화를 감상한 실험집단 ① 소설과 충실도가 낮은 영화를 감상한 실
험집단 ② 이렇게 세 집단으로 나누어 조사하였다. 실험집단은 2회에

걸쳐 실험이 진행되었으며 영화 감상 후 소설을 각 한 번씩 감상하도록 하였다. 비교집단은 1회에 걸쳐 소설만을 한 번 감상하도록 하였다. 감상 후 세 집단의 원작소설에 대한 자유회상, 텍스트이해 그리고 영화와 소설 텍스트를 경험하는 것에 대하여 어떠한 인식의 차이를 보이는지를 검증하고자 하였다. 이와 같은 항목들의 차이 검증을 위하여 실험집단 ①, ②와 비교집단은 위 목적에 해당하는 각각의 설문지를 작성하였다. 실험자들이 작성한 설문지는 항목에 따라 질적 자료 분석과 양적 자료 분석을 하였다. 양적 자료 분석을 위해서는 SPSS Window 19.0 프로그램을 이용하여 세 집단 간의 차이를 분산분석 F 검증하였다.

본 연구의 절차는 〈표 4〉, 〈표 5〉과 같다.

〈표 4〉 연구 기간

일정	연구 내용
2013.10.13	사전지식검사, 언어지능 검사, 영화보기, 영화 자유회상 검사 실시
2013.10.20	소설읽기, 소설 자유회상 검사 실시, 소설 이해검사 실시

〈표 5〉 연구 절차

	사전검사	처치	사후검사
실험집단 1	언어지능검사 사전지식검사	해리해리스 영화+영화 자유회상 검사+소설	소설 자유회상 검사 소설 이해검사 실시
실험집단 2		팀버튼 영화+영화 자유회상검사 +소설	
비교집단		소설	

2) 연구 결과 및 논의

이상의 조사 결과를 바탕으로 원작소설에의 충실도가 다른 각색영화의 시청이 텍스트 이해와 다매체 경험에 대한 독자의 인식에 미치는 영향을 논의하면 다음과 같다.

첫째, 각색영화의 충실도에 따라 원작소설을 회상하는 것에 차이가 있음을 확인할 수 있었다. 충실도가 높은 영화를 시청한 독자는 충실도가 낮은 영화보다 더 다양한 사실들과 인물들을 기억할 수 있었다. 또한, 영화를 시청한 두 집단은 소설과 영화의 공통적인 부분의 사실과 인물들에 주목함을 알 수 있었다. 충실도가 높은 영화가 충실도가 낮은 영화보다 원작 소설과 공통적인 부분이 많으므로 충실도가 높은 영화는 원작 소설에 대한 독자의 기억 회상에 도움을 준다는 것을 확인할 수 있었다.

둘째, 원작에의 충실도가 다른 각색영화 시청 경험은 영화의 충실도에 따라 중학생 독자의 텍스트 이해는 사실적 내용을 기억하는 것에는 차이가 있었다. 하지만 텍스트에 필요한 추론하여 사고하는 것에는 차이가 나타나지 않았으며, 적용하여 의미구성 하는 것에는 실험집단 간의 차이가 나타났다. 이는 영화의 충실도가 높은 작품을 감상한 독자는 원작 소설과 동일한 주제를 지닌다고 생각하여 각색영화와 원작소설의 주제를 동일하게 정하였다. 하지만 충실도가 낮은 영화를 시청한 집단은 소설과 영화 두 작품을 각각 다른 작품으로 인식하여 원작소설의 주제를 찾을 때에도 계속 주제에 대하여 고민을 했다. 그 결과 충실도가 낮은 집단은 영화와 원작소설의 주제를 다르게 정하였고 충실도가 높은 영화를 시청한 집단보다 다양한 주제를 설정하였다.

셋째, 실험에 참여한 중학생 독자들은 원작소설과 각색영화를 함께 감상하는 것에 대하여 매체들을 선호하는 것에는 차이가 나타나지 않았지만, 집단별로 매체에 대한 평가에는 차이가 나타났다. 실험집단 전원 소설보다는 영화를 선호하였으며, 충실도가 높은 영화는 소설의 회상과 이해를 돕고 충실도가 낮은 영화는 소설의 회상과 이해에 방해된다는 평가를 하였다. 이는 독자의 텍스트 이해 과정에서 충실도가 낮은 영화가 원작 소설을 회상하고 이해하는 데 충실도가 높은 영화보다 충돌이 많이 일어나기 때문이다.

이를 통하여 충실도가 낮은 영화와 높은 영화는 각각의 긍정적인 효과와 부정적인 효과를 도출할 수 있었다. 그 결과를 정리하면 다음과 같다.

충실도가 높은 각색영화는 충실도가 낮은 영화보다 원작을 기억하고 회상하는데 도움이 되었다. 소설의 인물, 사건, 공간을 원작 그대로 재현한 각색영화는 다시 읽기와 같은 행위로 반복 학습의 효과를 얻을 수 있다. 하지만 학습자들이 각색영화를 상호텍스트로 도입할 때 원작 소설을 각색영화에 종속시켜 수렴적 읽기 태도를 나타냄을 확인할 수 있었다. 또한, 충실도가 높은 영화를 시청한 집단은 각색영화 시청이 소설을 이해하는 데 도움이 되었다고 생각하였다. 이는 영화와 소설의 텍스트에서 해결하지 못한 사실들을 상호텍스트적 읽기를 통해 참조한다는 것을 의미한다.

충실도가 낮은 각색영화는 충실도가 높은 각색영화와 마찬가지로 원작을 기억하고 회상하는 데 도움이 되었다. 하지만 충실도가 높은 영화와 달리 각색영화의 장면에서 일치되는 사항들에만 집중한다는 사실을 확인할 수 있었다. 또한, 충실도가 낮은 영화의 시청은 충실도가 높은 영화보다 소설과 영화의 비교 대조 활동이 활발하게 일어남을 확인할 수 있었다. 이러한 비교 대조 활동은 독자의 태도를 능동적으로 바꾸어준다.

결국 텍스트 이해 과정은 독자의 기억, 기억된 내용의 구성, 독자의 스키마와 독자가 기억한 내용의 쟁의에 따른 이해의 구성 행위를 의미하는 것이다. 텍스트 이해 과정을 통하여 독자가 구성한 텍스트는 독자가 기억한 내용을 기반으로 이루어진다. 각색영화는 독자의 회상(기억)에 영향을 미치며 이러한 요소는 독자의 텍스트 이해에 영향을 미친다는 선행연구의 견해와 일치한다.

영화를 문학교육으로 수용하려는 방안으로 박기점[36]은 영화와 소설을 비교·대조하는 명확한 활동을 지시함으로써 보다 수월하게 텍스트에 접근하도록 해주는 것이 무엇보다 중요한 교수·학습 활동이라 할 수 있다고 보았다. 이에 충실도가 낮은 영화일수록 독자의 비교 대조 활동이 더욱 활발하게 이루어진다는 것을 연결 지어 교재를 선택하는 데 있어 참고 될 것이다.

이를 종합하여 내린 결론은 충실도가 다른 각색영화는 원작 소설의 텍스트이해에 서로 다른 영향을 준다는 것이다. 이러한 결과에 따라 매체교육, 문학교육에서 그 목적이 무엇인가에 따라 교재 선정 시 각색영화의 충실도는 충분히 고려해야 할 사항이 된다고 생각한다.

---

36   박기범, 『다중매체 시대의 서사교육』, 역락, 2009, 87쪽.

5. 결론

이 연구 결과를 통해 내릴 수 있는 결론은 다음과 같다.

첫째, 텍스트 이해의 과정과 상호텍스트성 이론의 개념을 정리한 결과 각색영화 시청은 원작 소설을 읽을 때 상호텍스트 읽기의 기제로 작용한다는 사실을 확인할 수 있었다. 이러한 각색영화와 소설의 상호텍스트 읽기는 독자의 이해과정에 영향을 미칠 수 있다는 가능성을 제시하였다.

둘째, 원작에의 충실도가 높은 각색영화와 낮은 각색영화의 작품은 모두 영화로 재매개 되는 과정에서 변용이 일어나는 사실을 알 수 있었다. 두 작품 모두 인물, 사건, 공간의 변화가 일어났지만 충실도의 유형에 따라 변용의 정도는 서로 달랐다. 충실도가 높은 영화에서 재현된 인물, 사건, 공간을 통하여 소설과 같은 주제를 설정할 수 있었다. 충실도가 낮은 영화는 각색가의 의도에 따라 인물, 사건, 공간이 재창작 되었으며 이에 따라 주제 변용이 일어남을 파악하였다.

셋째, 충실도가 높은 영화를 시청한 독자는 각색영화와 소설의 참조 현상을 보이며 주제를 이끌어내는 데 있어 수렴적 태도를 보였다. 충실도가 낮은 영화를 시청한 독자는 활발한 비교 대조 활동이 일어나며 주제를 이끌어내는 데 있어 능동적인 태도를 보였다. 연구 결과를 통해 각색영화의 충실도에 따라 각색영화 시청 경험은 중학생 독자의 소설 텍스트 회상과 이해와 인식에 서로 다른 영향을 준다는 결론을 내릴 수 있었다.

본 실험은 영화를 먼저 보여주는 실험을 하였지만 다양한 실험을 통하여 차이를 명확하게 밝혀내지 못한 것에 한계점을 가진다. 이상의 결론을 토대로 후속적인 연구를 위한 제언을 하면 다음과 같다.

첫째, 본 연구에서는 실험절차를 각색영화를 시청한 후 원작소설을 읽도록 설정하였으나 절차를 달리하여 연구를 진행할 필요가 있다.

둘째, 상호텍스트성으로서의 각색영화의 시청이 원작소설의 이해에 관여하는 요소들이 콘텐츠의 차이인지 미디어 장르의 차이인지를 알아보는 연구가 필요하다.

셋째, 본 연구에서는 한 작품만을 대상으로 검증하였기 때문에 이를 일반화시키기엔 어려움이 있다. 충실도가 다른 각색영화들을 모색하여 다양한 작품들을 선정하여 연구를 진행할 필요가 있다.

넷째, 실험자들의 능력에 따른 차이로 인하여 각색영화 시청이 독자의 텍스트이해에 미치는 영향을 알아보는 연구가 필요하다.

‖ 참고문헌 ‖

[논문 및 단행본]

구인환, 『문학독서 교육, 어떻게 할 것인가』, 푸른사상, 2005.

김도남, 『상호텍스트성과 텍스트 이해 교육』, 박이정, 2003.

김윤아, 「'우는 앨리스, 불안한 앨리스, 전사 앨리스-〈이상한 나라의 앨리스〉의 영화적 변용'」, 『씨네포럼』, 제13호, 2011.

김태옥, 『담화 텍스트 언어학 입문』, 양영각, 1991.

민병록 · 이승구 · 정용탁, 『영화의 이해』, 집문당, 2005.

박기범, 『다중매체 시대의 서사교육』, 역락, 2009.

박영목, 노명완 외, 『문식성 교육연구』, 한국문화사, 2008

신봉승, 『TV 드라마, 시나리오 창작의 길라잡이』, 선, 2000.

신종호 · 권희경, 「읽기 이해과정을 구성하는 하위 인지능력에 대한 개인차 연구」, 『교육심리연구』 제18회, 한국교육심리학회, 2004.

우찬제, 『텍스트의 수사학』, 서강대 출판부, 2005.

이강수, 『수용자론』, 한울아카데미, 2001.

이강훈, 『이상한 나라의 앨리스 연구』, 동문선, 2010.

이경민, 「소설 읽기와 영상매체 보기의 비교 연구-〈매체 문식성을 중심으로〉」, 고려대 석사논문, 2009.

이보라, 「상호텍스트성을 통한 동화읽기지도 방안 연구-주제 중심 읽기를 중심으로」, 서울교대 석사논문, 2012.

이상태, 「중등 학생의 국어 문장 이해도 검정에 관한 연구」, 『국어교육연구』, 제22호, 경북대 국어교육학회, 1990.

이재현, 『재매개-뉴미디어의 계보학』, 커뮤니케이션북스, 2006.

이정모 · 이재호편, 『인지심리학의 제문제』, 성원사, 1994.

이채원, 『소설과 영화, 매체의 수사학』, 국학자료원, 2012.

전봉주, 「제인 오스틴의 영화적 재생산-〈오만과 편견〉」, 광운대 박사논문, 2007.

진정재, 『독서의 이해』, 한국방송출판, 2001.

최정호, 「'텔레비전 방송과 한국인의 생활양식'-언론과 커뮤니케이션 제문제」, 나남, 1993.

한국텍스트언어학회, 『텍스트언어학의 이해』, 박이정, 2007.

S.채트먼, 한용환 · 강덕화 역, 『영화와 소설의 수사학』, 동국대 출판부, 2001.

볼프강 가스트, 조길예 역, 『영화(Fillm and Literatur)』, 문학과지성사, 1999.

앙드레 바쟁, 박상규 역, 『앙드레 바쟁의 영화란 무엇인가』, 시각과 언어, 1998.

앙드레 엘보, 이선형 역, 『각색, 연극에서 영화로』, 동문선, 2002.

루이스 자네티, 『영화의 이해』, k-books, 1995.

클라라 베런져, 정일몽 역, 『시나리오 작법』, 영화진흥공사, 1993.

Bogdan, Deanne, Straw, Stanley B., *Beyond Communication : Readingcomprehensionand Criticism*, Heinemann, 2007.

윤태호 〈미생〉 서사구조 분석

이윤영

1. 들어가며

이 글은 윤태호의 작품 중 〈미생〉을 선정해 각 작품의 스토리와 표현을 분석함으로서 작가가 전달하고자 하는 주제의식과 메시지를 살펴보기 위해 작성한 것이다. 기존 만화연구들은 각 작품을 단위로 변용 양상을 살펴보거나 미학적 기법을 도출하는 시도는 있었지만 작가의 주제의식을 살펴보는 작가론적 관점의 연구는 미흡하다. 윤태호는 아직 활발히 창작중인 작가로서 그의 작품세계는 완결되지 않았다. 그러나 〈미생〉의 스토리와 표현기법, 주제의식은 그의 작품세계에서 중요한 위치에 자리하고 있다.

작가의 주제의식은 만화의 스토리와 표현을 구분하여 보기보다 유기적으로 봐야 할 필요성이 있다.

출판만화시장의 불황 이후 만화 연재는 웹에서 활발해지기 시작하고 창작방식이 달라지기 시작한다. 이렇게 해서 나타난 웹툰은 기존 출판만화의 작업방식에 비해 용이한 수정과 컬러작업이라는 특징을 지니면서 기법에 대한 새로운 해석을 요구한다. 이는 윤태호의 작품세계를 분석함에 있어서도 무관하지 않다.

한편 〈미생〉의 스토리 배경에는 근대화와 오이디푸스 서사의 구조가 있는데, 이는 아들이 강한 아버지의 향수를 지니고 그 자리를 지키고자 하는 욕망이다. 한국의 경우 민족 내부에 적을 만들고 그들을 포섭하지 않은 채 강압적인 근대화를 함으로서 군사주의 혹은 남성적인 것이 강조된다는 특징이 있다. 〈미생〉에서는 이미 아버지는 부재했으며, 중심인물인 장그래의 성장에 더 집중하지만 그의 조력자들은 '좋은 아버지상'으로 나타난다.

〈미생〉은 교양서사가 담긴 드라마로서 꿈을 이루지 못한 '장그래'가 사회생활을 겪으면서 성장하는 내용을 담고 있다. 회사 속에서 다양한 인물들이 살아가는 모습을 통해 〈미생〉은 윤리적이면서 휴머니즘적으로 인간의 삶을 조명한다.

아울러 이 글에서는 스토리와 표현을 종합하여 분석하기 위해 시퀀스를 나누고 각 장면에 해당하는 그림의 분석을 시도했다.

〈미생〉은 앞선 두 작품의 정교하며 화려한 기법 대신 보다 단순하게 표현된다. 상징적이거나 추상적인 표현 대신 유희적인 표현이 증가되었다고 볼 수 있는데, 이는 〈미생〉이 회사를 배경으로 일상에서 일어나는 일들을 각각의 에피소드로 전개하고 있기 때문이다.

〈미생〉은 그 표현과 주제에 있어서 '성장'이란 요소를 지니고 있다.

〈미생〉은 장그래가 2년 계약직이라는 부조리한 위치에 있음에도 불구하고, 일을 배우며 성장해가는 모습이 나타난다. 세 작품을 통해 새로운 '리얼리즘'을 만들었다는 점에서 윤태호의 작가관은 의미를 가진다.

2. 연구대상 및 연구방법

연구대상은 윤태호의 만화 중 〈미생〉을 선정했다. 본 작품을 대상으로 선정한 것은 윤태호의 대표작으로 손꼽히는 작품이자, 가장 대중적 지지를 얻고 있으면서도 윤태호 작품의 세계관의 표출에서도 중요한 위치를 차지하고 있다고 봤기 때문이다. 여기서 세계관이란 '성장'이라는 요소와 연관된다. 먼저 강한 작가의식을 드러내면서도 잡지를 읽는 독자들을 대상으로 하는 출판만화와 달리 〈미생〉은 '인터넷'을 할 수 있는 다수의 독자를 대상으로 보다 동시대적인 공감대를 표현한다. 즉 웹툰으로 매체가 바뀌면서 잡지의 코드에서 벗어나 독자의 폭이 보다 넓어졌으며, 따라서 매체의 변화를 거쳐 보다 다양한 독자들이 공감할 수 있는 주제로서 직장생활이라는 모티프를 통해 빌둥로망과 같은 교양서사를 이루는 〈미생〉이 가능해졌으리라고 볼 수 있다. 하지만 〈미생〉이 '성장'을 통해 고된 삶을 '힐링'하듯이 해결한다고 해서 작중 인물인 '장그래'가 비정규직이라는 현실, 즉 틈새를 감추지는 못한다. 오히려 비정규직인 '장그래'가 바둑과 같이 임기응변을 통해 직장의 문제를 해결하는 모습으로 회사에서 벌어지는 문제점들을 덮는다는 점에서 사실성이 떨어진다는 비판이 가능하다. 하지만 그 틈새를 나타냄으로서, 결국 문제를 해결할 수 있는 한 개인이 사회 모순을 완전히 극복하지 못하는 모습이 또한 묘사된다. 이는 다시 말해, 한국 사회의 문제점을 제기하고 그 속에서 인물들의 성장을 다루려 한다고 볼 수 있다.

따라서 작가가 다루고자 하는 '성장'이란 요소가 각 텍스트 속에서 어떻게 나타나는지 살펴볼 필요가 있다. 본 글에서는 먼저 오이디푸스 서사가 어떻게 나타나는지를 두고 이를 분석하고자 했다. 오이디푸스 서사란 아버지와 아들의 관계를 상징적인 기호로 두고, 아들의 위치에서 이야기를 서술하는 서사이다. 즉 오이디푸스 서사는 주체와 외부(권력)와의 관계, 그리고 그 속에서 나타나는 성장의 문제를 다루는 이야기라고 설명할 수 있다. 따라서 각 텍스트별 인물들과 아버지(권력)와의 관계를 통해 어떤 이야기가 생성되는지 살펴볼 필요가 있을 것이다.

다음은 각 텍스트들의 장르적 특징들을 통해 어떤 이야기가 서술되는지 살펴보고자 했다. 이 글에서는 〈미생〉은 '교양서사'로 보았다. 이는 즉 각 시기별로 장르와 매체가 다르고, 따라서 주제가 달라진다는 관점에서 나눈 것이다. 〈미생〉은 사회의 병폐를 묻는 대신 직장 생활이라는 모티프를 통해 개인의 일상과 내면을 서술하는 데 집중하고, 그 안에서 성장을 묻는다.

만화는 사회적인 맥락에 따라 달라지는 파롤로, 이는 지역에 따라 차이가 있으며 또한 작가에 따라서도 차이가 있다고 볼 수 있다. 즉 만화의 이미지는 무엇을 표현하고자 하는 의도에 따라서도 해석될 수 있는 기호이다. 따라서 문화권의 차이만이 아니라 작가나 독자 개인의 사상과 경험에 따라 달라질 수도 있다. 이 때 만화 속 내면은 함축의미 (Connotation)로 담겨 있다고 볼 수 있다. 롤랑바르트는 "함축의미란 정의적으로 본다면 그것은 이전이나 이후의 혹은 외부의 언급들에 관련될 수 있고, 해당 텍스트(혹은 다른 텍스트)의 다른 장소들과 관련될 수 있는 힘을 지닌 결정·조응·특징이다"[1]고 설명한다. 즉 만화의 표현에 함축의미가 담겨있다고 볼 때, 개별적으로 떨어진 것이 아니라, 스토리와 밀접한 관계를 맺으며 하나의 담론으로 작용한다. 다시 말해 만화의 기호는 스토리+이미지와 그 안에 담긴 함축의미를 통해 전달된다.

따라서 이미지 표현으로 구성된 만화의 인물, 사건, 그리고 그 속에서 나오는 '내면'을 스토리만으로 분석하는 것은 불가능하다. 스토리만이 아니라 표현 그 자체에도 함축의미가 담겨 있으며, 이는 스토리와 유기적으로 조화되고 있고 텍스트 속에서 상호작용을 하기 때문이다. 그래서 이 글에서는 그림의 연출 기법을 함께 분석함으로써, 스토리와 함께 유기적으로 어떤 상호작용을 일으키고 있는지 살펴볼 것이다. 결국 각각 서사적 특징에 따른 스토리와 함께 이미지가 어떻게 문제의식과 주제를 드러내는지 설명하고자 한다.

3. 서사의 이론적 배경

1) 아버지의 표상과 오이디푸스 서사

오이디푸스는 신화 속에서 예언에 따라 아버지를 죽이고 어머니와 결혼한 뒤 비극적인 결말을 맞이하는 인물로 나온다. 프로이트는 여기

---

1   롤랑 바르트, 김웅권 역, 『S / Z』, 동문선, 2006, 18쪽.

서 오이디푸스 콤플렉스라는, 부친을 살해하고 자신의 어머니와 결합하고자 하는 신경증을 발견한다. 이는 후에 라캉에 의해 상징계-상상계-실재계의 주장으로 설명된다. 라캉의 관점에서 '아버지'와 '아들'의 자리는 상징적인 자리이다. 아버지의 자리가 권력으로 들어서며, 어머니와의 관계는 상상계로 밀려난다. 바꿔 말하면 근대 이성과 같은 아버지의 권력이 들어서면서 주변부의 것은 전부 타자로 밀려나는 것이다.

라캉의 주장은 오이디푸스 신화가 단지 생물학적인 신경증을 설명하는 것만이 아니라, 이야기의 구조에서 어떻게 상징적으로 드러나는지 설명한다. 즉 이는 아버지와 아들의 관계를 설명하는 서사이다.[2] 또한 아버지는 정말 아버지 그 자체를 지칭할 뿐 아니라, 국가 권력의 이데올로기로도 설명할 수 있다. 한국은 일본의 제국주의적 수탈과 6·25 전쟁을 거치면서 강한 아버지의 규율이 부재된 상태였다. 하지만 아버지가 부재된 상태에서도 오이디푸스 구조가 있는데, 이는 아들이 강한 아버지의 향수를 지니고 그 자리를 지키고자 하는 욕망이다.

한국의 특수한 가부장적 국가 권력에 대해서는 이러한 특수한 역사적 배경과 설명할 수 있다. 6·25 전쟁 이후 새로운 질서를 세우리라 여겼던 4·19 혁명과 민주화라는 의의는 5·16 군사쿠데타로 인해 사실상 후퇴하게 된다.[3] 이에 따라 사실상 파시즘 체제라 할 수 있는 유신

---

2   김성경, 「이청준 소설 연구 : 외디푸스 서사 구도를 중심으로」, 연세대 박사논문, 2002, 18~19쪽 참조

3   당시 4·19 혁명을 지지했던 지식인들 중 일부가 5·16 정변을 지지하며 입장을 바꾸는데, 김항은 이에 대해 박종홍의 예를 들며 폴 발레리의 근대초극과 연결시킨다. 서양의 사유는 '기하학'과 합쳐지며 탄생하는데 기하학은 정상적인 것이 아니라 일종의 광기이다. 규범이나 정체성의 위기를 겪을 때 사유는 광기와 종합하며 그 체제의 정당성 자체를 되묻는 근원적 시간에 놓이게 된다. 여기서 4·19란 민주주의의 정당성 자체를 되묻는 순수한 혼돈의 시간이 된다. 이것을 근대초극으로 설명한다. 그렇기 때문에 근대초극에 따라 박종홍은 민주주의를 예외상태로 만들며 그 근원

체제가 들어서는데, 조희연의 정의를 따르면 유신 체제는 독특한 방식으로 나타나며, 완전히 정당성을 획득하지 못한 체제로 설명한다. 즉 발전을 위한 개발과 그 과정에서 벌어지는 폭력의 용인과 반공 이데올로기의 결합 등이 그것이다.[4] 이는 외부에 타자를 만드는 서구 파시즘과는 다른 한국의 특수한 상황이다. 결국 다시 말해 서구 파시즘이 외부의 타자를 배제하는 방식이라면 한국 파시즘은 내부의 적을 외부로 돌려 배제하며 폭력을 행사하는 방식이다. 결국 개발이라는 목적은 성공하지만, 이는 내부를 포섭하지 못함으로서 상당히 위태로운 기반 위에서 형성된 것이다. 그와 같은 근대화 과정에서 군사주의나 가부장성과 같은 환경이 형성된다.

　'근대 / 현대'가 지향적 가치로 존재했던 서구 주변부의 한국에서 '근대'는 곧 '근대화'이고 서구화를 가리켰다. 그렇기 때문에 욕망과 지향의 담론으로 존재하는 근대화는 단순히 사회 경제적인 그리고 정치적인 변화를 의미하는 제도의 변화일 수가 없다. 거기에는 항상 근대화가 부가하는 가치의 규범 문제가 내재되어 있었고, 이 규범성은 근대화 프로젝트에서 논쟁적인 문제였다. 결국 국가 주체로 추진되었던 박정희 시대의 근대화 프로젝트에도 갈등과 긴장은 그 담론의 핵심에 자리하고 있었다. 그리고 이러한 갈등과 긴장은 서양과 동양 / 한국, 현대와 전통, 남성과 여성 등의 대립 구조를 통해 조직화되고 의미화 되었

성을 표출하는 사건으로 만든 5·16 정변과 유신체제를 지지한다고 설명한다(김항, 「알레고리로서의 4·19와 5·19－박종홍과 마루야마 마사오의 1960」, 『상허학보』 30호, 2010)

[4]　조희연, 「'내전(內戰)형 개발파시즘'으로서의 남한파시즘과 민주주의」, 『문화과학』 58호, 2009; 조희연, 「박정희 시대의 강압과 동의: 지배·전통·강압과 동의의 관계를 다시 생각한다」, 『역사비평』 67호, 2004. 참조.

다. 한국 근대화 담론에서는 과거와 현재, 서구와 한국, 물질적인 것과 정신적인 것, 다른 사회적 역할을 전담하는 여성과 남성 등에 관한 언설들이 혼재되어 가치의 새로운 배합을 만들어낸다. 한국은 근대화 프로젝트를 시행하는 과정에서 근대성의 어두운 면 혹은 부정적인 면은 바로 '서구성' 혹은 서구 정신에서 기인한다고 보았다. 그래서 이 서구성을 제외한 물질적이고 제도적인, 소위 근대의 남성적 경험이라고 간주되는 것은 수용하고자 하였다. 이는 합리화나 생산성, 지배와 같은 것들이다. 이는 서구성을 취하되, 여성적이라고 간주되는 경험은 철저히 억압한다.[5]

윤태호의 만화를 분석할 때 있어서 이와 같은 사회적 배경은 작가의 개인 경험과 함께 중요한 요소이다. 작가는 '엄하고 무서웠던' 아버지에 대한 기억과 이로 야기된 열등감을 근본적으로 지녔었다. 이와 같은 열등감은 20세 때 대학을 포기한 자신과 홍대에 입학한 친구를 비교하며, '나는 왜 이럴까'라는 의문을 품게 만들었다고 작가는 고백한다.[6] 작가의 이와 같은 고민을 통해 봤을 때 세 작품 내에서 '아버지의 부재'라는 모티프를 통해, 중심인물들에게 자신의 빈자리를 메워야 하는 과제가 주어진다고 볼 수 있다. 여기에는 한국 사회의 배경과 작가 자신의 개인적 체험이 합쳐지며, 작품 내에 오이디푸스 서사가 반영된 것이다.

〈미생〉의 경우는 '아버지 이해하기'는 사라지고 대신 주인공 개인의 성장에 초점이 맞추어져 있다. 이는 〈미생〉의 이야기가 장그래의 프로

---

5   김은실, 「한국 근대화 프로젝트의 문화 논리와 가부장성」, 『우리 안의 파시즘』, 삼인, 2000, 114~
     118쪽을 요약함.
6   "육성회비 못 내서 멸시 받았던 어린 시절, 사회고발적 시선을 갖게 되다", 서찬휘, 앞의 글.
     http://navercast.naver.com/contents.nhn?rid=27&contents_id=427

바둑기사의 좌절 이후 시작되기 때문인데, 그의 콤플렉스는 아버지의 부재보다 자신의 꿈의 좌절, 혹은 재능의 부재에 있기 때문이다. 부성(父性)을 가진 '오상식'이라는 인물이 자신의 전통을 전해주는 '좋은 아버지상'을 보여주지만 장그래 자신이 아버지에 대한 콤플렉스, 혹은 부재의식에 시달리지는 않는다. 따라서 〈미생〉에서는 '좋은 아버지'에 대한 그리움이 느껴지지는 않는다. 〈미생〉은 오히려 제2의 인생을 살아야 하는 장그래의 개인적인 이야기에 더 중점을 두게 된다. 이는 저자의 개인적인 변화 외에도 사회적인 환경의 변화 또한 있다. 이 변화는 수직에서 한참 개발과 근대화를 주도하던 단계에서 벗어난 후, 자본주의가 고착화 된 상태에서 젊은이들의 경쟁이 극도로 치달은 상태로의 변화이다. 즉 〈미생〉의 배경은 산업화와 발전이 정체기가 된 상태에서 일자리는 찾기 힘들고, 결국 이를 서로의 능력과 경쟁으로 얻을 수밖에 없는 상황이다. 그래서 자신의 꿈은 좌절된 장그래라는 인물이 또한 낙하산으로 들어와, 결국 2년 후에는 회사를 떠나게 된다는 이야기는 이와 같이 치열한 사회 속에서 자리를 얻지 못하는 이들의 한 표상으로 볼 수 있다.

2) 〈미생〉의 장르적 요소

〈미생〉은 극적인 사건 대신 회사에서 일어날 수 있는 사건들을 2년 동안 서술하는 쪽에 중심을 맞추고 있다. 그래서 〈미생〉에는 직장에 다니는 인물을 중심으로 '일상성'이 묘사되고 있다.

앙리 르페브르는 현대 산업사회의 특징을 일상성으로 보고, 일상이

지배하는 현대사회의 특징을 덧없음을 사랑하고, 탐욕적이며, 생산적이고, 역동적이지만 사람들이 끊임없이 공허감을 느끼고 소외감과 무력감을 느끼게 만드는 것으로 보며 그 이유는 과거에 사람들을 견고하게 떠받쳐 주었던 양식(様式, Style)이 사라졌기 때문이다.[7] 양식이란 예술분야에서 본다면 어떤 소재와 형태를 다루는 특정의 개인적 또는 집단적 방법이며 이렇게 만들어진 작품은 그와 비슷한 성격의 다른 작품들과 함께 그 시대의 어떤 미학적 전형을 이룬다. 또 한편으로는 개인의 행동방식을 뜻하기도 하는데 앙리 르페브르가 말하는 양식에는 이 두 가지 뜻이 모두 있다. 현대에 와서는 양식이 통일되지 못하고 뒤섞였으며, 이는 현대는 대중사회이며, 대중사회가 되면서 대량생산체제가 되고 기능만 추구하게 되었기 때문이다.[8] 즉 과거 사람들은 모든 것을 양식에 의해 의미부여 했으나, 양식이 사라진 현대에 와서는 의미부여가 사라진다.

〈미생〉에서는 하루하루 일하지 않으면 생존할 수 없는 자본주의 사회 속 대기업의 일상을 묘사한다. 이와 같은 일상은 "우리에게 내일은 있기도 하고 없기도 하고",[9] "누군가에겐 톱니로 불리고"[10]라는 대사에서 나타난다. 대기업의 불빛은 서울을 밝히고, 일하는 직원들은 유능한 인재들이라고 하지만 그 실상은 반복되는 일상에 치이는 삶이다. 다시 말해, 그들은 사회를 이끌어가는 존재들로 평가를 받지만 사실 각 개개인에게 '특별하다'는 자각은 없다. 그래서 그들 개개인은 본래의 자기

---

7   앙리 르페브르, 박정자 역, 『현대세계의 일상성』, 기파랑, 2005, 16~17쪽.
8   위의 책, 17쪽.
9   윤태호, 〈미생〉 1권, 위즈덤하우스, 2014, 32쪽.
10   위의 책, 33쪽.

자신이나 고유성을 가진 개인이 아닌, 사회의 한 부품이나 도구로서 기능하는 일상인이 되는 것이다.[11] 따라서 〈미생〉에서 등장하는 대기업이라는 배경은 화려함과는 거리가 멀다. 오히려 내일이 있을지 없을지 모르고, 인간관계 속에서는 언제 배신당할 지 알 수 없는 나날을 보내는 곳이다. 이는 평범한 삶과 다를 바 없으며, 아무리 전무라도 실수 때문에 그간 쌓아온 것을 망치는 위태로움 역시 있다.

하지만 〈미생〉은 단지 일상성을 비판하지만은 않는다. 이는 중심인물인 '장그래'의 시선 때문이다. 장그래는 바둑을 했던 당시 익혔던 수 읽기를 적용하여, 각자 인물들이 내놓는 수를 해석해 사회 속에서의 인간관계를 배운다. 즉 일상적인 인간관계 속에서 그들은 각자 자신만의 '바둑'을 두며 그들 자신의 고유한 수라 볼 수 있다고 해석하기 때문이다. 그 속에서 장그래는 물론, 그와 관계 맺는 다른 이들도 업무를 더 잘하기 위해, 혹은 어떤 상황을 대처하기 위해 선택을 하면서 성장해나간다.

그래서 〈미생〉은 교양서사라 볼 수 있다. 교양서사는 근대 국가(네이션=스테이트nation=state)에서 만들어진 서사로서, 교양서사를 기반으로 서술된 교양소설은 18세기 서구에서 중산층의 젊은 백인 젊은이가 도시로 올라와 사회에 진출하는 과정을 다루는 문학이었다. 원래 이들은 노동자계급이 아닌 부르주아계급의 산물이며, 이는 노동자 계급의 노

---

11 하이데거에 따르면, 현존재(Dasein)의 일차적인 현상은 이미 세계 내에 존재한다는 점이며 다른 존재자들과 관계를 맺음으로써 자신의 삶을 영위한다. 이러한 관계맺음은 필수 불가결하지만 이 관계맺음 속에서 인간 현존재는 고유한 자기를 상실하고 비본래적인 존재방식을 취할 수도 있다. 이를 하이데거는 일상인(das man)이라 부른다(정광웅, 「현존재의 실존론적 분석을 통한 존재문제에의 접근─M. Heidegger 의 『존재의 시간』에 나타난 인간 현존재의 의미를 중심으로」, 수원가톨릭대 석사논문, 1998, 33쪽).

동이 그 본성상 너무 파편화되고 객관적이기 때문에 그들의 개성을 가질 수 없었기 때문이다.[12] 하지만 〈미생〉은 오히려 노동을 통해 각자의 개성을 발휘하는 이야기를 만들어낸다. 〈미생〉에서는 일상은 단지 반복되는 것이 아니며, 각자 자신들의 바둑을 두는 개성 넘치는 공간으로 해석한다. 〈미생〉의 1화는 일상성이 지배하는 삶을 재현하고 있지만 이야기는 점차 장그래의 성장, 그리고 그와 얽힌 인물들을 둘러싼 그들 자신의 사연을 다양하게 재현한다. 기존 문학, 혹은 대중문화가 재현했던 일상성의 문제는 〈미생〉에 완전히 적용하기는 힘들며, 오히려 〈미생〉은 이들을 새로운 시각으로 바라본다. 즉 〈미생〉은 일상을 매일 무언가를 깨닫고 내면성을 키워주는 공간으로 서술하고 있다. 따라서 〈미생〉속 인물들은 단지 일상인(das man)으로 볼 수 있는 것이 아니라 자신이 있는 공간, 더 넓게 말해서 사회와 관계를 맺고 구체적으로 자신을 드러낼 수 있는 인간들로 해석할 수 있다. 또한 자신들이 원하는 '젊음'을 위해서는 현실세계로 편입되는 '성숙'을 포기해야 하는 갈등에 놓여 있는 교양소설의 인물들과 〈미생〉의 인물들에도 차이가 있다. 〈미생〉의 인물들은 그 자신들이 이미 현실세계에 편입되어 '성숙'하는 과정이지만 그를 위해 포기해야 할 '이상'은 묘사되지 않는다. 〈미생〉은 교양소설과 달리 낭만적인 이상성이 없다는 차이가 있다. 계속 스펙을 쌓고, 누군가를 밟지 않으면 결국 앞으로 나아갈 수 없는 현실을 〈미생〉은 겉으로는 드러내지 않는다. 하지만 결코 2년 계약직이라는 입장을 벗어날 수 없는 장그래의 현실, 순수하게 일 자체를 좋아하지만

---

12   프랑코 모레티, 성은애 역, 『세상의 이치』, 문학동네, 2005, 88쪽.

제대로 출세는 하지 못하는 오상식, 평범한 월급쟁이의 삶이 싫어서 요르단에 페이퍼 컴퍼니를 만들었다가 적발되고 파멸하는 박 과장 등의 이야기는 불길한 현실로서 포섭되어 있다. 즉 근대 교양소설이 '젊음의 끝'을 불길함의 징조로 삼고, 성숙(현실)과 젊음(이상)을 대비시켰지만 〈미생〉은 개성으로 포착한 일상과 불길한 현실을 대비시키지는 않는다. 두 일상은 서로 공존하는 것이다. 〈미생〉이 갖는 리얼함은 이 지점에 있다. 〈미생〉은 마지막에 오상식이 새로 만든 회사에 김 대리와 장그래가 입사하는 결말로 끝나며, 이는 불길한 현실을 극복할 방안으로 하나의 새로운 공동체가 형성됨을 암시한다고 볼 수 있다.

4. 〈미생〉의 표현기법과 스토리 분석

1) 〈미생〉의 스토리 분석

〈미생〉은 프로바둑기사를 목표로 하던 '장그래'가 입단에 실패한 후, 회사원으로서 새로운 인생을 시작한다는 이야기이다. 장그래도 '좌절'을 경험한 인물이며 과거의 자신에 대한 트라우마와 공포심이 있다. 그리고 장그래는 이 좌절을 극복하기 위해 '회사'를 통해 사회에 입사하고 새로운 일들을 배워나가게 된다.

〈미생〉의 서사 구조는 다음과 같이 나눌 수 있다.

① 장그래가 프로 바둑기사 입단에 실패한 후, 직장에 들어가 인턴 생활을 한다.

② 장그래가 공개 채용에 합격한 후 2년 계약직 사원이 된다.

③ 영업 3팀은 박 과장의 비리로 실패했던 요르단 사업을 다시 정리
해서 기획 발표한다.

④ 장그래는 성공적인 발표 후, 2년 계약직이라는 데서 오는 허무감
을 딛고 다시 사업 아이템을 구상한다.

⑤ 오 팀장은 팀의 생존을 위한 제안을 받지만, 이는 잘못된 절차로
행해진 일이었기 때문에 결국 실패한다.

⑥ 오 팀장은 새로운 회사에 가고, 장그래와 김대리 또한 새 회사에
취직한다.

이와 같은 중심 내용은 장그래와 영업3팀을 중심으로 봤을 때 가능한 서사이며, 〈미생〉은 그 외에도 인물들이 각자 자신의 이야기를 하며 단편적인 에피소드를 꾸려가고 있다. 이는 극적인 긴장이나 반전을 유발하지 않지만, 각 개인의 일상 속 모습을 보여줌으로써 그들의 성장, 혹은 고뇌를 드러낸다. 〈미생〉이 그리는 일상은 완결된 서사로 끝내지 않고 앞으로도 계속 이어질 것처럼 암시된다. 또한 〈미생〉의 일상은 관료제나 도시화로 굳어진 권태로움만이 아닌, 매일 새롭게 무언가를 알아가며 일의 장인이 되어가는 일상이기도 하다.

김대리나 오 팀장, 그리고 직위가 높은 다른 인물들 또한 장그래가 일을 배우는 과정에서 조력자가 되어준다. 그러나 〈미생〉내에서 장그래에게 조력자가 아닌 적대적인 역할로 등장하는 인물이 한 사람 있다. 그는 박 과장이다. 박 과장은 요르단 사업을 성공시킨 뛰어난 인물로서, 그 성과에 있어서는 대단한 인물이지만 그렇기 때문에 자신이 회사의 일부로 남는 것이 싫어 비리에 손을 댄다.

두 사람의 과장이 한 팀에 생기자, 자연히 팀에서는 협력에 문제가 생긴다. 즉 '영업 3팀'이라는 공동체의 목표나 성향과 다른 인물이 들어서면서 팀 내부에 갈등이 생긴 것이다. 그러나 박 과장은 사실 요르단 사업에 비리를 만든 인물로서, 장그래는 그를 '반집의 승부를 가능케 해 줄' 순간을 잃고, 결국 패배하는 인물로 바라본다.

오상식은 자신과 팀원들의 생존을 위해 승진과 성과가 보장된 임원의 줄을 서기로 한다. 이는 중국과 관련된 사업이다. 오 팀장은 일에 의심을 품는데, 장그래가 현지에 있는 석 대리와 통화를 하면서 결국 사업의 문제가 밝혀진다. 중국 사업을 하던 전무는 자신이 20년 넘게 중국과 관련된 사업을 했으므로, 사업에 확신이 있다고 자만한 것이다. 하지만 인사치례 과정에서 문제가 생겼고, 결국 쌓아온 것을 잃고 순식간에 몰락하게 된다.

오상식은 일 자체에 의미를 둔 나머지 회사의 평가가 안 좋은 인물로 스스로를 평가하고, 그런 자신 때문에 일이 잘못 되었다고 자책한다. 오 팀장 또한 이 일을 계기로 회사 내에서 자리를 잃고, 그 자신도 추락한 위치에 서게 된 것이다. 이는 단지 일일 뿐인데 거기에 의미를 부여해서 그렇다고 오 팀장은 말한다. 김수환에 따르면, 자기 나름의 리듬, 일에 대한 자신만의 태도를 포기하지 않음으로써 고립된 오 차장과 입사 이후 어떻게든 일의 리듬과 의례를 몸에 익혀 한 사람의 어엿한 팀원이 되고자 고군분투했던 장그래는, 그 모든 노력에서 불구하고 정규직이 되지 못함으로서 두 주인공 모두 다 외견상 실패했다고 설명한다.[13] 따라서 오 팀장은 '대기업'이라는 시스템을 나와 자신의 사업을 시작하고, 장그래는 그 회사에 입사한다. 한편 김 대리는 사람이 나가고 바뀌고, 일 외에 사적으로는 부딪히지 않는 회사 시스템에서 외로움을 느낀다. 김수환에 따르면 "가끔 열리는 "영업3팀"의 부서회식은 '인간적 친목'을 빌미로 한 '일의 연장'이라기 보다는 오히려 중요한 대국 이후에 행하는 집단적 "복기"에 더 가깝다. 윤태호는 자기가 하는 일이 무엇인지 정확히 알며, 그것을 제대로 수행하는 사람들이 만드는 진짜 프로들의 팀을 그리려 한다"고 설명한다.[14] 〈미생〉의 직장은 노동을 소외시키는 회사가 아닌, 장인들의 '길드'와 같은 공동체의 형태로 등장한다. 즉 오 팀장과 같이 일에 의미를 두고 일하는 인물이 프로이자 장인인 것이다. 따라서 '비리'와 '실패'는 그들이 자신들의 일을 제대로 장인정신을 갖고 하지 않을 때, 일에 의미를 두지 않고 순간의 성공과 명예를 노릴 때 발생한다. 다시 말해, 박 과장은 그의 일상에 자신이 의미를 두지 않았으며, 따라서 그는 바둑의 반집을 포기하지 않는 역전을 노리는 것이 아니라, 그 '순간' 자체를 망각함으로서 실패한다. 장그래의 시선에 그는 단순히 비리를 저지른 악한 인물이 아니라, 장인이 되는 데 실패한 인물로 비춰진다. 이는 단지 일 자체에 중독돼 과장에 머물며 작업의 완성도를 높이는 오 팀장과 대비되며 나타난다. 따라서 〈미생〉이 전달하고자 하는 프로의 모습, 즉 오 팀장과 같은 인물들을 강조하기 위해 박 과장의 에피소드를 전달하는 것이라 볼 수 있다.

박 과장의 비리로 인해 요르단 사업이 실패로 돌아가자, 장그래는 영업 3팀의 새로운 아이템으로 요르단 사업을 제안한다. 이는 타 부서

---

13   김수환, 「웹툰 「미생」이 말하는 것과 말할 수 있는 것들—우리 시대의 노동, 공동체 그리고 성장」, 『안과 밖』 35호, 영미문학연구회, 2013, 224~225쪽.
14   김수환, 앞의 글, 221쪽.

와도 민감하게 얽혀있는 일이다. 따라서 성공보단 실패확률이 높은 일이지만, 장그래는 '모욕을 받은 것 같다'는 이유로 이 사업의 타당성을 설명한다. 오 팀장은 그런 장그래에게 '상사맨'이라는 말을 한다. '상사맨'은 상상도 못한 곳에서 무언가를 가져오는 모험가적인 어감의 말이다. 즉 장그래와 영업 3팀은 항상 일을 만들어서 해야 하는 입장이며, 따라서 그들은 어느 정도의 리스크를 감수해서라도 모험을 하고자 한다. 그런 장그래에게 오 팀장은 "내가 달라는 것만 챙겨주면 밥값 다 하는 거라고"라 말해준다. 자신의 능력에 의문을 품고 고민하는 장그래에게 오 팀장은 부담을 갖지 말라고 해 주는 것이다. 오 팀장은 장그래에게 조언을 해 주기도 하고, 혼내기도 하는 인물이지만 동시에 그와 팀워크를 이루는 같은 팀이기도 하다.

〈미생〉의 배경을 이루는 서울은 사실적으로 묘사되어 있는데, 이를 살펴보면 '서울'은 도시로서 인간관계가 고립된 공간이다. 따라서 오 팀장의 장그래에 대한 배려와 팀워크는 고립된 인간관계를 벗어나는 한 요소이다. 이들은 이와 같은 팀워크를 바탕으로 요르단 사업을 성공시킨다. 여기에는 장그래의 상사맨적 기질만이 아닌, 신입의 말을 들어주는 부장과 대리가 있기 때문이다. 즉 일을 완벽히 성사시키기 위해서라면 신입의 말을 듣는 모험까지 하는 것이다.

하지만 2년 계약직인 장그래의 위치를 봐도 알 수 있듯이, 〈미생〉의 이와 같은 일상은 언제 다시 자신의 자리를 잃을지 모르는 '위태로움'을 포섭하고 있는 일상이다. 각자 상황이 다르지만, 모두 제각각 다른 고민을 안고 있으며 그 고민으로 인해 그들은 일상에서 좌절하거나, 모든 것을 잃기도 한다. 이와 같은 〈미생〉의 인물들은 그들 자신의 바둑으로 수를 놓고, 또 성장하는 일상을 보내지만 언제 그 일상이 무너질지 모르는 위태로움과 함께 공존하며 살아야 한다. 즉 〈미생〉이 말하는 인생이란 완성된 삶이란 없으며, 항상 아직 살아나지 못한 채로 아슬아슬하게 두는 바둑과 같은 것이다.

결국 〈미생〉은 '완생'으로 나아가기 위해 각자 자신의 위치에서 할 수 있는 최선을 다 한다는 이야기이다. 그렇기 때문에 전달 방식은 명료하며, 사상적이거나 거시적인 이야기 대신 단편적인 일상의 에피소드들로 구성되어 있다. 〈미생〉은 장그래라는 인물을 통해 '직장'이라는 보다 현실적인 공간을 위에서 이야기를 서술함으로서 독자들이 보다 자신의 체험을 이입해 이야기를 해석할 수 있도록 만든다.

2) 〈미생〉의 표현기법 분석

(1) 유희적으로 표현된 일상의 모습

〈미생〉은 각 에피소드 별로 주어진 상황을 개인들이 자신들의 수로써 해결하고 성장하는 과정으로 묘사된다. 따라서 항상 반복되는 일상이지만, 그 안에선 새롭게 배워나가는 것이 있다. '유희적'이라는 표현은 진지하지 않고 장난스러운 의미로서, 언뜻 진지하게 일을 하는 〈미생〉의 인물들과는 상반된 것으로 보인다. 하지만 〈미생〉의 표현은 일에 집중하는 인물들을 장난스럽게, 또는 즐겁게 묘사하는 이미지가 들어가 있다. 여기서 '유희적'이라는 표현은 니체의 '어린아이의 단계'와 비슷하다고 볼 수 있다. 다시 말해 〈미생〉의 영업 3팀은 관습에 얽매이기보다 이를 파괴하고, 승부에 도전하는 모습이 있다. 이는 결코 무의미한 일상이 아니며, 이와 같은 도전들을 통해 장그래는 영업 3팀의 전통과 장인정신을 전수받으며 성장하게 된다.

장그래는 프로바둑기사를 목표로 했으나, 입단에 실패한 후 한국기원을 나오게 된다. 만화 내용 중 이 장면에서는 풍경을 사실적으로 재현하고 있으나, 이어지는 장면에서는 빌딩은 축소되고 변형된 형태로 그려져 있다. 여기서 장그래는 "내 눈에 비치는 세상만 달라졌을 뿐이다. 푸르고 높던 하늘과 초록의 나뭇잎과 생기 넘치는 거리가 잿빛으로 변한 것뿐이다", "너희들만 변한 것이다"라고 독백한다. 다시 말해, 사실적인 장면은 장그래가 보는 세상이 아니며, 장그래의 세상은 축소되고 변형된 형태로 그려진다. 장그래는 '프로바둑기사'로 대표되는 명예와 꿈의 전당에 오르지 못한 것을 세상의 탓으로 돌리거나 누군가의 탓으로 돌리지 않는다. 그는 자신이 바둑에 쏟았던 열정을 단지 재능의 부족에 의한 좌절로만 환원하지 않기 위해 그저 '자신이 열심히 하지 못해서 그렇다'고 자책한다. 즉 장그래는 한번 좌절을 겪은 인간이며, 그는 이제 막 원래 있던 세상에서 나와 새로 사회에 적응해야 할 인물이다. 따라서 '착수' 편은 장그래의 시각에서 그림들이 마치 '유아적으로' 변형되어 있다. 색 또한 정확하게 칠해지지 않았다. 다시 말해, 장그래는 아직 유아나 다를 바 없는 인물이었으며, 이제 사회 초년생으로 일하게 될 인물임을 암시한다.

오상식은 한 집안의 가장으로, 작가 자신의 세대 인물이다. 오상식은 엄격하면서 자식들에게 규율을 심어주는 인물로 등장하지 않으며 가정과 일, 둘 모두에 치이는 인물로 항상 피로해 있다. 그 인물의 성향에 대해 가장 잘 표현해주는 것은 '붉은 두 눈'이다. 〈미생〉에서는 '피로에 지친', 혹은 '일에 열정적인' 두 눈만 존재한다.

또한 인물의 표현은 사실적인 극화체에서 좀 더 축소되거나 변형되어 있다. 그에 비해 배경의 표현은 여전히 정교하고 사실적인 것을 볼 수 있다. 이는 이 공간이 현실에서 완전히 유리된 것이 아니며, 리얼한 공간을 재현하고 있다고 볼 수 있다.

장그래는 이제 막 바둑의 세계를 벗어나 '직장'이라는 사회에 들어선 초보이다. 그래서 그는 인턴들과의 만남을 통해 배우고 자신을 변화시켜 나간다. 그에게 주어진 첫 번째 과업은 '한석율'이라는 인물과 함께 인턴 시험을 통과해야 하는 것이다. '한석율'은 기계공학과 출신으로 현장에서 근무하는 아버지를 둔 인물로, 그는 현장에 대한 자부심 때문에 사무직을 무시하는 경향이 있다. 하지만 장그래는 의미가 없는 일은 없다고 주장한다. 두 사람의 대립은 인턴 시험 중 나타난다.

인턴 시험의 내용은 '서로에게 필요한 물건을 팔고 사는 것'이다. 이는 결국 '협력'을 시험하는 것이다. 즉 파트너가 서로 이해하는지, 그래서 그 물건을 팔고 사고자 하는지를 통해 협력이 되는 사람인지 아닌지를 판단하는 것이다. 장그래는 현장만을 강조하는 한석율에게 사무실의 전투화, 즉 슬리퍼를 판매함으로서 그를 설득시키고자 한다. 한석율은 힘들게 뛰어다녀야 하는 현장과 사무실은 다르다고 주장하면서, 장그래의 제안을 거절한다. 〈미생〉은 사무실의 배경을 자세하게 표현하면서 그들이 일하는 '환경'을 구체적인 이미지로 제시한다. 하지만 역시 '색'의 유희 또한 존재한다. 1번째 컷에서 장그래는 한석율에게 슬리퍼를 판매하고자 하는데, 그의 배경은 회색에 가까운 색으로 표현된다. 하지만 그 제안을 거절하는 한석율의 배경은 갈색으로 칠해져 있다. 8, 10번째 컷에서는 한석율의 배경 또한 장그래와 비슷한 색상으로 표현된다. 이는 대립적인 상황에서 갈등을 표현하거나, 후광과 같은 강조를 주고 있으나, 기본적으로는 자의적으로 선택된 색상이다. 따라서 〈미생〉은 색의 상징성은 줄어들고, 대신 유희성은 증가한다. 즉 일상적이고 개인적인 인턴 간의 갈등과 화해의 과정을 나타내는 데 있어, 복잡하고 추상적인 상징성보다는 유희적인 색이 주는 경쾌함이 더 효과적인 것이다. 〈미생〉은 사실적인 배경과 함께 그 인물의 상황, 혹은 인물끼리의 갈등과 협력에 따라 유희적인 색상이 나타난다. 이는 심리적으로 의미 있는 연출이라기보다는 비의미적이고 유희적인 일상을 지시하고 있다. 이는 〈미생〉이 복잡한 서사나 정교한 복선을 지양하는 대신, 단편적인 에피소드들을 통해 이야기를 끌어가고 있다는 것과도 연결해 볼 수 있다.

장그래는 인턴에서 2년 계약직으로 취업에 성공한 후, 자신이 일을 배웠던 오 팀장과 김 대리가 있는 영업 3팀에 신입으로 들어온다. 바둑을 통해 세상을 먼저 배운 장그래는 다른 청년들에 비해 통찰력과 직감은 뛰어나지만, 업무 능력에 있어서는 초보자나 다름없다.

하지만 이미 한 번 좌절을 경험한 장그래는 다시 업무에 열중하고, 김 대리는 그런 장그래에게 업무가 익숙해질 수 있도록 글을 약어로 줄여 쓰는 과제를 준다. 장그래는 글을 약어로 줄여서 쓰는 연습을 하는데, 이는 그가 처음으로 스스로 혼자서 보고서를 약어로 줄이는 순간이다. 이 장면은 실제 워드로 작성하는 장면이 나오고, '탁 탁 탁 탁'이라는 키보드로 워드를 치는 효과태가 들어가 있다. 앞서 살펴봤을 때 컴퓨터로 작업된 웹툰의 글씨는 명료하고 구체적인 이미지인데, 여기서는 '사실성'을 높여주는 역할도 한다. 즉 만화로 표현되고 있지만, 이는 현장에서 작업하는 모습을 리얼하게 표현하는 것이다. 따라서 '첫 문장'을 드디어 완성한 장그래는 뛸 듯이 기뻐한 후, 이어서 다음 문장들을 차례로 작성한다. 〈미생〉은 장그래가 그의 통찰력으로 사건을 해결함과 동시에, 미숙한 업무능력 탓에 좌절하는 사건이 단편적으로 반복된다. 〈미생〉은 인물의 내면을 직접 '독백'하는 연출이 중요하게 나온다. 다시 말해, 인물은 각자의 시각에서, 혹은 작가의 관점에서 그들의 내면을 독백한다. 〈미생〉은 서양의 그래픽 노블과 마찬가지로, 그림과 함께 언어가 큰 지위를 얻고 있다. 즉 만화의 그림으로는 인물의 행위와 사건을 묘사한다면, 언어로는 내면을 묘사하는 것이다.

(2) 인물의 내면 묘사와 은유적인 표현

〈미생〉 역시 인물의 내면이 묘사되어 있는데, 이는 그의 내면을 다른 비슷한 사물의 이미지로 표현하는 방식으로 묘사된다. 즉 은유적 표현으로 묘사되는데, 이는 인물의 내면을 보다 직관적이고 구체적으로 드러낸다.

〈그림 1〉의 '박 대리'는 유순한 성격으로 일을 '말랑하게' 처리하던 인물이지만, 장그래에게 허세를 부렸던 탓에 원래 자신이 하던 방식 대신 다른 일을 만들어 버린 후, 스스로 해결하지 못하는 상태에 놓인다. 박 대리가 자기 때문에 일을 벌인 걸 눈치 챈 장그래는 그에게 "무책임 해지세요!"란 쪽지를 돌리지만, 박 대리는 오히려 스스로 책임을 지려 하면서 자신의 허세를 벗는다. 박대리의 '날개'는 그의 그러한 허세를 가리킨다.

김수환에 따르면 "이들 '중간적 주체'의 삶을 그려내는 데 무엇보다 중요한 것은 그들의 '일상'을 대하는 특정한 태도다"[15]라고 설명한다. 박 대리는 중심인물이 아니며, 중심인물인 장그래의 기지를 돋보이게 하는 보조인물에 지나지 않았다. 하지만 그가 자신의 허세를 벗는 순간, 등 뒤에 있던 날개 깃털이 전부 뽑히고 알몸이 되는데 이는 박 대리라는 인물만의 '메시지'를 전할 수 있는 표현이다. 즉 이 컷은 박 대리가 책임을 짐으로써 오히려 자유로워지며 성숙하

〈그림 1〉 〈미생〉 2권 37쪽
ⓒ 윤태호, 2014

는 순간을 전하고, 장그래에게는 '누구나 자신만의 바둑이 있다'는 깨달음을 얻도록 한다. 다시 말해 '누구나 그만의 세계관이 있으며, 그것을 깨달을 때 성숙해질 수 있다'는 메시지가 담겨 있는 것이다. 장그래는 명절이 되면 친척들을 피해 자리를 비운다. 그것은 프로바둑기사를 목표로 하다가 실패한 후, 제대로 취업을 못해 '사회인'으로 자리를 인정받지 못한 것과 관련이 있다. 집을 나와서도 갈 곳이 없는 그는 회사로 가지만, 계약직이라는 이유로 결국 회사에서도 자리를 못 찾고 어머니를 떠올리며 다시 집으로 돌아온다. 하지만 어머니는 장그래의 생각과 달리 친척들에게 변명하지 않고, 대기업에서 성실히 일하는 그를 자

---

15   김수환, 앞의글, 210쪽.

랑스럽게 이야기한다. 어머니의 자랑을 들은 장그래는 "잊지 말자", "나는 어머니의…", "자부심이다"라고 독백한다. 여기서 장그래는 자신이 '실패한 인간'이라는 콤플렉스에서 벗어나 '어머니의 자랑'이라고 자각한다. 즉 그가 2년 여 계약직이라는 사실이 중요한 것이 아니라, 사회인으로 인정받고 적응하고 있다는 사실을 자각한다.

장그래는 요르단 사업을 무사히 완수하면서, 그의 노동에 대한 정당한 대가인 '돈'을 받는다. 〈그림 2〉에서 장그래는 그 성과를 바둑을 두던 어린 시절의 자신에게 준 뒤 자신의 지난날을 회상한다. 〈미생〉은 그 주제를 명확하고 명료하게 전달하지만, 보들레르의 「취해라」를 인용하며, 장그래의 지난날을 은유적으로 표현하고 있다. 보들레르는 프랑스의 시인으로, 모더니즘 문학을 연 인물이다. 「취해라」는 도시의 삶

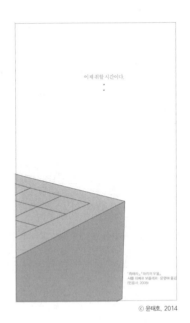

이제 귀환할 시간이다.

「취해라」, 「파리의 우울」,
샤를 피에르 보들레르, 윤영애 옮김
민음사 2008

© 윤태호, 2014

〈그림 2〉〈미생〉 6권 148~149쪽

을 표현하는 시로, 시어 중 '시간'은 근대의 시간을 가리킨다. 근대의 시간은 계량된 시간이다. 다시 말해 24시간으로 분절되고, 몇 시에 어떤 일을 할지 체계가 잡혀 있는 시간인 것이다. 일상은 정신없이 지나가다가, 어느 날 갑자기 시간이 흘렀음을 깨닫게 된다. 직장에서 적응하며 바쁘게 살아온 장그래가 처음 성과를 낸 순간, 그의 지난날이 「취해라」라는 시와 함께 나타나는 것이다. 그리고 그는 다시 취할 시간, 즉 직장의 시간으로 돌아간다. 이는 근대적인 시간체계에 갇혀 사는 현대인을 묘사한 것으로도 볼 수 있는데, 요르단 사업이라는 모험적인 과업을 완수한 후, 장그래에게는 다시 직장의 반복되는 일상이 찾아온다. 그리고 다시 흘러가는 시간 속에서 앞으로 나아갈 수밖에 없는 것이다. 즉 '일상성'이 나타나는 것이다. 일상성이 찾아오면서 장그래는 슬럼프에 빠지고 자신의 위치를 고민하게 된다.

이러한 직장 내에서의 슬럼프는 장그래의 것만이 아니다. 정규직 계약직으로 입사한 최고 스펙의 '안영이'와 '장백기' 또한 그들만의 고민에 빠져 있다. 어린 시절 자신을 딸이라 무시하고, 관심을 가져주지 않은 군인 출신 아버지에게 상처받은 안영이는 스스로 뛰어난 인물이 되고자 노력하는 인물이다. 하지만 그녀는 무조건 자신의 의견을 밀고 나가는 상사 탓에 자신이 노력해서 만든 아이디어를 거부당하고, 상처받는다. 강하고 능력 있는 여성이라는 외면 뒤에 숨겨진 안영이의 상처받은 내면이 구체적으로 나타난다. 박 대리가 어떤 모습으로 보이는 것을 장그래는 '풍경 같다'고 표현하는데, 이는 박 대리를 보면서 다른 이들이 감흥에 젖어 자기 자신을 보게 된다는 뜻이다. 장백기는 자신들은 어떤 풍경으로 보일지 자문하고, 이 장면은 밀레의 〈이삭 줍는 사람들〉

의 풍경으로 묘사되는데, 그림의 이미지를 인물들에게 입힘으로서 노동하는 인물들의 모습을 통해 어떤 삶의 진실한 이면을 표현하고 있다.

5. 결론

이 글에서는 윤태호의 〈미생〉을 두고 각각의 만화에 나타난 스토리와 표현양식, 그리고 서사적 세계관을 분석했다. 이를 통해 작가가 어떤 주제의식과 메시지를 전달하는지 보고 더 나아가 그것이 어떤 의미를 지니는지 설명하고자 한다. 이를 위한 분석방법은 만화의 스토리와 표현(담론)이 어떤 함축의미를 담는지 살펴보고자 했다. 즉 만화의 스토리와 표현을 겉껍질로 보고 속 내용을 파악하기 위해 스토리와 이미지를 각각 분절시켜서 분석하는 방식으로 진행했다. 이는 만화의 표현이 맥락에 따라 달라지며, 따라서 표현 자체로도 함축의미를 지니고 있고 스토리와 상호작용한다는 관점에서 이루어진 방식이다.

오이디푸스 서사란 아버지(권력)와 자신(아들-주체)의 관계를 다루는 서사이다. 이 때 아버지(권력)는 한국에서는 4·19와 유신정권, 5·18을 거치며 특수한 성향을 지닌다. 이는 '군사적' 권력이며 내부에 적을 만들고 이분법적인 경계를 나누어서 강압적으로 지배하는 방식이다.

〈미생〉은 아버지에 대한 죄의식이나 기억이 자세히 표현되지는 않는다. 오히려 영업 3팀의 '오상식'을 통해 조력자와 같은 아버지가 표현되고 있을 뿐이다. 장그래는 오상식을 통해 일을 배우지만 그를 통해 죄의식이나 기억, 권력관계 등이 표현되지는 않는다. 이는 세대적으로 수직적인 근대화를 추구했던 세대에서 벗어나, 자본주의와 개인과 개인간의 경쟁이 극도로 고착화된 세대를 중심으로 나타내고 있기 때문이다. 즉 국가와 나, 혹은 아버지와 나와의 관계가 문제된다기보다 개인의 자질과 성장이 더 우선시된다.

〈미생〉을 '반복되는 일상 속에서 새로운 것을 배워가는 이야기'로 보고 이를 '유희적인 표현'과 '은유적인 표현'으로 나누었다. 〈미생〉은 사회생활에서는 어린 아이나 다를 바 없는 '장그래'가 나날이 인간관계나 업무 등을 배워나간다는 이야기이다. 그래서 〈미생〉에서는 어린 아이와 같이 변형된 표현, 혹은 의미 없는 색상의 반복을 통해 이러한 일상과 장그래의 성장을 전달한다. 다음으로는 '은유적인 표현'인데, 〈미생〉은 인물의 이미지를 다른 비슷한 요소로 표현함으로써 그 인물의 내면을 드러낸다. 예를 들어 〈미생〉 2권에서 박 대리는 항상 물렁하게 일을 처리했지만 장그래 앞에서는 그렇게 하지 않기 위해 강하게 나서다가 자신이 감당하기 힘들 만큼 일을 키운다. 그에게는 '날개'가 달려 있는데, 이는 후배인 장그래에게 어떻게든 제대로 보이고자 하는 그의 심리가 날개로 표현되고 있는 것이다. 후에 그가 자신의 허세를 던지고, 일을 스스로 해결하려는 의지를 보일 때 박대리의 옷이 전부 찢어지고 날개가 뽑히는 장면으로 표현된다. 즉 박 대리의 심리가 날개로 명시되어 그대로 보이는 것이다.

〈미생〉의 이야기는 '직장'이라는 현실적인 공간 내에서 일상적인 에피소드들로 서술된다. 따라서 '일상'을 살리는 것이 중요하며 일상의 모습은 현실과는 거리가 있는 추상적인 표현보다 구체적이고 직관적인 표현 쪽이 더 전달하기 쉽다. 따라서 〈미생〉의 표현은 보다 단순하면서도 명료하게 나타나고 있다고 볼 수 있다.

〈미생〉은 사회에 대한 비판의식보다는 장그래의 개인적인 시각과 주변 인물관계가 더 중요하게 서술된다.

그러나 〈미생〉이 핵심적으로 품고 있는 것은 '한국'이라는 사회적 공간과 '성장'이라는 개인의 문제이다.

〈미생〉의 장그래는 경쟁사회에서 밀려나고 바닥부터 시작해야 할 인물이다. 그 안에는 일을 하면서 무언가를 깨우치는 삶이 있다. 장그래는 '완생'으로 나아가기까지 매일 바둑의 수를 두듯 배우고 생각하며 성장하는 것이다.

하지만 〈미생〉의 현실은 높은 꼭대기에 있어도 언제 추락할지 모르는 것이 현실이고 장그래의 위치는 결코 안정적이지 못한 비정규직의 위치이다. 장그래는 그 사회적 모순과 직접 갈등하고 싸우지는 않지만 대신 일상에서 항상 새로이 무언가를 깨우치면서 그 부조리함을 극복하려고 한다. 그래서 〈미생〉의 일상은 환멸적인 공간 대신 매일 무언가를 배우는 공간으로 묘사된다.

즉 일상은 어느 날은 고통스럽지만 어느 날은 기쁨이 있기도 한 것이다. 〈미생〉의 성장은 이와 같은 극복할 수 없는 일상을 극복하는 행위인 것이다. 즉 장그래가 순응적인 태도를 보이는 것은 실제 현실을 그대로 순응하는 것이 아니다. 오히려 그 현실을 극복하기 위한 태도이다.

결국 윤태호의 만화 속 세계관은 사회적인 모순과 갈등, 그리고 개인의 성장을 핵심으로 이루어진다. 즉 윤태호 만화 속 세계관에는 개인-외부의 대립과 갈등 혹은 협력과 화해가 존재한다. 윤태호는 개인-외부의 대립을 리얼하게 전달한다는 점에서 의미 있는 작가라 볼 수 있다.

‖참고문헌‖

[자료]

윤태호, 〈미생〉 1~9권, 위즈덤하우스, 2014.

서찬휘, 「만화가 윤태호」, 『네이버 캐스트』, 네이버, 2009.5.8.

[논문 및 단행본]

강내영, 「90년대 후반 할리우드 재난영화의 문화제국주의에 대한 연구―아마겟돈을 중심으로」,
　　　동국대 석사논문, 2000.

권경민, 『기호학적 만화론』, 심포지움, 2007.

_____, 『만화학개론』, 북코리아, 2013.

김미림・김용락, 『서사만화 개론』, 범우사, 1999.

김성경, 「이청준 소설 연구―외디푸스 서사 구도를 중심으로」, 연세대 박사논문, 2002.

김수환, 「웹툰『미생』이 말하는 것과 말할 수 있는 것들―우리 시대의 노동, 공동체 그리고 성장」,
　　　영미문학연구회, 『안과밖』 35호, 창비, 2013.

김용석, 『깊이와 넓이 4막 16장』, 휴머니스트, 2002.

김학균, 「염상섭 소설의 추리소설적 성격 연구」, 서울대 박사논문, 2008.

김　항, 「알레고리로서의 4・19와 5・19―박종홍과 마루야마 마사오의 1960」, 『상허학보』 30호,
　　　2010.

김효정, 「웹툰에서 영화로의 장르전환 연구―〈이끼〉를 중심으로」, 한양대 석사논문, 2011.

박　진, 『장르와 탈장르의 네트워크들』, 청동거울, 2007.

박　진・김행숙, 『문학의 새로운 이해』, 민음사, 2013.

박기준, 『박기준의 세계 속 한국만화야사』, 한국만화영상진흥원, 2013.

박범기, 「재난서사와 개인의 불안」, 『문화 / 과학』 79호, 문화과학사, 2014.

박윤선, 『웹툰 고수들의 실전 작법노트』, 대원씨아이, 2012.

박희경, 「외디푸스의 모더니즘적 재발견―세기전환기 남성성의 위기와 빈 모더니즘의 외디푸스
　　　담론 연구」, 『독일어문학』 52호, 한국독일어문학회, 2011.

백종성, 「재난 만화장르의 표현기법 및 서사구조 특성연구―〈야후〉와 〈드래곤헤드〉를 중심으
　　　로」, 상명대 석사논문, 2013.

복도훈, 「1960년대 한국 교양소설 연구―4・19 세대 작가들의 작품을 중심으로」, 동국대 박사논
　　　문, 2014.

손상익, 『한국만화통사』 1, 프레스빌, 1996.

신명직, 「안석영 만문만화 연구」, 연세대 박사논문, 2001.

안수철,『만화연출, 나도 할 수 있다』, 노마드북, 2008.

이수진,『만화기호학』, 씨엔씨 레볼루션, 2004.

이승연, 「웹툰이 재현하는 청년세대와 청년문제에 관한 연구—웹툰〈당신과 당신의 도서관〉, 〈목욕의 신〉,〈무한동력〉,〈미생〉을 중심으로」, 고려대 석사논문, 2013.

이지혜,『일상에 대한 서사적 표현 연구』, 국민대 석사논문, 2004.

임지현 외,『우리 안의 파시즘』, 삼인, 2000.

장지혜, 「〈이끼〉를 통한 비주얼 구성 요소와 재매개 연구」, 경성대 석사논문, 2011.

정광웅, 「현존재의 실존론적 분석을 통한 존재문제에의 접근—M. Heidegger 의 「존재의 시간」에 나타난 인간 현존재의 의미를 중심으로」, 수원가톨릭대 석사논문, 1998.

정규하, 「출판 만화와 웹툰의 형식적 특징에 관한 연구—윤태호의〈야후〉와〈이끼〉를 중심으로 」, 부산대 석사논문, 2010.

조성진・조성황,『만화 스토리텔링』, 세진사, 2011.

조희연, 「'내전(內戰)'형 개발파시즘으로서의 남한파시즘과 민주주의」,『문화 / 과학』58호, 문학 과학사, 2009.

_____, 「박정희 시대의 강압과 동의—지배・전통・강압과 동의의 관계를 다시 생각한다」,『역 사비평』67호, 역사비평사, 2004.

_____,『동원된 근대화』, 후마니타스, 2010.

_____,『박정희와 개발독재시대』, 역사비평사, 2007.

최샛별・최흡,『만화! 문화사회학적 읽기』, 이화여대 출판부, 2009.

한일섭,『서사의 이론』, 한국문화사, 2009.

고바야시 히데오, 유은경 역,『고바야시 히데오 평론집』, 소화, 2003.

스즈키 토미, 한일문학연구회 역,『이야기된 자기』, 생각의 나무, 2004.

아즈마 히로키,『동물화하는 포스트모던』, 문학동네, 2007.

오오쓰카 에이지・사사키바라, 최윤희 역,『망가・아니메』, 써드아이, 2004.

요모타 이누히코, 김이랑 역,『만화원론』, 시공사, 2000.

알베르 카뮈, 김화영 역,『시지프 신화』, 책세상, 2009.

H. 포터 애벗, 우찬제 외역,『서사학 강의』, 문학과지성사, 2013.

앙리 르페브르, 박정자 역,『현대세계의 일상성』, 기파랑, 2005.

롤랑 바르트, 김웅권 역,『S / Z』, 동문선, 2006.

스콧 맥클라우드, 김낙호 역,『만화의 이해』, 비즈앤비즈, 2008.

시모어 채트먼, 한용환 역,『이야기와 담론』, 푸른사상, 2003,

스티브 코헨・린다 사이어스, 임병권・이호 역,『이야기하기의 이론』, 한나래, 1997.

프랑코 모레티, 성은애 역,『세상의 이치』, 문학동네, 2005.

테리 이글턴, 김현수 역,『문학이론입문』, 인간사랑, 2006.

IV. 매체의 혼용과 플랫폼의 변화

그림책에서의 만화적 표현 연구

정선희 · 이지양

1. 서론

　그림책에서처럼 언어와 이미지가 한 텍스트에 공존하는 경우 이미지는 회화, 사진, 만화 등 다양한 매체로 변용, 치환, 융합되는 상호매체적 성격을 강하게 나타낸다. 이러한 상호매체성은 매체 결합, 매체교체, 매체 간 관련 등의 형태로 나타난다.[1] 그림책에서 다른 매체와의 결합 · 교체 · 관련 등의 상호작용이 활발하게 이루어지는 영역은 이미지인 경우가 대부분이다. 다양한 회화 양식뿐 아니라 다양한 오브제를 이용한 콜라주, 만화와 사진 등 다른 매체와의 상호작용을 통해서 이미지는 더욱 창의적이고 풍부해지고 있다. 따라서 이미지 텍스트의 표현형식이 다양해지고, 그 역할이 강조되고 있는 그림책에서 이미지 매체

---

[1]　고위공, 『문학과 미술의 만남』, 미술문화, 2004.

의 변화와 그 변화가 가져온 의미에 주목할 필요가 있다.

이와 같은 이미지 매체의 변환과 상호작용은 그림책에서도 영향을 미치고 있다. 그림책에서는 만화나 애니메이션과의 상호작용이 활발하게 이루어지고 있고, 사진이나 영화 등의 영향도 어렵지 않게 만날 수 있다. 더욱이 컴퓨터와 스마트폰 등의 전자매체는 읽기의 내용과 방법에까지 영향을 미치려 하고 있다. 그림책을 이루는 구성 요소로서 이미지를 표현하는 매체 각각의 물리적 속성은 그림책의 해석 및 수용에 영향을 미치며, 매체간의 상호작용은 그림책 텍스트의 구조와 내용을 변화시킬 것이다. 그러므로 그림책과 다른 매체들의 간의 상호작용에 대한 연구는 그림책 연구자들뿐만 아니라 작가들에게도 필수적이라 할 수 있다.

송미선과 서정숙[2]은 1996년 이후 9개 학회지를 대상으로 277편의 그림책 관련 논문의 경향을 분석하였는데, 그 결과 교수방법(43.7%), 그림책 분석(31%), 유아반응(15.9), 기타(9.4%)의 순으로 나타났다. 특히 2006년 이후 그림책 분석에 관한 연구가 활발하게 이루어지고 있음은 고무적이었다. 그러나 그림책이 글과 그림으로 이루어진 텍스트임에도 문학적 요소·장르나 종류·개별 작품 분석에 관한 연구가 주를 이루었고, 매체나 이미지에 관한 연구는 86개 논문 중 3건에 불과했다. 이 연구 결과는 그림책이 문학성과 예술성을 추구하는 매체이지만 두 영역에서의 균형 있는 연구가 이루어지지 않고 있음을 알게 해준다.

김정아[3]는 그림책의 이미지 표현 기법과 어린이들의 선호에 관한 선

---

2   송미선·서정숙, 「국내 학술지에 나타난 그림책 관련 논문의 경향 분석」, 『어린이문학교육연구』 13-1, 한국어린이문학교육학회, 2012, 1~17쪽.
3   김정아, 「한국전래동화 일러스트레이션 분석」, 『한국과학예술포럼』 14, 한국전시산업융합연구원, 2013, 105~115쪽.

행연구를 검토하여 도출한 연구 결과에 따라 세 그룹으로 나누었다. 사실적인 그림을 선호한다는 그룹, 환상적·만화적 또는 양식적 그림을 선호한다는 그룹, 그리고 내용에 따라 선호하는 그림이 달랐다는 그룹이었는데, 자신의 연구 결과는 위의 세 그룹과는 다르게 나타났다고 하였다. 즉, 유아들은 그림책의 표현 기법보다는 등장인물의 특정 행동과 얼굴 묘사, 주변 배경 등의 요인에 대한 개인적 선호가 더 큰 것으로 나타났으며, 통계적으로 유의미하지는 않지만 만화적 표현에 반응 빈도가 높았다고 하였다.[4] 이 연구 결과는 그림책의 이미지 표현 기법에 있어서 독자들의 선호도는 특정 기법보다는 개인적인 측면이 강하다는 것을 말해준다. 이는 그림책의 독자인 어린이들이 다양한 표현 기법들을 즐기고 있다는 의미이며, 만화적 표현에 대한 독자의 흥미를 짐작할 수 있다. 그러나 이 연구는 텍스트의 내용과 목적에 따라 다양한 표현 기법이 활용될 수 있는 가능성을 보여주었다 할 수는 있지만, 그림책에서의 이미지 자체를 다루는 것은 아니라 할 수 있다.

또한, 이선경과 이경임[5]의 경우에는 예술적 관점에서 그림책과 만화의 상호작용을 다루고 있다.[6] 이 연구는 만화적 기법이 차용된 그림책 연구 중 초기에 이루어진 것 중 하나라 할 수 있는데, 주로 예술적 감상의 측면에서 논의되고 있다. 이처럼 예술적 측면에서 접근한 경우 그림책이라는 독특한 매체적 특성에 대한 이해가 부족하다 할 수 있다.

---

4   김정아(2013)는 만 5세 유아를 대상으로 하여 이미지 표현 기법에 따른 선호도를 연구하였다.
5   이선경·이경임, 「컷 분할 그림책의 예술성에 대한 연구」, 『디자인학연구』 제45호, 한국디자인학회, 2002, 339~347쪽.
6   이 연구는 예술성에 영상매체 중 하나인 만화의 특성을 컷 분할 형식이라고 하며, 이와 같은 형식을 그림책에 도입하면 새로운 조형적 요소를 이해하는 시각적 경험이 될 수 있다고 하였다.

앞에서 살펴본 선행연구들을 통해 그동안 이루어져 온 문학적 측면에서의 연구와 함께 예술적 측면과 매체적 측면에서의 연구가 양적으로나 질적으로 더 정치하게 이루어져야 할 필요성이 있음을 알 수 있다. 특히, 표현 기법의 선호도를 묻는 기존의 선행연구 외에도 텍스트의 내적인 이유, 예를 들면 내용이나 읽기 목적에 따른 적절한 매체적 표현 기법과 이의 활용 등에 대한 구체적인 연구가 더해져야 할 것을 시사한다. 따라서 그림책 이미지에 다양한 매체의 표현들이 공존하고 있고 전자매체로까지 그 영역이 확장되고 있는 현 시점에서 각각의 매체는 어떤 특성이 있고, 그림책에서는 어떤 방식으로 나타나고 있는 가를 살펴보아야할 필요가 있다.

본고에서는 그림책의 이미지를 구성하는 다양한 매체들 중에서 대표적으로 만화를 선택하였다. 이는 어린이용 도서에서 만화가 큰 비중을 차지한다는 이유도 있지만, 그림책에서도 내용과 표현 형식을 논하지 않고서도 만화 같다고 느껴지는 그림을 쉽게 만날 수 있기 때문이다. 따라서 서사가 있는 그림책에서 이미지에 나타나는 만화적인 표현에 초점을 두어 그 특징과 의미를 고찰해 보고자 다음과 같은 연구문제를 설정하였다.

첫째, 그림책에서 나타나는 만화적 표현의 특징은 무엇인가?[7]
둘째, 만화적 기법을 사용하는 그림책이 갖는 의미는 무엇인가?

---

[7] 본고는 '만화적 표현'을 '회화에서 사용되는 여러 기법 중 하나인 만화적 기법'으로서가 아닌 '만화라는 독립된 매체의 특성을 잘 나타내는 표현 방법, 즉 만화를 만화답게 표현하는 기법'을 의미하는 기호론적 관점을 취한다. 따라서 본고에서 그림책과 만화는 각각의 특성을 가지는 별개의 매체이며, 이들 사이의 변환과 상호작용이 중요한 주제가 된다.

연구를 위한 분석 대상 도서는 최근에 발행된 서사가 있는 그림책으로서 만화적 표현이 잘 드러나는 것으로 하였다. 구체적인 선정 기준으로는 첫째, 시기적으로 최근의 것을 대상으로 하였다. 둘째, 우리나라 작가의 책을 중심으로 선정하였다. 셋째, 공신력 있는 기관에서 추천한 도서 중에서 선정하였다. 그 외에 추가적으로 웹툰 작가인 강풀의 작품을 선택함으로써 만화적 특징을 살펴보고자 하였고, 외국의 책으로는 포스트모던 경향을 나타내는 David Wiesner의 그림책 중에서 최근의 것으로 선택하였다.

분석 대상 도서는 한국어린이문학교육학회 추천도서 중에서『레스토랑 Sal』(소윤경, 2013), 『안녕, 멍멍 컹컹』(손미영, 2013), 『엄마』(김우선, 2011)를 선정하였고, 『안녕, 친구야』(강풀, 2013), 『할아버지 방패』(윤문영, 2014), 『이봐요, 까망씨!』(David Wiesner, 2013)를 더하였다.

〈표 1〉 분석 대상 도서

도서명	작가	출판년도	만화적 표현	기타
레스토랑 Sal	소윤경	2013	프레임, 동작선, 배경	한국어린이문학교육학회 추천도서
안녕, 멍멍 컹컹	손미영	2013	타이포그래피	한국어린이문학교육학회 추천도서
엄마	김우선	2011	캐릭터, 말풍선, 동작선, 타이포그래피	한국어린이문학교육학회 추천도서
안녕, 친구야	강풀	2013	캐릭터, 배경	웹툰 작가의 그림책
할아버지 방패	윤문영	2014	말풍선, 동작선, 타이포그래피,	타이포그래피 활용
이봐요, 까망씨!	David Wiesner	2013	프레임, 말풍선, 동작선, 캐릭터	2014 칼데콧상 수상작

2. 그림책과 만화의 표현 방식의 차이

1) 그림책과 만화의 구분

그림책과 만화는 글과 그림으로 일정한 메시지를 전달하고 즐거움을 주는 인쇄매체라는 공통점이 있다. 그림책이 어린이를 비롯한 비문해자를 위해 탄생되어 오늘날 고유한 장르로 자리매김한 것처럼 만화역시 글을 읽기가 익숙지 않은 이들에게까지 메시지를 전달하기 위해태동되어 오늘날 제9의 예술로 인정되고 있다는 점은 같은 맥락이라할 수 있다. 이와 같은 유래에서 볼 때, 그림책과 만화의 유래에서 이들의 기본적인 기능은 커뮤니케이션 매체로서 정보 전달에 있으며, 점차예술적인 영역으로 확장되었음을 알 수 있다.

그러나 그림책에서의 그림은 미적 감상을 위한 일반적인 그림과는달리 이야기의 전달을 돕기 위해 존재한다면,[8] 만화는 그것이 드러내는 상황이 무엇이든 단순하고 과장된 그림[9]이라는 측면에서 서로 차이가 있다. 그림책은 그림으로 장면을 묘사하고 글로는 소리를 재현함으로써 상호작용하며 이야기를 전달하는 경우가 많지만(현은자 외, 2004), 만화는 커뮤니케이션이 목적이기 때문에 단순하고 과장된 왜곡된 그림으로 제시하는 것[10]이 일반적이라 할 수 있다. 즉, 그림책은 글과 그림으로 된 이코노텍스트(iconotext)라 할 수 있는 반면, 만화는 글보다 그

---

8   Perry Nodelman, 김상욱 역, 『그림책론(*Words about pictures : The narrative art of children's picture books*)』, 보림, 2011.

9   Randall P. Harrison, 하종원 역, 『만화와 커뮤니케이션 (*The cartoon, communication to the quick*)』, 한나래, 2008.

10 Randall P. Harrison, 하종원 역, 앞의 책, 19쪽.

림에 더욱 비중을 둔 매체라 할 수 있다.

2) 그림책의 표현 기법

그림책에 존재하는 다양한 예술적 양식으로 재현주의, 표현주의, 인상주의, 만화, 민속그림 등이 있다.[11] 이 중에서 어린이 그림책에서 가장 많이 사용되며, 눈에 보이는 것처럼 사실적으로 사물을 표현하는 방법이 재현주의 화법이다. 김정아[12]는 그림책의 표현 기법을 사실적 표현 기법과 만화적 표현 기법으로 구분하고, 사실적인 표현 기법은 바로 눈앞에 있는 것처럼 극사실적으로 묘사한 것부터 선으로 단순하게 그려진 것에 이르기까지 다양한 층위로 표현되며, 실제 대상에 기초하여 재현되었기 때문에 사물을 더 쉽고 친숙하게 인식할 수 있다는 장점이 있다고 하였다. 그리고 만화적 표현 기법은 인물·배경·행동 등의 묘사가 단순하고 과장되게 표현되어 있어 해학적이고, 그 내용이 강하게 전달된다는 점을 특징으로 들었다.[13]

3) 만화의 구성 요소

만화는 커뮤니케이션을 목적으로 하는 상황에서 그것이 수행하는 역할에 따라 부호·복잡성·내용에 따라 광범위하게 나타나며, 내용

---

11 김세희, 『어린이의 세계와 그림이야기책』, 양서원, 1995, 20~26쪽.
12 김정아, 「한국전래동화 일러스트레이션 분석」, 『한국과학예술포럼』 14, 한국전시산업융합연구원, 2013, 105~115쪽.
13 위의 책, 109쪽.

의 전달 면에 있어서는 평탄화·첨예화·동화라는 과정이 이루어진다.[14] 이와 같은 만화를 구성하는 요소를 형식적인 면, 내용적인 면, 인상학적 해석, 표현 기법, 시각 언어 등 크게 5가지로 구분할 수 있다.[15]

주형일[16]은 만화를 다른 그림과 구별 짓는 특성은 내용과 형태라는 두 차원에서의 단순화와 과장이라고 하며, 만화의 독특한 구성 요소로서 프레임(frame)·캐릭터(character)·동작선(motion line)·타이포그래피(typography)·말풍선(balloon)·배경(setting) 등을 제시하였다. 이상의 요소들은 모두 그림의 형태 차원에서 일컬어지는 것들이다. 따라서 '정보를 전달하거나 미적인 반응을 일으킬 목적으로 그림과 그 밖의 형상들을 의도한 순서로 나란히 늘어놓은 그림 및 기타 형상들'이라는 Scott McCloud[17]의 주장처럼 만화의 특징적인 구성 요소는 그림에서 찾는 것이 타당할 것이다.

만화의 시각적 표현 요소 중에서 가장 큰 특징은 칸 또는 프레임(frame)에 그림이 그려진다는 것이라 할 수 있다.[18] 칸은 만화의 가장 기본이 되는 단위이며, 프레임은 만화가 그려지는 공간의 틀을 말한다. 만화의 등장인물을 캐릭터라고 하는데, 캐릭터는 인물의 내면을 포함한 모든 성격을 표현할 수 있도록 과장되고 특징적인 모습으로 묘사된

---

14 Randall P. Harrison, 하종원 역, 앞의 책, 30~31쪽, 100쪽.

15 김의숙, 「어린이 그림책 일러스트레이션과 만화―만화의 crossover 경향에 대해서」, 『어린이문학교육연구』 창간호, 한국어린이문학교육학회, 2000, 63~81쪽.

16 주형일, 『영상매체와 사회』, 한울아카데미, 2004, 183~184쪽.

17 Scott McCloud, 김남호 역, 『만화의 이해(*Understanding comics*)』, 비즈앤비즈, 2012 (원본 1993년), 30쪽.

18 본고에서는 칸과 프레임을 같은 의미로 사용한다. 이는 주형일이 '프레임은 만화가 그려지는 공간의 틀'로 본 것과 같은 시각이다. Scott McCloud(2008)는 프레임을 칸 안에 그려지는 시야로 설명하며 주형일과는 다른 의미로 사용한다. 그는 프레임이 세세한 디테일을 보여주기 위해 특정 동작을 가깝게 보여주거나 그 과정에 참여하는 느낌을 주기 위해 멀리 그려 독자들에게 이야기 내부 세계에 대한 인상을 심어주고 그 세계 속에 독자가 처한 위치를 느끼게 해준다고 하였다.

다. 만화에서 등장인물들은 말풍선을 사용하여 대화한다. 의미를 전달하기 위해 말풍선 이외에도 글자나 부호를 이용하여 효과음을 나타낸다. 효과음은 의성어나 의태어의 글자와 모양을 달리하여 시각적인 효과를 일으키는데 이를 타이포그래피라고 한다. 또한, 만화는 2차원의 평면에 그려진 정지된 그림이기 때문에 동작선과 집중선 등을 사용하여 연속된 움직임의 효과를 준다.

이상의 요소들은 만화의 특징적 요소로서 그림책에서도 빈번하게 사용되는 표현 기법들이다.[19] 이 요소들이 그림책에서는 어떻게 표현되며, 그 특징은 무엇인지, 그리고 어떠한 효과를 기대할 수 있는지 다음 장에서 구체적인 사례를 통해 분석하기로 하겠다.

3. 그림책에서 나타나는 만화적 표현 분석

1) 프레임과 칸 그리고 홈통의 활용과 특징

프레임(frame)은 만화에 사용되는 구성 요소로 그림의 틀을 의미한다. 만화는 프레임 안에 그림이 그려지며, 칸은 만화 구성의 최소 단위로서 칸의 연속을 통해 이야기가 진행된다. 만화에서 한 장면을 그리는 칸의 크기와 형태는 설화행위 상의 경제원칙에 따라 결정되며, 표현하고자 하는 정보의 양과 강조의 정도 · 앞뒤 칸들과의 관계 · 대사의 많고 적음 · 배열되는 위치 등에 따라 달라진다.[20] 그림책에서는 프레임을 그림틀이라

---

19   본고에서는 이와 같은 만화의 특징적 요소들이 나타나는 표현을 만화적 표현이라고 한다.

고 하는데, 한 편의 그림책에서 프레임의 사용 유무는 일관성을 가진다.[21]

『안녕, 멍멍 컹컹』(손미영, 2013)의 경우, 〈그림 1〉에서 보는 것과 같이 왼쪽 면의 그림은 여백 없이 배경까지 현실감 있게 표현하고 오른쪽 면의 그림은 흰색 바탕에 네모 프레임을 사용하여 한 쌍의 그림이 되도록 그려져 있다. 현실의 모습(보이는 세계)는 왼쪽 면에 미래의 모습(기대하는 세계)은 오른쪽 면에 표현하였다. 작가는 전달하려는 자신의 생각을 현실적인 것과는 대비되도록 그림에 색의 사용을 절제하면서 프레임을 사용함으로써 독자의 시각을 고정시킨 것으로 보인다. 이는 프레임이 있는 그림은 그림과 여백을 구분하여 그림이 명확하고 형식적으로 보이도록 하는 효과가 있어 독자에게 객관적인 관점을 갖게 한다는[22]과 같은 맥락으로 해석할 수 있다.

『레스토랑 Sal』(소윤경, 2013)에서는 다양한 칸의 사용으로 역동적으로 서사를 이끌며 충격적인 느낌을 시각화한다. "행복한 재료들이 최상의 맛을 내는 법이니까요"라는 텍스트와 함께 제시된 5번째 그림은 양쪽 펼침면을 48개의 작은 칸으로 나누어 음식을 먹는 모습과 다양한 종류들을 묘사하고 있다. 이와 같은 표현은 동시에 일어나고 있는 다양한 모습들이 나타내고 있는 많은 정보를 보여주기 위해 칸 나누기 기법

---

20 四方田犬彦, 김이랑 역,『만화원론(漫畵原論)』, 시공사, 2000(원본1994), 39~40쪽.

21 프레임은 그림책과 만화에서 사용되는 구성 요소이다. 그림책에서 프레임은 독자가 보아야할 것을 강조하고, 우리가 살고 있는 실제 세계와 재현된 세계인 허구 세계를 구분하는 역할을 한다. 또한, 그림책에서 프레임은 그림을 더욱 단정하게 하고 덜 역동적인 것으로 만들어 묘사하는 사건에 대해 객관적이고 비정서적인 관점을 갖도록 한다(페리 노들먼,『그림책론』, 1988, 101쪽~106쪽 참고). 한편, 만화에서의 프레임은 만화가 그려지는 공간을 제한하는 틀로서, 종이 위에 재현된 이야기 세계의 시간과 공간을 나누는 지표라 할 수 있다(스콧 맥클라우드,『만화의 이해』, 1993, 107쪽 참고).

22 Perry Nodelman, 김상욱 역,『그림책론(Words about pictures: The narrative art of children's picture books)』, 보림, 2011.

〈그림 1〉 손미영의 『안녕, 멍멍 컹컹』 중에서

을 사용하여 제시한 것으로 보인다. 컷을 분할하여 표현함으로써 경제적으로 그림책에 많은 정보를 붙여 넣는 효과를 가지고 왔다.

또한, 6번째 펼침면은 모두 6개로 분할되어 그림이 그려져 있다. 왼쪽 면에 그려진 5개의 작은 그림은 주인공의 이동을 순서대로 보여주고 있고, 오른쪽 면에서는 동물과 함께 구멍 속으로 빨려들어 가는 모습을 하나의 그림으로 보여준다. 이것은 컷을 분할하여 그림을 그림으로써 그림의 장수가 늘며 컷을 보는 순서가 정해져 이야기의 내용과 움직임을 알기 쉬우며, 내용을 인상적이게 하고 속도감을 높일 수 있는 효과를 보여주고 있다.[23] 만화에서의 컷 분할 기법을 통해 보다 많은 정보를 제공하고 주인공의 행동에 대한 시간적인 나열을 나타내고 있다.

특히, 10번째 펼침 면에서는 작은 몇 개의 칸으로 하나의 칸을 이루는 방법을 사용하고 있다. 작은 칸들 사이의 빈 공간은 독자로 하여금

---

23   이선경・이경임, 「컷 분할 그림책의 예술성에 대한 연구」, 『디자인학연구』 제45호, 한국디자인학회, 2002, 343쪽.

철창을 연상하게 하여 동물들이 철창에 갇힌 모습을 묘사하고 있다는 새로운 의미를 그림에 부여하게 한다. 만화에서 홈통이라고 부르는 이 공간은 특별한 의미가 있지는 않지만 독자는 상상을 하여 이 공간을 채워 넣는다. 즉, 독자는 작가가 묘사한 칸과 칸 사이에 자신의 상상을 넣어 하나의 의미로 연결하는 연결성 완성작용을 통해 이야기를 완성한다. 이와 같은 연상작용은 독자로 하여금 더욱 그림과 이야기에 몰입하고 유추할 수 있게 하여 적극적인 독서로 유도하고 있다고 보인다.

『이봐요, 까망씨!』(David Wiesner, 2013)의 경우, 각각의 장면에는 프레임이 있기도 하고 없기도 한데, 양쪽 펼침면에 한 장면을 그린 그림부터 한 면에 7개의 장면이 그려진 것까지 총 90개의 장면이 있어 평균한 면에 3개의 장면이 그려져 있다. 이처럼 많은 장면은 일반적인 그림책에서는 드문 표현 방식이다. 그림텍스트만으로 이야기를 전달해야 하는 글 없는 그림책에서는 30면 내외로 제작되는 그림책의 물리적인 한계를 고려하지 않을 수 없다. 따라서 그림이 전달해야 하는 많은 양의 정보를 표현하기 위해서 한 면을 여러 장면으로 나누어 그리는 칸 자르기 기법이 사용된 것으로 보인다.

외계인들이 개미와 무당벌레를 만나 친구가 되는 과정이 모두 10개의 장면으로 그려져 있다. 서술시간동안 일어난 구체적인 일들을 차례대로 여러 장면의 그림으로 나누어 보여주어 독자로 하여금 구체적이고 실감나는 이야기를 구성할 수 있게 해 준다. 이는 이선경과 이경임[24]의 연구에서 그림책을 컷으로 나누는 것으로써 영화나 에니메이션과

---

[24]   위의 글, 342쪽.

같은 움직임의 감각이 더해져 복잡한 테마의 작품에도 적용되어 많은 정보를 담을 수 있는 것이 가능하다고 한 것과 일치하는 것으로, 이는 다수의 지식그림책들이 칸 나누기 기법을 사용하는 근본적인 이유가 될 것이다. 만화의 연속된 프레임을 차용한 이와 같은 기법의 그림들은 일정한 서사시간에 일어나는 일들을 차례대로 나타내어 이야기를 치밀하게 해주고 많은 정보를 한정된 지면에 표현하기에 유리하다.

또한, 까망씨가 우주선을 가지고 노는 다양한 동작들을 묘사한 연속된 프레임들은 고양이의 연속 동작을 차례로 나누어 제시하여 영화에서 정지영상에 의해 움직임을 표현하는 것과 같은 효과를 준다. 또한, 외계인이 자르는 물건의 종류를 순서에 따라 나열하여 표현함으로써 5개의 프레임들은 소재 간의 이동을 보여주고 있다. 외계인이 숨어 있던 구멍 속에서 나와 거실을 지나 우주선에 이르기까지 3개의 프레임들은 장소의 이동을 보여주어 배경이 되는 공간의 크기와 거리에 대한 상상을 구체화할 수 있게 하였다. 이는 칸의 형식을 이용하여 순간의 행동을 나타내고, 이 칸과 칸 사이의 공간에서 시간 개념이 생기게 된다.[25] 그리고 칸과 칸 사이에서 사건·장소·사물 등의 이동이 이루어진다.

이상 『안녕, 멍멍 컹컹』(손미영, 2013), 『레스토랑 Sal』(소윤경, 2013), 『이봐요, 까망씨!』(David Wiesner, 2013)에 나타난 만화적 요소인 프레임과 칸 그리고 홈통의 표현을 살펴보았다. 프레임은 그림책에서 독자로 하여금 객관적 시각을 갖게 하여 세계를 구분하는 기능을 하고 있었고, 칸으로 나누어진 그림들은 많은 정보를 경제적으로 표현하고 있었다. 또

---

25 김이산, 『똑똑똑 그림책』, 현암사, 2004, 135쪽.

한, 프레임의 크기를 변화시킴으로써 시간의 순차적 흐름과 속도감을 주었고, 칸과 칸 사이의 홈통을 활용하여 소재와 장소의 이동 외에도 그림에 의미를 강화하는 역할을 하고 있는 것으로 나타났다.

2) 타이포그래피의 활용과 특징

만화에서는 언어의 활자를 변형하여 글자 그대로의 언어적 의미 이외에도 여러 가지 메시지를 전달할 수 있다. 이와 같이 글자의 모양이나 크기를 변화시킴으로써 소리나 감정 등의 속성을 시각화하여 표현하는 것을 타이포그래피라고 한다. 큰 소리는 크고 굵은 활자로 표현하며 소곤거리는 소리, 날카로운 소리 등도 시각적으로 표현할 수 있다. 그림책에서 글자 자체가 그림으로 작용하는 의성어와 의태어의 언어적 표현을 만화에서는 오노마토페(onomatopoeia)라고 한다. 이와 같은 표현 기법은 그림을 보면서도 웃음소리가 들리거나 행동을 재현하는 듯한 공감각적 효과를 불러일으킨다.

앞서 보았던 〈그림 1〉의 『안녕, 멍멍 컹컹』(손미영, 2013)의 경우에도 강아지들의 짖는 소리를 시각화하여 나타내고 있다. 한글과 외국어로 함께 표현되었는데 글자의 모양·크기·배치를 달리함으로써 종류가 다른 강아지들의 짖는 소리가 시각적으로도 다르게 인식될 수 있도록 하였다. 그림으로서 시각화된 소리는 강아지들의 성격을 유추하는 데 정보를 제공하며 시청각적 재미를 주는 요소로 작용하고 있다.

『엄마』(김우선, 2013)에서는 텍스트를 그림과 함께 혹은 프레임 밖에 나타내었고, 말풍선도 몇 군데 사용되었다. 글자의 크기와 모양을 다양하게 그림으로 표현하고 있어 텍스트 전체가 타이포그래피라고 할 수 있다. 특히 와락·쪽·쏭·쏴아·토닥닥닥닥·쑥·착·쌕쌕·번쩍 등의 의성어와 의태어도 느낌을 살리기 위해 글자의 크기와 굵기를 변화시켜 표현하였고, 글자에도 동작선을 함께 표현하여 강도와 방향을 표현하고 있다. 이와 같은 서체의 변형, 즉 타이포그래피는 일차적으로 이미지 내부에서 시각적인 대상으로 작동하여 즐거움을 줄 수 있다. 또한, 글자의 형태와 배치는 책을 이해하는 데 영향을 미치게 되어 글자의 크기나 모양, 배치된 위치에 따라 독자가 글 텍스트를 읽는 시간과 이해가 달라질 수도 있다.

〈그림 2〉는 『할아버지 방패』(윤문영, 2014)중에서 공이 방패에 맞고 튕겨져 날아가 아빠의 배를 맞는 그림이다. '팅'하는 글자 앞에도 작은

〈그림 2〉 윤문영의 『할아버지 방패』 중에서

동작선을 주어 소리가 울리는 듯 재미있게 표현하였고, '빵'하는 소리
의 울림을 글자가 물결치듯 표현하여 소리가 느껴지는 것처럼 가시화
하였다. 동작선을 동작의 실감나는 표현뿐 아니라 의성어와 의태어에
시각적인 재미를 주는 타이포그래피로써도 사용하고 있다.

이상에서 살펴본 『안녕, 멍멍 컹컹』(손미영, 2013), 『엄마』(김우선, 2013),
『할아버지 방패』(윤문영, 2014)에서 알 수 있듯 그림책에서 타이포그래피는
주로 의성어나 의태어를 묘사하여 시청각적 재미를 주는 역할을 하고
있는 것으로 나타난다.

3) 말풍선의 활용과 특징

말풍선은 만화에서 등장인물의 발화를 표시하는 독특한 장치로서,
풍선모양의 그림 내부에 글을 표시하는 기능을 한다. 말풍선은 그 크기
와 모양에 따라 소리와 생각의 다양한 속성을 전달할 수 있다. 말풍선
으로 발화를 처리하게 되면 등장인물들에게는 보이지 않지만 그들 간
의 의사소통을 원활하게 하고, 독자가 이해하기 쉬운 형태로 가시화된
다. 또한, 말풍선 내부의 언어적 메시지는 가능한 한 생략되어 필요한
최소한의 대사만 존재하고, 정확한 의사소통을 위해서 중요하지 않은
주변의 이야기들은 생략된다. 즉, 말풍선은 형태상으로는 시각적 텍스
트(그림)에 속하나 글과 그림의 관계에서는 시간적 특성을 갖는 언어텍
스트(글)에도 속하며, 그 특성은 의인화, 시간성, 유희성 등 3가지로 구
분할 수 있다.[26]

David Wiesner의 그림책에는 말풍선이 자주 등장한다. 『이봐요, 까

망씨!』(David Wiesner, 2013)의 경우에도 등장인물들의 발화를 말풍선을 사용하여 표현하고 있다. 말풍선으로 발화자가 누구인지 명확해지고, 발화의 내용도 가시화 되며, 말풍선의 크기와 모양에 따라 청각적 자극을 주고 있다. 나아가 서로 다른 말풍선 모양이 발화자의 특성을 상징적으로 나타내고 있다. 까망씨 주인의 타원형 말풍선은 얼굴을 보여주지 않는 것과 동일하게 독특한 특징이나 정서적 느낌이 없다. 까망씨의 뾰족뾰족한 선으로 된 말풍선은 신경질적인 울음소리와 기분 상태를 강조하여 나타내고 있다. 외계인들의 사각형 말풍선은 논리적이고 기계적으로 느껴지고, 개미와 무당벌레의 구름 모양 말풍선은 정형화되지 않은 자유로운 느낌을 주어 그들의 성격을 유추할 수 있는 정보를 준다.

『할아버지 방패』(윤문영, 2014)에서는 말풍선이 자주 등장하는데, 〈그림 3〉에서 보면 까만색 풍선 안에 흰색 글자로 써져 있다. 설명글 없이 말풍선 안의 텍스트만으로 이야기의 흐름을 연결할 수 있으며, 말풍선 안의 짧은 글에는 기호가 함께 사용되어 발화자의 느낌을 잘 전달할 수 있도록 하였다.

이상, 『이봐요, 까망씨!』(David Wiesner, 2013)와 『할아버지 방패』(윤문영, 2014)에서 말풍선을 살펴보았다. 그림책에서 말풍선을 사용함으로써 등장인물들은 자연스럽게 소통할 수 있게 되었으며, 독자를 향해서 직접적으로 이야기할 수 있게 되었다. 말풍선을 통한 발화는 독자에게 텍스트의 정확한 메시지 수신을 가능하게 하고, 발화자가 독자에게 직접 이야기함으로써 더 많이 감정적으로 연결될 수 있게 하였다. 또한,

---

26   김영호, 「이코노텍스트로서 말풍선에 대한 소고」, 『기초조형학연구』 9-3, 한국기초조형학회, 2008, 65~73쪽.

〈그림 3〉 윤문영의 『할아버지 방패』 중에서

말풍선은 시청각적 자극을 준다는 측면에서 독자들이 그림책을 쉽게 이해하고 재미를 느낄 수 있게 하는 역할을 하고 있다.

4) 캐릭터의 활용과 특징

만화의 등장인물을 캐릭터라고 한다. 캐릭터의 시각적 형태는 그 캐릭터의 성격, 기분, 태도 등의 내면을 형상화하고 있어 캐릭터만 보아도 그 인물을 판단할 수 있다. 다시 말해 캐릭터의 형태는 인물의 성격을 시각적으로 명확하게 묘사함으로써 독자로 하여금 등장인물의 성격을 쉽게 파악할 수 있게 한다. 캐릭터를 묘사하는 시각적인 형태는 캐릭터의 외적 속성뿐만 아니라 내적 속성까지도 드러낸다. 특히, 얼굴 묘사는 인물이 성격과 감정을 구체적이고 섬세하게 나타낸다. 캐릭터를 묘사하기 위해 사용하는 선은 인물의 성격을 그대로 반영하는데, 여자 또는 약자는 부드럽고 섬세한 선으로 표현되는 반면 강인한 남자는 굵은 선으로 표현하기도 한다.

『이봐요, 까망씨!』(David Wiesner, 2013)에서 까망씨는 사실적으로 묘사된 반면, 외계인들은 초록색 피부로 머리카락도 없는 긴 타원형 두상에 커다란 눈과 작은 입으로 단순화되어 상징적인 얼굴로 그려져 있다. 고양이, 개미, 무당벌레 등의 모습은 현실 세계에서 경험한 구체적인 개념에 근거한 그림이라 할 수 있다. 그러나 외계인은 상상 속의 존재로서 독자마다 가지고 있는 외계인에 대한 개념을 모두 포함할 수 있게 하기 위해 아주 단순하게 도상(icon)화하여 그린 것으로 보인다. 외계인이라는 추상적인 등장인물의 다양하고 구체적인 개념들을 아우를 수 있도록 하나의 도상적인 모습으로 캐릭터화 한 것은 만화적 표현이 그림책에서 효과적으로 활용된 것이라 할 수 있다. 특히, 외계인들의 생각이나 감정을 눈의 모양을 통해서 다르게 표현하고 있는데, 절망했을 때는 눈을 감고 있고, 골똘히 생각할 때는 눈꼬리가 위를 향하고, 난처할 때는 눈꼬리가 내려가는 등 눈의 모양을 다르게 표현하고 있다. 이것은 독자가 그림을 볼 때 눈, 입, 눈썹을 가장 주시하는 곳이라는 점에서 만화에서는 얼굴 표정이 눈·입·눈썹을 강조함으로써 그려지는데, 이들의 움직임은 특징적이며 많은 정보를 담고 있기 때문이다.[27]

〈그림 4〉에는 『안녕, 친구야』(강풀, 2013)의 주인공인 '나'는 3등신으

---

27   Randall P. Harrison, 하종원 역, 앞의 책, 105쪽.

로 머리 길이가 전체 신장의 1/3에 해당할 정도로 비정상적인 신체 비율로 그려져 있다. 일반적으로 성인의 경우에는 7등신 내외이고 신생아의 경우에는 4등신 정도인 것에 비교하여도 과장된 표현이다. 이처럼 과장된 신체 비율은 만화의 캐릭터를 귀엽고 순진하게 보이도록 하고 얼굴 표정의 표현에 도움이 된다(Randall P. Harrison, 1981; 108). 즉, '나'의 과장되게 그려진 커다란 머리는 '나'가 더욱 어리고 귀엽고 순진하게 보이도록 하며, '나'의 감정을 얼굴에 잘 표현할 수 있게 한다. 따라서 독자는 캐릭터의 커다란 얼굴 표정을 통해 구체적이고 다양한 정보를 얻을 수 있고, 등장인물과 동일시하기에 유리하다.

『이봐요, 까망씨!』(David Wiesner, 2013)와 『안녕, 친구야』(강풀, 2013)에서 살펴본 캐릭터는 데포르메(deformer)된 얼굴로 사실적 묘사에서 벗어

〈그림 4〉 강풀의 『안녕, 친구야』 주인공 캐릭터

나 특정 부분을 강조하거나 변형시켜 표현하였다. 불필요한 것을 삭제하고 기본적인 의미만을 강조하는 방식으로 표현되는 이와 같은 만화적 캐릭터는 등장인물의 성격을 한눈에 가시화하고, 독자와 등장인물과의 동일시에 효과적인 것으로 나타난다.

5) 동작선의 활용과 특징

만화의 언어에는 신체적 행동언어도 포함되는데, 만화나 그림책은 정지된 이미지이므로 신체적 행동의 연속적인 표현을 그림으로 나타내는 것은 어렵다. 이와 같은 행동의 표현 기법으로서 만화에서는 역동적인 행동이나 생동감 있는 움직임 또는 움직임의 방향 및 속도를 나타내기 위해 동작선을 사용하는데, 이는 일종의 시각적 언어로서 행동기호이다. 그림책의 경우 움직임이나 연속된 행동을 보여주기 위해 특징선(character line)이나 음영선(hatching)과 같은 선을 활용한다. 선의 굵기와 모양에 따라 연속된 행동을 보여주거나 감정과 느낌을 담은 선을 특징선이라고 하고, 명암 또는 질감을 표현하여 배경에 입체적인 공간을 표현하거나, 움직임의 방향을 나타내는데 사용되는 것을 음영선이라 한다. 그림책에서의 특징선은 만화에서의 동작선과 유사한 역할을 한다.

『엄마』(김우선, 2011)는 동작선의 사용이 많은 그림책이다. 아이가 엄마에게 와락 안기는 첫 장면에서도 아이가 뛰어온 걸음과 엄마에게 안기는 동작에 다양한 동작선을 사용하고 있다. 폴짝폴짝 뛰어왔을 것 같은 두 줄의 곡선과 엄마와 충돌한 순간의 아이와 엄마의 흔들림이 작은 곡선들로 표현되어 있다. 이와 같은 신체적 행동은 연속된 그림 또는 영상이 아닌 경우 표현하기 어렵다. 생동감 있고 과장되며 역동적인 움직임 또는 정서를 확실하게 표현하기 위해서 이와 같은 행동기호를 사용한다.[28]

또한, 엄마를 부르는 소리도 물결무늬를 그려줘 소리의 울림과 길이를 표현한다. 커다란 강아지가 아이의 얼굴을 핥는 장면에서도 아이의 입과 얼굴 주변에 그려진 짧은 물결무늬는 신체적으로 떨리는 움직임과 함께 심리적으로 긴장된 상태를 표현하였다. 이 그림책에서 동작선은 그 모양(직선, 곡선, 물결무늬)과 굵기(가는 선, 굵은 선), 길이(짧은 선, 긴 선), 중첩된 선의 개수에 따라 움직임의 방향성과 정도 차이를 표현하고 있으며, 등장인물의 내적인 정서상태의 표현에도 사용되고 있다.

그리고, 앞의 〈그림 2〉『할아버지 방패』(윤문영, 2014)에서 동작선을 살펴보면, 공의 움직임을 표현하는 동작선은 긴 직선으로, 아이와 아버지의 흔들리는 움직임은 짧은 직선과 곡선으로, 공이 배에 맞은 충격의 강도는 방사형으로 표현하였다. 동작선은 움직임과 움직임의 방향뿐 아니라 충격의 정도를 나타내는 역할을 하고 있는 것으로 나타났다.

『레스토랑 Sal』(소윤경, 2013) 중에서 16번째 펼침면의 왼쪽 그림은 소녀와 동물들이 탈출하기 위해 벽을 두드리는 장면이다. 동작선을 효과적으로 사용함으로써 움직임과 속도 그리고 충격의 정도까지 실감나게 나타내고 있다. 가는 직선을 겹쳐 그려놓은 달려가는 방향과 속도를

28　박채리는 「어린이 책에서 나타는 만화적 표현기법에 대한 연구」에서 본인의 작품인 어린이 만화 그림책 〈아기 벤 시리즈〉를 중심으로 컷, 말풍선, 행동기호를 분석하였다. 그러나 이 연구의 목적은 그림책이 만화의 범주 안에 들어갈 수 있음에 대한 근거를 제시하는 것으로 밝히고 있어, 본 연구와는 관점이 다르다(박채리, 「어린이 책에서 나타는 만화적 표현기법에 대한 연구」, 상명대 석사논문, 2013).

나타내었고, 곰과 소녀의 손바닥 주변에 그려진 곡선들은 벽과 부딪치는 충격의 정도를 알 수 있게 한다. 특히, 벽을 두드리는 소녀의 세 가지 팔 동작을 중첩하여 연결해 놓음으로써 소녀가 벽을 두드리는 반복적인 움직임을 리듬감 있게 '중첩동작' 기법으로 표현하고 있다.[29]

이상 살펴본 『엄마』(김우선, 2011)와 『할아버지 방패』(윤문영, 2014) 그리고 『레스토랑 Sal』(소윤경, 2013)에서는 정지된 그림에 역동성을 주기 위하여 동작선을 적극적으로 활용하고 있으며 동작을 중첩하여 그림으로써 반복적인 움직임을 표현하고 있는 것으로 나타났다. 그림책에서 만화적 표현인 동작선을 사용함으로써 움직임과 함께 방향성과 강도의 차이를 표현하고 있으며, 나아가 등장인물의 감정 표현에도 유효하게 사용되고 있다.

6) 배경의 활용과 특징

만화의 배경은 빈 공간부터 아주 정밀한 사실적 표현까지 다양한데, 작가의 의도에 따라 그 표현의 정도는 다르다. 만화에서의 배경은 3차원적인 현실을 바탕으로 그려지기도 하며, 만화의 분위기와 캐릭터의 심리 상태 등의 묘사가 가능한 초현실의 공간이다.[30] 만화에서의 배경은 회화에서처럼 2차원의 평면 위에 3차원의 공간 효과를 주기위해 원근법과 투시도법 같은 회화의 규칙들이 적용된다. 배경에는 바탕에 선

---

29 이와 같은 중첩된 동작 표현에 대해 기존에 정의된 용어가 아직 없어서 본고에서는 '중첩동작'이라는 용어로 칭하고자 한다.
30 이종한, 「예술매체로서 만화에 대한 연구」, 『예술과 미디어』, 11-1, 한국영상미디어협회, 2012, 193쪽.

을 그려 넣어 분위기와 감정을 전달하기도 하는데, 배경에 그려진 선은 짧거나 긴 선·둥글게 말린 선·거친 선 등 다양하다. 작은 점이나 선이 그려진 경우에는 기쁨·즐거움을 나타내고, 둥글게 말린 선은 불안함이나 깊은 생각, 거친 선은 분함·공포·야만 등을, 빈 공간의 경우에는 허무함·놀람 뜻밖의 일 또는 주인공을 부각시키기 위해 사용한다.[31]

『레스토랑 Sal』(소윤경, 2013)에는 배경이 다양한 만화적 기법으로 표현되어 있다. 6번째 펼침면의 왼쪽 그림은 소녀가 한 동물을 잡으려다 좁고 구불구불한 파이프 속으로 빨려들어 가는 장면이다. 이 그림에서 배경을 빨간 선과 검은 선의 나선으로 표현함으로써 혼란스럽고 두려운 감정과 함께 끝을 알 수 없는 공간과 시간의 흐름을 표현하고 있다. 그리고 이 책의 10번째 펼침 면은 18개의 작은 프레임으로 그림이 이루어져 있는데, 그중에서 왼쪽 면 3열 가운데 그림은 소녀가 놀라는 장면으로 그 배경을 직선의 밀도 차이로 처리하고 있다. 인물을 중심으로하여 밖으로 갈수록 점점 검게 표현함으로써 인물을 강조하고 소녀의 감정을 극대화하여 묘사하고 있는 것으로 볼 수 있다.

또한, 10번째 펼침 면의 오른쪽 2열 가운데 그림은 "완벽하게 보관되고 있습니다"라는 한 문장만이 써져 있는 검은 색 프레임의 그림으로 배경을 흰색 바탕 그대로 사용하고 있다. 이 그림은 배경을 생략함으로써 흰색과 검은색만으로 완벽함을 상징적으로 드러내고 있다. 특히, 12번째 펼침 면은 검은 색으로 배경을 처리하여 순간의 정지된 이미지를 강조하고 공포 분위기를 만들어낸다. 이처럼 배경을 비우거나 (흰색) 가득 채우는(검은색) 기법으로 시간의 흐름을 주도하고 감정의 종

---

31   위의 책, 194쪽.

류와 강도를 조절하고 있다.

이상 『레스토랑 Sal』(소윤경, 2013)에서는 배경에 나선모양을 활용한 표현, 직선의 밀도 차이를 이용한 표현, 그리고 흰색과 검은 색의 표현 등 다양한 만화적인 배경 기법을 사용한 것으로 나타났다. 이와 같은 표현을 활용한 배경은 3차원적인 공간을 묘사했다기보다 감정이나 분위기를 표현하는 역할을 하였다. 만화적 배경 기법이 그림책에 활용됨으로써 공간뿐 아니라 감정을 묘사하고 강조하는 기능을 하고 있는 것을 알 수 있다.

4. 논의 및 결론

지금까지 그림책의 이미지를 구성하는 다양한 매체들 중에서 대표적으로 만화 장르를 선택하여 서사가 있는 그림책의 이미지에 나타나는 만화적인 표현에 초점을 두어 사례를 통해 그 특징과 효과를 분석하였다. 분석 대상 도서로는 『레스토랑 Sal』(소윤경, 2013)과 『안녕, 멍멍컹컹』(손미영, 2013), 『엄마』(김우선, 2011), 『안녕, 친구야』(강풀, 2013), 『할아버지 방패』(윤문영, 2014), 『이봐요, 까망씨!』(David Wiesner, 2013) 등이었다. 이상의 도서에서 만화의 특징적 표현인 프레임, 캐릭터, 동작선, 타이포그래피, 말풍선, 배경 등을 살펴보았다.

분석도서들은 위의 6가지 만화적 표현 요소 중에서 작은 프레임의 연속적인 사용, 말풍선, 동작선과 중첩동작 등의 표현이 의미 있게 사용되고 있는 것으로 나타났다. 그리고 만화적 기법으로 배경을 표현함으로써 공간적 묘사보다는 감정의 묘사와 강조에 효과적으로 기능하는 것으로 나타났다. 그러나 만화적인 캐릭터와 타이포그래피의 활용은 만화에서처럼 적극적으로 나타나지는 않았다.

만화적 표현기법을 나타내는 그림책들을 분석한 결과 다음과 같은 논의가 가능하다.

첫째, 한 장면을 여러 프레임으로 나누어 작은 프레임이 연속적으로 그려지는 표현은 시간의 시각적 묘사가 가능하고 서술의 속도를 빠르게 조절하는 효과가 있어 정지된 이미지가 갖는 한계를 보완할 수 있다. 따라서 서사가 있는 그림책에 만화적 표현인 연속된 프레임을 활용하면 그림으로 표현되는 서사에 더욱 역동적인 리듬을 줄 수 있게 된다. 그리고 한 장면을 여러 프레임으로 나누어 순차적으로 제시된 만화와 같은 기법의 표현은 독자에게 정보의 취사선택과 읽기 순서를 제공해 주어 쉽게 이해되고 빠르게 읽을 수 있다. 뿐만 아니라 한 장의 그림을 여러 칸으로 나누어 제공함으로써 독자에게 이야기를 만들어가는 순서를 제시하고 중요한 정보를 강조할 수도 있다. 따라서 독자는 이야기의 구성과 내용 이해가 쉬워질 것이므로 독서능력이 낮거나 어려운 정보를 접하게 될 경우의 독해에 유리할 것으로 보인다. 그리고 지식·정보를 전달하기 위한 그림책의 경우처럼 전달하려는 정보양이 많은 경우에도 한정된 페이지 범위 내에서 효과적으로 정보를 전달하는 것이 가능할 것이다. 그러나 정지된 이미지라는 한계를 극복하기 위해 사용된 이와 같은 기법들이 그림책 독자에게 수동적으로 정보를 선택하게 하거나 흥미 위주의 가벼운 독서가 되게 할 가능성이 있다는 점 또한 고려되어야 할 것이다.

둘째, 말풍선의 빈번한 사용은 말풍선의 특징인 발화자를 분명히 하고 발화 내용을 간결하고 정확히 전달한다는 특징에 기인한 것으로 보인다. 말풍선은 글 텍스트 내용이 경제적으로 표현되고 시각적으로 흥미를 줄 수 있는 표현 기법이다. 그림책에 말풍선을 사용하면 그림과 글이 분리되지 않고 함께 표현되어 전달하는 내용이 분명해지고, 글과 그림 사이를 오가는 눈의 움직임이 적어지게 되어 읽기 속도가 빨라질 수 있다. 특히, 말풍선의 다양한 모양은 시각적인 효과와 함께 발화 내용에 속성을 부여할 수도 있다. 이와 같은 공감각적인 효과가 있는 그림책은 독자에게 더욱 입체적이고 유희적인 텍스트가 될 수 있을 것이다.

셋째, 만화에서 움직임의 속성을 나타내는 동작선과 중첩동작 등의 표현은 그림책의 그림에 있어서도 운동의 방향과 성질, 강도의 정도 등을 표현할 수 있어서 역동성을 준다. 그러나 그림에 동작선이나 중첩동작을 표현하지 않아도 이미 많은 정보를 내포하고 있으며, 독자는 움직임을 상상하며 그림책을 읽는다는 점에서 동작선의 표현이 시각적 유희성을 준다는 장점을 제외하고, 그림책에서의 효과는 무엇인가를 고민해 보아야 한다. 동작선의 빈번한 사용이 오히려 독자의 상상력을 제한하는 것은 아닌지, 유희적인 요소로만 작용하는 것은 아닌지 숙고해야 할 것이다.

넷째, 만화와 그림책이 표현하고 있는 배경은 상이한 점이 있다. 이는 그림책과 만화라는 매체에서 배경의 역할에 차이가 있기 때문인 것으로 해석할 수 있다. 그림책의 배경은 공간적 개념으로 등장인물이 행동하는 무대(setting)에 가까운 반면, 만화에서의 배경은 캐릭터와 구분되는 뒷면(background)으로서의 의미가 크다.[32] 예를 들면 그림책의 배경은 장소나 풍경과 같은 공간의 표현이 주를 이루지만, 만화에서는 배경이 감정을 표현하는데 효과적으로 사용되고 있다. 따라서 만화적인 배경 표현기법은 그림책에서 등장인물의 감정을 표현하고 강조하는 데에 효과적으로 활용될 수 있을 것이다.

다섯째, 만화적인 캐릭터와 타이포그래피의 표현은 그림책에서는 크게 효과적이지는 않다고 할 수 있다. 만화에서는 캐릭터의 생김새를 통해 인물의 성격과 감정 상태를 표현해야 하기 때문에 매우 과장되고 특징적이다. 하지만 그림책에서는 캐릭터의 생김새 이외에도 그 캐릭터에 대한 정보가 글텍스트 또는 그림텍스트에 주어진다. 따라서 그림책에서 캐릭터를 표현하는 방법은 만화에서처럼 과장하거나 단순화시키는 방식과는 다른 것으로 보인다. 한편, 타이포그래피의 표현에 있어서 그림책에서는 주로 글텍스트를 중심으로 사용되고 있으며, 이미지로서 표현되는 경우에는 시각적인 즐거움을 주기 위해 사용된다. 그림책에서의 타이포그래피는 만화에서와 같은 극적인 효과를 주는 것은 아닌 것을 알 수 있다.

이상의 내용을 토대로 내린 결론은 다음과 같다.

첫째, 그림책에서 나타나는 만화적 표현의 특징은 연속된 프레임, 동작선, 말풍선 등의 기법이 효과적으로 사용되고 있는 것이다. 이와 같은 만화적 표현은 그림책의 서사 구성과 표현에 있어서 속도감과 역동성을 주고, 메시지를 분명하고 직접적으로 전달할 수 있으며, 독자에게는 더욱 유희적인 텍스트로서의 효과를 기대할 수 있다. 또한, 만화적 표현의 배경은 등장인물

---

32 setting과 background 두 용어 모두 배경이라고 번역된다. 일반적으로 배경은 setting을 사용하고 있는데, 두 용어의 정치한 개념 정의가 필요하다.

의 감정이나 상황을 강조하여 표현하는 데 유효하다.

둘째, 만화적 기법을 사용하는 그림책이 갖는 의미는 만화적 기법을 사용하는 그림책은 기존의 그림책이 갖고 있는 문학성과 예술성에 정보전달력과 유희성을 더할 수 있다는 것이다. 그림책에 만화적인 특성을 융합하면 다룰 수 있는 소재나 주제가 다양해지고, 지면의 한계가 적어져 서사를 더욱 치밀하게 구성할 수 있으며, 담을 수 있는 정보의 양도 많아짐을 의미할 것이다. 이와 같은 그림책은 다양한 독자층에게 더욱 친근하게 전달할 수 있을 것이다.

본 연구는 그림책의 이미지와 상호작용하는 다양한 매체 중에서 만화만을 대상으로 하였다는 한계가 있다. 만화 이외에도 그림책의 이미지에 나타나는 다양한 매체들의 물리적인 특성과 상호작용에 대한 광범위한 연구가 필요하다. 또한, 본 연구에서는 논의되지는 않았지만 만화적 기법을 사용하는 그림책은 독자의 읽기방식에 변화를 가져올 수 있다는 점에서 독자의 수용에 대한 추후 연구가 필요하다.

‖ 참고문헌 ‖

[자료]
강풀,『안녕, 친구야』, 웅진주니어, 2013.
김우선,『엄마』, 휴먼어린이, 2011.
소윤경,『레스토랑 sal』, 문학동네, 2013.
손미영,『안녕, 멍멍, 컹컹』, 아지북스, 2013.
윤문영,『할아버지 방패』, 파랑새, 2014.

[논문 및 단행본]
고위공,『문학과 미술의 만남』, 미술문화, 2004.
김세희,『어린이의 세계와 그림이야기책』, 양서원, 1995.
김영호,「이코노텍스트로서 말풍선에 대한 소고」,『기초조형학연구』9-3, 한국기초조형학회, 2008.
김우선,『엄마』, 휴먼어린이, 2011.
김의숙,「어린이 그림책 일러스트레이션과 만화─만화의 crossover 경향에 대해서」,『어린이문학교육연구』창간호, 한국어린이문학교육학회, 2000.
김이산,『똑똑똑 그림책』, 현암사, 2004.
김정아,「한국전래동화 일러스트레이션 분석」,『한국과학예술포럼』14, 한국전시산업융합연구원, 2013.
박인하,『만화를 위한 책』교보문고, 1997.
박채리,『어린이 책에서 나타나는 만화적 표현기법에 대한 연구』, 상명대 석사논문, 2013.
송미선 · 서정숙.「국내 학술지에 나타난 그림책 관련 논문의 경향 분석」,『어린이문학교육연구』13-1, 한국어린이문학교육학회, 2012.
윤문영,『할아버지 방패』, 파랑새, 2014.
이선경, 이경임,「컷 분할 그림책의 예술성에 대한 연구」,『디자인학연구』제45호, 한국디자인학회, 2002.
이종한,「예술매체로서 만화에 대한 연구」,『예술과 미디어』, 11-1, 한국영상미디어협회, 2012.
주형일,「영상매체와 사회」한울아카데미, 2004.
현은자 · 강은진 · 변윤희 · 심향분,『그림책의 그림읽기』, 마루벌, 2004.

四方田犬彦, 김이랑 역,『만화원론(漫畵原論)』, 시공사, 2000(원본 1994).
David Wiesner,『이봐요, 까망씨!(Mr. Waffles!)』, 비룡소, 2014(원본 2013).
Francis Lacassin, 심상용 역,『제9의 예술 만화. ((La)Bande dessinee)』, 하늘연못, 1998.

Maria Nikolajeva, 서정숙 · 고선주 · 송정 · 오연주 · 이송은 · 강순미 외역, 『그림책을 보는 눈 (*How picturebooks work*)』, 마루벌, 2011(원본 2001).

Perry Noddelman, 김상욱 역, 『그림책론(*Words about pictures:The narrative art of children's picture books*)』, 보림, 2011(원본 1988).

Randall P. Harrison, 하종원 역, 『만화와 커뮤니케이션(*The cartoon, communication to the quick*)』, 한나래, 2008(원본 1981).

Scott McCloud, 김낙호 역, 『만화의 이해(*Understanding comics*)』, 비즈앤비즈, 2012(원본 1993).

_____, 『만화의 창작(*Making comics*)』, 비즈앤비즈, 2008(원본 2006).

플랫폼의 변화가 게임텍스트 구조에 미치는 영향

손충근

1. 서론

1) 연구의 필요성 및 목적

디지털게임은 사용자 개입에 의한 허구세계 변화를 특징으로 한다. 소설과 영화는 창작자에 의해 완결된 통합체 형태로 수용자에게 전달되는 반면, 디지털게임은 완결 가능성을 지닌 계열체만이 제시된다.[1] 때문에 디지털게임의 통합체 완성에 있어 사용자의 개입은 필수적일 수밖에 없다. 사용자 개입에 의해 복수성을 획득한 디지털게임은 '쓰는 텍스트'의 물리적 형태로 볼 수 있을 것이다.[2] 이 같은 디지털게임의

---

[1] 올셋은 디지털게임은 스크립톤이 아닌 텍스톤만 존재하며, 스크립톤을 완성하기 위해선 사용자의 행위에 의해 텍스톤이 결합되어야만 한다고 하였다(에스펜 올셋, 류현주 역, 『사이버텍스트』, 글누림, 2007, 125쪽).

특징은 사용자와 텍스트 사이에서 발생하는 상호작용에 의한 것인데, 직접적 상호작용이 가능하기 위해선 디지털매체인 게임플랫폼이 필수적이다.[3] 때문에 디지털게임의 가장 큰 특징인 사용자의 허구세계 개입을 위해서는 게임플랫폼이 필수적이며, 때문에 게임플랫폼과 게임 텍스트의 관계는 밀접할 수밖에 없다.

서사는 스토리와 서사담화로 구분할 수 있는데, 스토리는 내용을 서사담화는 전달방식을 의미한다. 서사의 내용인 스토리는 주체의 목표 달성 과정이란 점에서 디지털게임과 영화에서 차이가 없다. 때문에 디지털게임과 영화의 차이는 스토리가 아닌 서사담화에서 그 원인을 찾을 수 있을 것이다. 옹은 상이한 두 문화, 즉 구술문화와 문자문화를 말과 문자라는 매체 차이에 의한 것으로 보았으며,[4] 맥루한은 메시지가 미디어에 의해 결정된다고까지 말했다.[5] 채트먼에 따르면 서사는 스토리와 서사담화로 구분되며, 서사담화는 매체를 포함한다고 하였는데,[6] 이와 같은 언급은 메시지와 매체가 불가분의 관계임을 의미한다. 이런 관점에서 디지털게임은 디지털 매체, 특히 컴퓨터란 매체로 인한 새로운 형식의 서사로 볼 수 있을 것이다.

2　박진은 텍스트에 복수성을 최대로 승인하는 읽기 방식, 즉 '다시읽기'를 통해 바르트의 '쓰는 텍스트'를 설명한다. '다시읽기' 방식을 통해 텍스트는 복수적 텍스트로 태어나며, 복수적 텍스트는 일종의 관념으로서의 추상적 텍스트라 하였다(박진, 『서사학과 텍스트 이론』, 랜덤하우스중앙, 2004, 178~179쪽). 디지털게임은 사용자 각자의 방식으로 텍스트가 완성된다는 점에서 물리적 형태의 '쓰는 텍스트'로 볼 수 있다.

3　바르트는 텍스트를 무한한 시니피앙의 짜임으로 보며, 독자의 독서행위는 텍스트를 해체하는 것으로 본다(바르트, 김희영 역, 『텍스트의 즐거움』, 동문선, 2002, 8~10쪽). 바르트의 텍스트에 따르면 영화나 소설 역시 '해석'을 통해 '텍스트의 틈'을 수용자가 메우는 방식으로 상호작용이 발생하지만, '해석'은 개인적이며, 추상적 형태란 점에서 디지털게임과 다르다.

4　월터 J. 옹, 이기우·임명진 역, 『구술문화와 문자문화』, 문예출판사, 1995.

5　마샬 맥루한, 박정규 역, 『미디어의 이해』, 커뮤니케이션북스, 1997.

6　채트먼, 한용환 역, 『이야기와 담론』, 푸른사상, 2003.

디지털게임은 완결된 형태로 스토리가 전달되는 영화나 소설과 다른 방식으로 서사를 가능하게 한다. 그리고 디지털게임만의 서사 발생 방식은 하드웨어인 플랫폼, 즉 매체 차이에 의한 것이다. 즉, 상이한 매체는 상이한 메시지를 발생시키며, 각 매체에 최적화된 방식의 메시지를 갖게 되는 것이다. 매체에 따라 최적화된 스토리를 갖고 있다는 것은 스토리가 매체를 넘나들 경우 변할 수밖에 없다는 점에서 확인할 수 있다. 이와 같이 매체는 서사에 있어 매우 중요한 역할을 한다. 또한 디지털게임은 이전과는 다른 매체에 의해 다른 방식의 서사를 가능하게 한다. 하지만 디지털게임을 대상으로 한 기존 연구는 게임텍스트에 집중[7]하거나, 스마트폰 디바이스란 특정 매체에만 집중한 것으로 볼 수 있다.[8] 게임텍스트를 대상으로 한 연구는 디지털게임과 다른 서사물의 유사성을 바탕으로 디지털게임만의 특성을 밝힌다는 점에서 의미를 갖는다. 하지만 분석 대상이 대부분 특정 장르의 게임, 즉 MMORPG[9]에 한정되어 있다는 점에서 한계를 갖는다. 또한 SNG[10]를 대상으로 한 연구는 개인화된 매체인 스마트폰에서 플레이되는 게임의 특성을 밝

---

[7]   한혜원, 「한국 온라인 게임의 영웅서사 연구」, 『기호학연구』 제22집, 한국기호학회, 2007; 길태숙, 「행위서사로서의 게임스토리텔링의 본질」, 『한국게임학회 논문지』 제11권 제3호, 2011; 신선희, 「고전 서사문학과 디지털 게임 시나리오」, 『고소설 연구』 17권, 2004.

[8]   박승희, 「SNG와 MMORPG 공간에서의 플레이어 행위 비교」, 상명대 석사논문, 2011; 최민규, 「소셜 네트워크게임의 지속적 사용의도에 영향을 미치는 요인 분석」, 호서대 석사논문, 2012; 우란, 「스마트폰 게임 이용 증가와 캐주얼 게임 확산에 따른 게임 이용 행태 변화에 대한 연구」, 서울대 석사논문, 2012; 안현수, 「게임플랫폼에 따른 이용 동기가 게임 중독에 미치는 영향」, 이화여대 석사논문, 2013.

[9]   대규모 다중 사용자 온라인 롤플레잉게임(Massively Multiplayer Online Role Playing Game). 사이버상의 게임공간에서 온라인을 통해 접속한 수많은 플레이어가 자신만의 아바타를 조작하여 플레이하는 게임이다. 〈월드 오브 워크래프트〉, 〈리니지〉 등의 게임이 대표적이다.

[10] SNG(Social Network Gaeme)는 소셜네트워크를 플랫폼으로 한 게임으로 주로 스마트폰에서 플레이된다. 〈쿠키런〉, 〈모두의 마블〉, 〈사천성〉 등 다양한 게임이 플레이되는데, 표면적으로 간단한 게임처럼 보이지만, 그 구조는 MMORPG와 유사한 것으로 볼 수 있다.

힌다는 의의를 지닌다. 하지만 SNG의 두 요소 중 게임보다는 사회적 관계에 집중하고 있다는 점이 한계라 할 수 있다.

이에 본고는 디지털게임에 있어 필수적 요소인 게임텍스트와 플랫폼의 관계 맺는 방식을 살피고자 한다. 메시지가 매체에 의해 결정되는 것과 같이 플랫폼에 따른 게임텍스트의 구조 변화를 예상할 수 있을 것이다. 플랫폼에 따른 게임텍스트의 구조 변화 양상을 확인하기 위하여 우선 상이한 구조를 갖고 있는 '아케이드게임'과 '롤플레잉게임'의 차이를 확인할 것이다. 나아가 두 게임의 차이가 플랫폼의 차이에서 비롯된 것임을 미디어의 개인화를 통해 살필 것이다. 이를 바탕으로 동일 제목의 게임이 플랫폼을 달리 함에 따라 구조가 변화한 양상을 통해 플랫폼과 게임텍스트의 관계를 확인하고자 한다. 나아가 SNG의 구조를 개인화된 매체 관점에서 살피고자 한다.

2) 연구방법

디지털게임은 사용자에게 유희의 대상인 동시에 개발자에겐 수익성 창출을 위한 수단이다. 때문에 좋은 게임은 사용자로 하여금 플레이의 지속을 유도하는 게임이다. 라프코스터는 게임의 운명을 재밌어지는 것이 아니라 지루해지는 것이라 하였다. 때문에 게임의 플레이는 영구적이지 않으며, 사용자가 게임 내 모든 패턴을 경험했다고 느낄 때, 게임은 지루한 것이 되어 더 이상 플레이되지 않는다. 그는 지속적으로 플레이되는 게임은 다양한 패턴을 갖고 있다고 하였는데, 패턴의 방식은 게임에 따라 다르다고 하였다.[11]

디지털게임은 개발자의 수익성 창출을 위하여 사용자의 플레이 지속을 필요로 한다. 사용자는 게임 내 모든 패턴을 경험했다고 느낄 때 플레이를 종료한다. 때문에 디지털게임은 다양한 패턴을 갖고 있어야 하는데, 결국 '패턴의 다양화'는 게임의 지루해질 운명을 지연시키는 역할을 하는 것이다. 본고는 디지털 게임의 상이한 구조를 '패턴의 다양화' 방식 차이를 통해 확인하고자 한다.

서사의 스토리는 주체의 목표 달성 과정이며, 그 과정의 결과 상태 변화가 발생한다.[12] 때문에 스토리는 주체의 시련 극복과 과업완수에 따른 상태 변화란 점에서 영웅서사구조와 동일하다. 프롭은 민담 분석을 통해 31개의 모티프가 모든 이야기에 바탕이 된다고 하였으며, 31가지 모티프를 7가지 기능으로 요약한다. 캠벨은 프롭의 31개 모티프를 '출발-입문-귀환'의 구조로 요약하는데, 이는 '분리-입문-회귀'의 통과제의 구조와 동일하다.

디지털게임 역시 영웅서사구조와 동일한 구조를 갖고 있는데, 디지털게임은 언제나 목표와 목표 달성을 위한 행위, 그리고 목표달성 여부에 따른 보상과 처벌이란 점에서 그렇다. 디지털게임은 영웅서사구조를 기본으로 삼고 있으며, 이는 퀘스트(Quest) 구조와 일치한다. 본고는 퀘스트 구조를 기본구조로 삼아 디지털게임을 분석할 것이며,[13] 퀘스트

---

11 라프코스터, 안소현 역, 『재미이론』, 디지털미디어리서치, 2005, 21~47쪽.

12 오세정은 서사의 핵심요소를 서술자와 피서술자, 그리고 사건으로 구분하며, 신화를 사건을 전하는 서사로 보았다(오세정, 『한국 신화의 생성과 소통 원리』, 한국학술정보, 2005, 44~45쪽). 서술자에 의해 서술된다는 점에서 '사건'을 스토리와 동일한 것으로 볼 수 있을 것이다.

13 한혜원, 조성희는 MMORPG 퀘스트 분석을 통해 퀘스트를 MMORPG의 유의미한 최소 서사단위로 보았으며, MMORPG의 다변수적 서사를 가능하게 하는 매개적 장치로 보았다(한혜원, 조성희, 「구조주의 서사이론에 기반한 MMORPG 퀘스트 분석」, 『한국콘텐츠학회』 9, 2009, 143~150쪽).

구조를 도식화하기 위하여 그레마스의 행위소모델을 사용할 것이다.

그레마스의 행위소모델은 프롭의 7가지 기능을 다시 3개 범주로 구분하여, 주체-목표, 파송자-수령자, 그리고 조력자-적대자 6개의 행위 항으로 재구성한 모델이다.

디지털게임은 사용자에 의해 지속적으로 플레이되어야 하며, 지속적 플레이를 위하여 게임은 '패턴의 다양화' 방식을 사용한다. 상이한 구조의 디지털게임의 구조는 '패턴의 다양화'에 의한 것이다. 디지털게임의 기본구조는 퀘스트 구조이며, 때문에 상이한 구조의 디지털게임을 그레마스의 행위소 모델을 통해 확인할 수 있을 것이다. 이를 통해 각 플랫폼에 최적화된 게임의 구조를 확인할 수 있을 것으로 보인다.

2. 디지털게임의 구조 - 아케이드게임과 롤플레잉게임

'장르(genre)'는 '형태'나 '종류'를 뜻하는 그리스어 'genus'에서 어원을 찾을 수 있다. 대상을 분석하기 위해선 대상과 대상이 아닌 것의 배타적 성격을 밝혀야만 한다. 하지만 그 구분은 기준에 따라 달라질 수 있으며, 때문에 절대적이지 않다.[14] 때문에 디지털게임을 분석하기 위해선 디지털게임과 디지털게임이 아닌 것을 구분해야 하며, 디지털게임 하위에 위치한 상이한 구조를 살피기 위해선 게임의 하위 장르 구분이 필수적이다. 하지만 게임의 장르 구분은 문학과 마찬가지로 까다로운 작업이며, 때문에 아직까지 명확하게 정립된 장르 구분은 없는 실정이다.[15] 하지만 사용자나 업계, 그리고 많은 연구자들이 게임의 장르를 '아케이드', '롤플레잉', '어드벤처', '시뮬레이션'으로 구분한 4분류법을 사용하고 있다. 본고는 4분류법에 의해 구분된 장르 중 플랫폼이 위치한 공간과 플레이 방식의 차이에서 확연한 차이를 보이는 '아케이드게임'과 '롤플레잉게임' 구조의 특성을 〈철권 4〉와 〈파이널판타지 10〉의 분석을 통해 살피고자 한다.[16]

분석 대상으로 삼은 두 게임은 게임잡지나 공략본 등에 표기된 장르가 모두 동일하며, 발매시점이 10년 이상 지났다는 점에서 복합구조의 게임이 아닌 단일구조의 게임 분석에 유용할 것으로 보인다. 각 게임이 플레이되는 플랫폼과 플랫폼이 위치한 공간의 특성, 그리고 게임의 구조, 즉 퀘스트 구조를 살피도록 하겠다.

---

14   문학의 장르 구분은 절대적이지 않으며, 하나의 장르는 어느 시점에 발생하여 그 특성을 유지하다 다른 형태로 변하거나 소멸한다(권영민, 『문학의 이해』, 민음사, 2009, 49~52쪽).

15   디지털게임의 장르 설정에 관한 문제는 다음 책 참조 아키오 고우이치, 이동섭 역, 『게임대학』, 도서출판 에이케이, 1996; 최유찬, 『컴퓨터 게임의 이해』, 문학과학사, 2002; 이재홍, 『게임 스토리텔링』, 생각의 나무, 2011.

16   〈철권 4〉는 일본의 남코(Namco)사에서 출시한 게임으로, 〈철권〉시리즈 중 5번째 작품이다. 아케이드와 콘솔(플레이스테이션2)플랫폼으로 출시되었다. 〈파이널판타지 10〉은 일본의 스퀘어(Square)사에서 2001년 출시한 게임으로 그 시리즈 중 10번째 작품이다. 콘솔(플레이스테이션2)플랫폼으로 발매되었다.

1) 아케이드게임 〈철권 4〉

아케이드게임은 사용자의 조작능력을 중심으로 플레이된다.[17] 사용자의 조작능력을 중심으로 플레이되는 아케이드게임은 다시 협동적 상호작용과 경쟁적 상호작용으로 구분된다.[18] 〈철권 4〉는 아케이드게임 중 경쟁적 상호작용이 발생하는 게임으로 볼 수 있다. 〈철권 4〉의 사용자는 총 18명의 아바타 중 하나를 선택하여, 적대자와의 대결에서의 승리를 목표로 게임을 플레이한다. 사용자가 적대자와의 경쟁에서 승리하기 위해선 제한된 시간 내에 상대방을 제거하거나, 상대방보다 많은 에너지를 갖고 있어야 한다. 〈철권 4〉와 같은 아케이드게임은 사용자가 제한된 시간 동안 반복적 조작을 통해 승리란 목표를 달성하는 구조로 볼 수 있다. 〈철권 4〉의 구조는 다음 〈표 2〉와 같다.

〈철권 4〉와 같은 아케이드게임은 플레이어가 제한된 시간 동안 반복적인 조작을 통해 목표를 달성하는 구조이다(Q). 또한 승부를 가르는 규칙은 변함이 없으며, 조작을 통한 변화에도 한계가 있기 때문에, 사

---

17 이재홍은 게임의 장르를 슈팅, 격투, 액션, 보드, 퍼즐, 레이싱, 어드벤처, 롤플레잉, 시뮬레이션으로 구분한다. 그는 슈팅의 특성을 단조로운 공격과 방어 시스템과 스피드감으로 보며, 격투의 경우 적을 공격하거나 적의 공격을 방어하는 게임으로 2인용 게임을 주로 한다고 했으며, 액션의 경우 빠른 진행 속도와 플레이어의 반사적 행동에 의존하는 게임으로 본다(이재홍, 『게임 스토리텔링』, 생각의 나무, 63~69쪽). 최유찬은 아케이드 게임을 간단한 키 조작과 적을 공격하는 방식, 그리고 지적인 측면보다는 순발력과 재빠른 적응력을 필요로 하는 게임으로 본다(최유찬, 『컴퓨터 게임의 이해』, 문화과학사, 2002, 51쪽).

18 김용영, 김미혜는 상호작용성에 따라 게임의 장르를 구분하는 연구에서 상호작용성을 '제품적 상호작용성(Interactivity-as-Product)'과 '과정적 상호작용성(Interactivity-as-Process)'으로 구분하며, 다시 과정적 상호작용성을 '주참여자(Primary Participants)'와 '대응참여자(Corresponding Participants)'으로 나누어 설명한다. 그들은 다시 과정적 상호작용성을 바탕으로 주참여자만 있을 경우를 협력적 상호작용으로, 주참여자와 대응참여자가 함께 존재할 경우를 경쟁적 상호작용으로 구분하여 게임의 장르를 구분한다(김용영·김미혜, 「상호작용성 정도에 따른 게임 장르 유형의 탐색적 연구」, 『한국게임학회 논문지』, 제10권 제5호, 2010, 41~43쪽).

<표 2> 〈철권 4〉의 퀘스트 구조Q

| 게임세계
규칙 | → | 승리 조건 달성 | → | 사용자 |
| 조작능력 | → | 사용자 | ← | 다른 사용자 |

용자가 게임 내 패턴을 단시간에 파악할 수 있는 구조로 볼 수 있다. 하지만 사용자는 〈철권 4〉를 지속적으로 플레이하는데, 플레이의 지속은 사용자가 게임 내에서 아직 경험하지 못한 패턴이 남아있다고 믿을 때에만 가능하다(Q반복). 때문에 〈철권 4〉가 지속적으로 플레이된다는 것은 사용자가 게임에서 경험하지 못한 패턴이 남아 있다고 믿는다는 것이다. 〈철권 4〉의 파송자와 목표, 그리고 수령자는 플레이의 지속에도 언제나 고정적이다. 이와 달리 사용자는 플레이의 지속에 따라 자신의 조작능력 향상을 경험하며, 대결 상대가 변한다는 점에서 다양한 패턴을 가능하게 한다.

짧은 세션으로 구성된 〈철권 4〉와 같은 아케이드게임은 다른 플레이어와의 상호작용을 통해 게임 내 패턴을 이론적으로 무한에 가깝게 만들 수 있다. 아케이드게임의 구조는 바둑이나 축구가 지속적으로 플레이되는 것과 같은 방식으로 패턴을 다양화하는데, 적대자의 변화와 반복을 통한 사용자 자신의 성장(변화)이 그것이다.

〈철권 4〉와 같은 아케이드게임은 짧은 세션의 퀘스트 구조이며, 사용자 자신의 성장(변화)과 다른 사용자의 존재를 통해 패턴을 다양화한다. 때문에 〈철권 4〉를 비롯한 경쟁적 상호작용을 바탕으로 한 아케이드게임이 지속적으로 플레이되기 위해선 다른 사용자의 존재가 필수

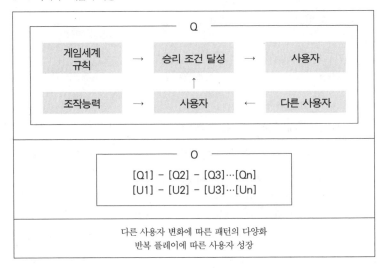

적이다. 아케이드게임이 플레이되는 공간인 아케이드(오락실) 공간은 다수의 잠재적 사용자가 존재하는 공간으로, 초기 디지털게임 플랫폼 은 아케이드 공간과 같은 개방적 공간에 위치하였다. 때문에 아케이드 게임의 구조는 아케이드 공간에 위치한 플랫폼의 특성, 즉 다수의 잠재 적 사용자를 통해 다양한 패턴을 구현한다.

2) 롤플레잉게임 〈파이널판타지 10〉

다른 사용자와의 상호작용을 통해 패턴을 다양화하는 아케이드게임 과 달리 롤플레잉게임은 가정용콘솔에서 플레이된다. 때문에 아케이 드와 동일한 구조는 지속적 플레이가 발생하는 데 한계를 드러낼 수밖 에 없다. 만약 사용자가 〈철권 4〉와 같은 구조의 게임을 구입하여 콘솔에서 플레이한다면, 지속적 플레이는 발생하지 않을 것이다. 가정에서 플레이되는 〈철권 4〉의 사용자는 다른 사용자와의 대결이 아닌, NPC[19] 와 대결이 대부분일 것이며, NPC에 의해 가능한 패턴은 제한적일 수밖에 없기 때문이다. 지속적 플레이가 발생하지 않는다는 것은 디지털게임의 두 속성인 유희성과 상업성 모두에서 실패한 것으로 볼 수 있다.

〈파이널판타지 10〉과 같은 롤플레잉 장르는 잠재적 사용자가 존재하지 않는 공간에 위치한 콘솔 플랫폼에 최적화된 방식으로, 두 가지 방식을 사용한다. 하나는 스토리이며, 또 다른 하나는 아바타의 성장 누적이다. 롤플레잉게임의 구조를 〈파이널판타지 10〉을 통해 살펴보도록 하겠다.

〈파이널판타지 10〉에서 사용자가 조작하는 캐릭터[20] '티더'는 어느 날 괴생물체의 습격으로 다른 세계로 이동하게 된다. '티더'는 자신을 습격한 괴생물체의 정체뿐 아니라 새롭게 도착한 공간에 대해서도 무지한 상태이며, 사용자 역시 마찬가지이다. 사용자는 '티더'와 마찬가지로 무지의 상태를 벗어나야만 하며, 이를 위해 '티더'를 조작한다. 자신의 세계로 되돌아가고자 하는 '티더'와 '티더'를 통해 무지의 상태를 벗어나고자 하는 사용자는 공간이동을 하며, 감춰진 진실을 경험한다.

19　NPC(Non-Player character, 이하 NPC), 사용자의 조작과 무관하게 프로그램된 행위만을 하는 게임세계의 객체이다. 본고에서 사용되는 NPC는 사용자와 상호작용 가능한 게임세계 내 모든 요소를 NPC로 보고자 한다. 사용자가 조작하는 아바타가 꼭 인물일 필요가 없는 것처럼, NPC 역시 반드시 인물일 필요는 없다. 다만 인물의 기능을 담당할 뿐이다.

20　온라인에서 플레이되는 MMORPG의 아바타는 사용자의 의지만을 반영한다. 이와 달리 콘솔플랫폼의 롤플레잉게임은 사용자의 의지와 게임세계 내부의 역할이 투영된 존재이다. 〈파이널판타지 10〉의 주인공 '티더'는 사용자 의지를 반영하는 동시에, 게임세계에서 이미 설정된 성격 역시 반영한다. 때문에 롤플레잉게임에서 사용자의 조작 대상은 아바타보다 캐릭터로 보는 것이 타당할 것이다.

〈표 4〉 〈파이널판타지 10〉의 퀘스트 구조(Q12)

사용자는 '티더'를 통해 숨겨진 스토리를 경험하게 되는 것이며, 사용자의 플레이는 스토리의 결말을 경험할 때까지 지속된다.

〈파이널판타지 10〉은 모두 19번의 공간이동이 발생하며, 19번째 공간에서 적대적NPC를 제거함으로써 결말을 경험하게 된다. 각 공간은 순차적으로 연결되어 있으며, 공간이동이 발생하기 위해선 일종의 자격을 획득해야만 한다. 즉, 12번째 공간인 '마카라니아 신전'을 방문하기 위해선 반드시 11번째 공간인 '마카라니아 숲'을 방문해야만 한다. 또한 11번째 공간의 최종 적대 NPC인 '스피어 마나쥬'와의 대결에서 승리해야만 한다. 또한 '스피어 마나쥬'와의 대결에서 승리하기 위해 캐릭터는 반드시 적정 레벨에 도달해있어야만 한다.

12번째 공간의 방문이란 퀘스트(Q12)를 수행하기 위해선 Q11 방문과 함께 캐릭터의 적절한 성장이 필수적이다. 〈파이널판타지 10〉은 "마지막일지도 모르잖아? 그러니까 전부 말해두고 싶어"란 '티더'의 대사를 '기반스토리'[21]로 시작된다. 이후 사용자의 플레이시간 누적에 따라 17번째 공간에 도착하게 되면, 기반스토리와 동일한 사건을 경험하게 되는데, 사용자는 플레이 초반과 달리 '티더'의 말을 모두 이해하게 된다. 즉, 캐릭터의 성장과 공간이동을 통해 사용자는 개발자가 제

21

공한 스토리를 경험하게 되는 것이며, 사용자의 플레이 목표는 스토리의 결말을 경험하는 것이다.

〈파이널판타지 10〉 사용자가 스토리의 결말 경험이라는 최종목표를 달성하기 위해선 선행 퀘스트를 모두 순차적으로 경험해야만 한다. 때문에 〈파이널판타지 10〉은 〈철권 4〉와 다른 방식으로 플레이의 지속을 가능하게 한다. 사용자는 플레이 지속과 무관하게 결말의 경험이며, 변화 가능한 부분은 캐릭터의 성장과 적대자NPC의 변화이다. 때문에 롤플레잉게임은 〈철권 4〉의 동일 퀘스트의 반복(Q반복)이 아닌 퀘스트의 연쇄란 방식으로 사용자의 플레이 지속을 가능하게 한다. 조력자와 적대자가 변한다는 점은 〈철권 4〉와 동일하지만, 그 변화가 NPC란 점에서 다양한 패턴엔 한계가 발생한다.

아케이드게임이 다른 사용자와의 대결을 통해 플레이 지속을 가능하게 한 것과 달리, 롤플레잉게임은 스토리 결말의 제약을 가하는 방식으로 사용자의 플레이 지속을 가능하게 한다. 결말 경험의 제약을 위해 롤플레잉게임은 캐릭터 능력에 따른 공간 방문 제약이란 방식을 갖고 있다. 때문에 롤플레잉게임은 개발자에 의해 어느 정도 결정된 플레이 시간을 확보할 수 있다. 하지만 플레이 지속이 아케이드게임과 같이 무

MMORPG 스토리 구분		상호작용 양상	퀘스트 유형	
개발자 스토리	기반적스토리	×	오프닝 동영상, 컷신 등	
	이상적스토리	① 플레이어-NPC	① 메인퀘스트	반복 불가
		② 플레이어(s)-NPC ③ 플레이어(s)-NPC-플레이어(s)	② 인스턴스 던전 ③ 오픈필드 레이드	반복 가능
사용자 스토리	우발적스토리	④ 플레이어(s)-플레이어(s)	④ 〈리니지2〉 바츠해방전	

〈표 5〉 롤플레잉게임의 구조

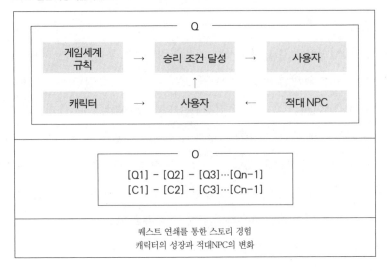

한할 수 없는데, 사용자가 이미 결말을 경험했기 때문이다.

〈철권 4〉와 〈파이널판타지 10〉이 플레이되는 아케이드와 콘솔 플랫폼은 각기 다른 공간에 위치한 것을 확인할 수 있다. 아케이드게임은 다수의 잠재적 사용자가 존재하는 공간에서 플레이된다. 아케이드게임은 플랫폼이 위치한 공간의 특성인 다수의 잠재적 사용자를 적대자 자리에 위치하게 함으로써 다양한 패턴을 가능하게 하는 구조를 갖고 있다. 이와 달리 콘솔플랫폼은 가정에 위치한 까닭에 다수의 잠재적 사용자가 존재하지 않는다. 때문에 콘솔플랫폼에 적합한 구조의 롤플레잉게임은 스토리의 연쇄와 캐릭터의 성장을 통한 스토리의 경험이란 요소를 통해 플레이의 지속을 가능하게 한 것이다.

3. 플랫폼과 상호작용 양상

아케이드게임은 기본구조는 적대자를 다른 사용자가 담당하는 구조를 통해 패턴의 다양화를 가능하게 하였다. 이와 달리 롤플레잉게임은 적대자를 NPC가 담당함에 따라 패턴의 다양화에 한계를 지니게 된다.

3장은 서사를 전달하는 매체의 개인화[22] 과정을 바탕으로 게임 장르별 구조의 차이를 플랫폼의 변화에서 찾고자 한다. 뉴미디어 시대의 디지털게임은 담화 방식 변화에 따른 서사 변화 과정의 일부이다.[23] 초기 디지털게임은 게임만을 위한 공간인 '아케이드(오락실)'에서 플레이되었다. '콘솔' 플랫폼의 등장과 함께 게임을 위한 공간은 가정으로 변화했으며, 다시 PC를 통해 '사이버 공간'으로 변화하였다. 또한 현재는 언제나 온라인 상태를 유지할 수 있는 매우 개인화된 게임플랫폼으로 스마트폰이 주목받고 있다.

---

[22] 김동섭은 개인화의 원인을 미디어 기기의 고성능 하드웨어에 기반한 소프트웨어의 유연성(flexibility)으로 본다(김동섭, 「스마트폰을 활용한 미디어 공간의 개인화에 관한 연구-애플 아이폰의 영향력을 중심으로」, 『한국공간디자인학회 논문집』, 제5권 제2호, 한국공간디자인학회, 2008). 이는 미디어 기기의 사용방식에 따라 그 미디어의 형태가 변화함을 의미한다고 볼 수 있는데, 이런 점에서 플랫폼의 개인화는 그 플랫폼의 소유와 밀접한 관련이 있다.

[23] 러시아 형식주의자는 서사를 우화(fabula)와 플롯(sjuzet)으로 구분하였으며, 우화를 사건들로, 플롯을 실제로 나타나는 이야기로 보았다. 채트먼은 이를 스토리(story)와 담론(discourse)로 보았으며, 담론의 영역에 매체가 포함됨을 언급했다(S. 채트먼, 한용환 역, 『이야기와 담론』, 푸른사상, 2003, 19~28쪽). 옹은 구술문화의 특성을 ①첨가적, ②집합적, ③다변적, ④보수적·전통적, ⑤생활에 밀착적, ⑥논쟁적, ⑦감정이입적·참여적 ⑧항상성, ⑨상황의존적으로 설명한다(월터 J. 옹, 이기우·임명진 역, 『구술문화와 문자문화』, 문예출판사, 1995). 개인은 책과 함께 자신만의 공간에 위치하며, 결과적으로 스스로 고독한 영혼이 되어 사색하는 근대적 개인이 탄생한 것이다(양기민, 「다매체 환경에서 게임하기」, 『게임과 문화연구』, 커뮤니케이션북스, 2008, 124쪽).

1) 싱글플레이(사용자-NPC)

초기 디지털게임은 게임의 기본적 속성과 밀접한 멀티플레이 방식이었다. 놀이는 본래 둘 이상의 상호작용에 의한 것이기 때문이기도 하지만, 초기 디지털게임의 경우 소프트웨어의 기술적 한계와 디지털게임이 플레이되는 공간의 특성과 연관된 것으로 볼 수 있다.

라프코스터는 게임이 영구적인 것은 아니며, 사용자는 어느 순간 게임을 끝낸다고 말하며, 그 이유를 게임의 패턴에서 찾고 있다. 플레이어의 수행이 일회적이지 않은 이유는 이 게임의 패턴을 찾기 위한 과정이며, 플레이어의 반복적 수행으로 게임 내부의 모든 패턴을 파악할 경우 플레이어는 게임에서 권태를 느낀다는 것이다. 때문에 매력적인 게임은 텍스트 내부에 수많은 패턴을 지니고 있어야 한다.[24]

초기 게임은 주체와 적대자의 역할을 모두 사용자가 담당함으로써 지속적 플레이가 가능한 구조였다. 이와 같은 구조는 아케이드 공간의 특성에 의한 것이다. 아케이드플랫폼은 공공의 장소, 즉 게임 플레이만을 위한 공적공간에 위치하였는데, 이 공간은 사용자 혹은 잠재적 사용자가 언제나 존재하는 특성을 보인다. 아케이드에서 가정으로 게임플레이 공간이 변화하며 다수의 잠재적 사용자는 사라졌으며, 롤플레잉게임은 싱글플레이에 적합한 구조를 갖게 되었다. 싱글플레이인 롤플레잉게임을 플레이하는 사용자는 허구세계와의 상호작용만이 가능하다는 점 때문에 디지털게임의 부정적 시각을 형성하기도 하였다.[25] 하지만 싱글플

---

24   라프코스터, 안소현 역, 『재미이론』, 디지털미디어리서치, 2005, 48~61쪽.

25   제임스 뉴먼은 제센의 언급과 찰스 황태자의 말을 인용하며, 게임을 부정적으로 바라보는 근거로

〈표 6〉 싱글플레이의 상호작용

레이 사용자는 책의 등장과 함께 방 안에서 홀로 책을 읽는 근대적 개인
과 유사한 성격을 보여준다.[26] 사용자들 간 상호작용이 아닌 허구세계와
의 상호작용만 가능한 싱글플레이는 다음과 같을 것이다.

싱글플레이게임은 적대자를 포함한 모든 요소가 게임텍스트 내부에
존재한다. 때문에 사용자는 개인적 공간에서 게임세계와의 상호작용
만으로도 오랜 시간 플레이를 지속할 수 있게 되었다.[27] 게임을 플레이
하는 공간이 공공장소에서 개인의 공간으로 이동하게 되며, 발생한 변
화는 이후 거의 모든 게임에 적용되는 요소로 확립되었다(스토리, 캐릭터
성장). 현재 대부분의 게임은 사용자의 플레이 지속을 위하여 스토리와
캐릭터의 성장 요소를 사용한다.

2) 멀티플레이(사용자-사용자)—로컬과 온라인

멀티플레이는 다시 오프라인의 로컬멀티플레(Local Multi Play: LM)이와
온라인의 온라인멀티플레이(Online Multi Play: OM)로 구분할 수 있다. 로

게임을 혼자만의 외톨이 활동으로 보고 있다고 지적했다(제임스 뉴먼, 박근서 외역, 『비디오 게
임』, 커뮤니케이션북스, 2008, 222~224쪽).

26 책의 수용을 음독과 묵독으로 구분하여 설명하고 있는데, 허구적 문학의 경우 음독보다는 묵독이
환상을 자극하는 데 유효한 것으로 이해하였다(샤르티에, 로제 · 굴리엘모 카발로, 이종삼 역, 『읽
는다는 것의 역사』, 한국출판마케팅연구소, 2006, 455쪽).

27 예스퍼 율이 사건 내적인(diegetic) 풍성함을 지니고 있어 하드코어게임으로 분류한 게임은 싱글
플레이게임이다(예스퍼 율, 이정엽 역, 『캐주얼게임』, 커뮤니케이션북스, 2012, 67쪽).

컬멀티플레이는 사용자들 사이에서 발생하는 상호작용의 성격에 따라 '협력적 멀티플레이'와 '경쟁적 멀티플레이'로 구분할 수 있다.[28] 전자는 〈철권 4〉에서 발생하는 상호작용으로 적대자 자리에 사용자가 자리하는 반면, 후자는 조력자 자리에 사용자가 위치한다. 로컬멀티플레이는 아케이드와 콘솔 플랫폼에서 확인할 수 있는데, 두 플랫폼의 상호작용 성격은 차이를 보인다.

아케이드게임은 게임플레이를 목표로 한 다수의 (잠재적)사용자들이 위치한 개방적 공간이다. 때문에 사용자들 사이에서 발생하는 상호작용은 게임플레이만을 목표로 한다는 점에서 일시적, 우발적, 무작위적인 '폐쇄적' 성격을 보인다. 이와 달리 폐쇄적 공간인 가정에 위치한 콘솔플랫폼의 상호작용은 현실의 사회적 관계를 바탕으로 한다는 점에서 지속적이며 계획적인 '개방적' 특징을 보인다.

현재 게임플랫폼은 대부분 온라인 기능을 갖추고 있으나, 온라인을 통한 멀티플레이는 주로 PC와 스마트폰 플랫폼에서 발생한다.[29] PC와 스마트폰은 아케이드나 콘솔보다 개인화된 플랫폼이지만, 온라인을 통해 누군가와 끊임없이 연결되어 있다는 점에서 사용자들 간 상호작용이 가능하다. 온라인멀티플레이는 현실의 시공간 대신, 가상세계의

---

[28] 김용영, 김미혜는 상호작용성에 따라 게임의 장르를 구분하는 연구에서 상호작용성을 '제품적 상호작용성'과 '과정적 상호작용성'으로 구분하며, 다시 과정적 상호작용성을 '주참여자'와 '대응참여자'로 나누어 설명한다. 그들은 다시 '과정적 상호작용성'을 바탕으로 '주참여자'만 있을 경우를 '협력적 상호작용'으로, '주참여자'와 '대응참여자'가 함께 존재할 때, '경쟁적 상호작용'으로 구분하여 게임 장르를 구분한다(김용영·김미혜, 「상호작용성 정도에 따른 게임 장르 유형의 탐색적 연구」, 『한국게임학회 논문지』, 제10권 제5호, 한국게임학회, 2010, 41~43쪽).

[29] 안현수는 설문을 통하여 특정 플랫폼에 적합한 게임장르를 분석하였는데, 그 결과 콘솔의 경우 액션과 스포츠 장르 게임이, PC온라인 게임의 경우 MMORPG 등의 게임이 스마트폰의 경우 SNG의 게임이 가장 적합한 장르로 나타났다고 하였다(안현수, 「게임 플랫폼에 따른 이용 동기가 게임 중독에 미치는 영향」, 이화여대 석사논문, 2013).

시공간을 공유하며, 때문에 사용자들 간 상호작용이 발생하는 공간은 가상세계이다.[30] PC는 개인적 공간에 위치하며, 때문에 상호작용의 성격은 콘솔과 유사할 것으로 보인다. 하지만 온라인PC플랫폼의 사용자들은 아바타를 통해 상호작용한다는 점에서 아케이드 공간과 같은 폐쇄적 특성을 보인다.[31] 온라인멀티플레이가 가능한 스마트폰은 온라인 PC와는 다른 상호작용이 발생한다.

스마트폰은 온라인과 휴대성을 특징으로 한 플랫폼이며, 이 같은 특징으로 스마트폰은 현재 가장 개인화된 매체이다.[32] 스마트폰은 휴대전화와 PC를 재매개한 것으로 볼 수 있는데, 휴대전화의 특성은 현실관계를 바탕으로 한 개방적 상호작용이 가능하다는 점이다. 또한 스마트폰과 다른 플랫폼의 가장 큰 차이는 휴대성이며, 스마트폰의 휴대성은 디바이스의 크기에서 비롯된다. 디바이스의 제한적 크기로 인하여 ① 플레이어들 간의 의사소통이 '문자'를 통해 발생하는 형태, ② 정교하거나 복잡한 조작능력에 의해 승패가 결정되는 형태, ③ 한 화면에 다수의 아바타가 존재하는 형태의 게임은 스마트폰에서 플레이되기에 적합하지 않다. 때문에 스마트폰에서 플레이되는 SNG(Social Network

---

30 MMORPG 등과 같은 온라인게임의 경우 그 가상공간이 플레이어의 개입여부와 상관없이 언제나 존재하며, 다른 플레이어들에 의해 언제든지 변화할 수 있다는 특징으로 인하여 영속적 속성을 지닌 것으로 파악된다. 사용자는 게임세계 내에서 잠재적 사용자일 수도 있으며, 적극적 사용자일 수도 있다. 때문에 MMORPG의 게임세계는 아케이드 공간의 특성을 재매개한 것으로 보인다.

31 허준석은 PC온라인게임이 플레이되는 공간인 PC방의 성격을 오락실 같은 것으로 본다(허준석, 「오래된 기억 전자오락실의 미친 열정은 온라인에서도 지속되는가」, 『한국의 디자인02 - 시각문화의 내밀한 연대기』, 디플, 2008). 하지만 PC온라인게임의 상호작용은 현실인 PC방의 사용자들 사이에서 발생하는 것이 아닌 가상세계에서 발생한다. 때문에 오락실의 성격은 PC방이 아닌 가상세계인 '영속적 세계'와 유사하다.

32 김동섭, 「스마트폰을 활용한 미디어 공간의 개인화에 관한 연구-애플 아이폰의 영향력을 중심으로」, 『한국공간디자인학회 논문집』, 제5권 제2호, 2008.

콘솔	멀티플레이			
	로컬		온라인	
	아케이드	콘솔	온라인PC	스마트폰
개방적 공간	○	×	PC방 / 게임월드	×
폐쇄적 공간	×	○	집	게임월드
개방적 상호작용	×	○	×	○
폐쇄적 상호작용	○	×	○	×
사용자 성장	○	×	○	○
캐릭터 / 아바타성장	×	○	○	○
잠재적 사용자 여부	○	×	○	○
스토리 여부	×	○	○	○

Game)는 휴대전화의 특성인 개방적 상호작용과 디바이스의 제한적 크기에 따른 한계를 극복한 형태로 볼 수 있다.

PC플랫폼의 온라인멀티플레이가 아케이드 공간을 사이버 상에서 재현한 것이라면, 스마트폰은 콘솔 공간의 상호작용을 온라인에서 가능하게 한 것으로 볼 수 있다. 앞서 살핀 플랫폼들은 모두 각기 다른 구조의 게임에 최적화된 것으로 볼 수 있다. 이를 요약하면 다음과 같다. 아케이드의 경우 사용자들 간의 상호작용을 중심으로 한 구조, 콘솔의 경우 사용자와 NPC의 상호작용을 중심으로 한 구조를 특징으로 한다. 또한 상호작용의 특성에 있어 온라인PC게임은 아케이드와 유사하며, 스마트폰게임은 콘솔과 유사하다.

디지털게임의 다양한 패턴은 사용자 / 아바타 성장의 누적과 잠재적 사용자를 통한 상호작용, 그리고 스토리를 통해 가능하다. 패턴의 다양화 방식에서 로컬멀티플레이의 아케이드와 콘솔은 배타적 관계에 있다. 또한 상호작용 측면에서 온라인PC는 아케이드와 스마트폰은 콘솔과 유사한 면을 보인다. 하지만 온라인멀티플레이가 가능한 플랫폼은 모든 패턴의 다양화 방식이 가능하다. 때문에 온라인PC와 스마트폰에서 플레이되는 게임은 아케이드와 콘솔의 복합 구조를 특성으로 볼 수 있을 것이다.

4. 플랫폼 변화에 따른 게임텍스트의 변화 양상

1) 롤플레잉게임 〈철권 4〉

아케이드의 〈철권 4〉는 콘솔플랫폼에서 플레이하기에 적합한 구조가 아님을 살펴보았다. 하지만 〈철권 4〉는 플레이스테이션2로 이식된 것을 확인할 수 있는데, 때문에 이식된 〈철권 4〉는 콘솔플랫폼에서 플레이하기 적합한 롤플레잉 구조로 변화하였다. 아케이드와 콘솔 플랫폼 〈철권 4〉의 비교를 통해 플랫폼에 따라 게임의 구조가 변화하는 양상을 살펴보겠다.

콘솔의 〈철권 4〉는 실행 후 19명의 캐릭터를 선택하는 아케이드의 〈철권 4〉와 달리 메뉴 선택화면이 등장한다. 캐릭터 선택 대신 사용자가 선택해야 하는 것은 10개의 메뉴인 것이다.[33] 콘솔의 〈철권 4〉 사용자는 19명의 캐릭터 선택이 가능했던 것과 달리 10명의 캐릭터만을 선택할 수 있다. 'Story Battle' 모드를 선택할 때, 사용자는 한 캐릭터를

---

[33]   콘솔플랫폼의 〈철권 4〉의 10가지 메뉴는 다음과 같다. Stoty Battle, Arcade, Time Attack, VS Battle, Team Battle, Survival, Practice, Training, Tekken Force, Option.

선택하여 게임을 시작하는데, 이때 이미지와 자막을 통해 캐릭터별 '기반적 스토리'를 경험한다. 사용자는 기반적 스토리를 경험한 후, 아케이드에서 싱글플레이 방식으로 플레이할 때와 마찬가지로 9명의 NPC와 차례로 대결한다. 사용자가 모든 적대 NPC를 이길 경우 콘솔의 〈철권 4〉는 엔딩 영상을 제공함으로써 '스토리'의 비중을 증가시킨다.

콘솔 플랫폼에 적합한 롤플레잉게임은 캐릭터의 성장 정도를 기준으로 방문 가능한 공간과 스토리를 제한하였는데, 콘솔 〈철권 4〉의 캐릭터 획득 방식은 이와 동일한 것으로 파악할 수 있다. 사용자가 선택한 캐릭터의 '스토리모드'를 클리어 할 경우 엔딩화면이 제공되며, '씨어터 모드'에서 엔딩을 감상할 수 있다. 또한 사용자가 선택할 수 있는 캐릭터의 수 역시 증가한다. 즉 사용자가 스토리모드를 통해 각 캐릭터의 스토리를 체험하는 것과 함께 이전까지는 선택할 수 없었던 캐릭터의 선택이 가능한데, 이 같은 방식은 〈파이널판타지 10〉의 캐릭터 성장을 통한 공간 이동과 스토리 제약 방식과 동일한 것이다.

하나의 캐릭터로 모든 스토리모드를 클리어 할 경우 '진' 캐릭터가 추가되며, 이후 사용자는 동일 행위를 반복함으로써 아케이드게의 〈철권 4〉에서 선택 가능했던 모든 캐릭터를 선택할 수 있게 된다. 또한 사용자는 'Tekken Force' 모드 클리어를 통해 '혼마루' 스테이지를 획득할 수 있으며, 사용자가 '스티브' 캐릭터로 'Story Battle' 모드를 클리어할 경우 보상으로 석상 스테이지의 선택이 가능해진다. 나아가 아케이드 〈철권 4〉에는 없는 캐릭터가 등장하기도 하는데, 신규캐릭터를 선택하기 위해서는 앞서 살핀 것이 일정 조건을 만족시켜야만 한다. 모든 캐릭터를 선택하기 위해서 사용자는 '스토리 배틀' 모드나 '아케이드'모드를 9회 클리어해야 한다(Q1). 또한 혼마루 스테이지를 선택하기 위해서 'Tekken Force'모드를 클리어해야 하며(Q2), 석상 스테이지를 선택하기 위해서는 'Story Battle'모드를 '스티브'로 클리어해야 한다(Q3).[34]

Q1+Q2+Q3⋯Qn-1의 구조는 롤플레잉게임의 퀘스트 연쇄 구조와 동일한 것이다. 〈파이널 판타지10〉은 퀘스트의 연쇄 구조를 갖고 있으며, 후행 퀘스트의 목표 달성을 위하여 선행 퀘스트 수행에 따른 보상 획득이 필수적이었다. 보상의 획득은 캐릭터의 성장을 의미하며, 캐릭터 성장 정도는 공간이동의 조건으로 볼 수 있었다. 콘솔의 〈철권4〉는 사용자의 플레이지속에 따라 '선택 불가능한 캐릭터의 선택 가능'이란 보상을 순차적으로 제공한다. 때문에 〈철권4〉는 롤플레잉게임의 캐릭터 성장 정도에 따른 공간이동 제약이 다른 형태로 나타난 것으로 볼 수 있다. 롤플레잉게임의 사용자가 모든 스토리를 경험하기 위하여 순차적으로 공간을 이동했던 것과 같이 〈철권4〉의 사용자는 모든 캐릭터를 선택하기 위하여 특정 조건의 퀘스트를 순차적으로 수행해야만 하는 것이다. 이런 관점에서 〈파이널 판타지10〉의 성장 주체가 게임세계의 캐릭터인 '티더'라면, 콘솔 〈철권4〉의 성장 주체는 게임텍스트 그 자체인 것이다.

콘솔이란 매체의 특성은 아케이드게임 〈철권4〉의 구조를 싱글플레이에 최적화된 롤플레잉게임의 구조로 변하게 하였는데, 〈철권4〉 게임텍스트 자체를 성장의 주체로 만드는 방식을 사용하였다. 때문에

---

34 콘솔의 〈철권4〉는 플레이 누적 전 선택 불가능한 캐릭터가 '물음표'로 표시된다. 사용자 플레이를 통해 일정 조건을 달성하게 되면 '물음표'는 캐릭터의 모습으로 변한다.

〈철권 4〉의 사용자는 게임텍스트를 하나의 최종 퀘스트로 인식하며, 선행 퀘스트를 순차적으로 수행한다. 롤플레잉게임의 사용자는 특정 퀘스트 수행을 통해 미지의 공간을 경험하는데, 이와 마찬가지로 〈철권 4〉 사용자는 퀘스트 수행을 통해 선택 불가능했던 캐릭터를 선택할 수 있게 되는 것이다.

〈철권 4〉의 플랫폼 변화가 게임구조의 변화로 이어졌음을 살펴보았다. 플랫폼의 변화는 상호작용의 성격 역시 변화하게 하는데, 〈철권 4〉를 통해 상호작용의 양상 변화를 살펴보겠다. 콘솔의 〈철권 4〉는 'VS Battle' 모드를 통해 멀티플레이 방식(U-U)으로 플레이가 가능하다. 다른 사용자와의 상호작용이 발생한다는 점에서 아케이드의 〈철권 4〉와 동일하지만, 캐릭터 선택시 '핸디캡'을 설정할 수 있다는 점에서 차이가 있다. 아케이드의 〈철권 4〉는 상호우위의 각 캐릭터를 통해 적대사용자와 경쟁하며, 때문에 경쟁의 결과는 캐릭터와 무관하게 사용자의 숙련도에 의해 결정된다.[35]

이와 달리 콘솔의 〈철권 4〉는 아케이드의 캐릭터 간 밸런스를 사용자가 임의로 변경하는 것이 가능하다. 아케이드의 〈철권 4〉에서 '핸디캡'은 캐릭터 간 밸런스를 무너뜨린다. 하지만 콘솔은 '핸디캡'을 통해 밸런스를 유지한다. 아케이드의 사용자는 자신이 지불한 대가로 플레이를 지속하고자 한다. 때문에 사용자가 플레이를 지속하기 위해선 계속해서 상대방과의 경쟁에서 승리해야만 한다. 반면, 콘솔의 사용자는

---

[35] 예를 들어 속도가 빠른 캐릭터는 데미지가 약하거나, 데미지가 강한 캐릭터는 속도가 느리다. 때문에 사용자는 어떤 캐릭터를 선택하더라도 각 캐릭터의 특성을 통해 다른 캐릭터와 공평한 경쟁이 가능하다.

〈표 8〉 아케이드와 콘솔의 상호작용 비교

아케이드 플랫폼	콘솔 플랫폼
개방적 공간의 폐쇄적 상호작용	폐쇄적 공간의 개방적 상호작용
게임규칙에 의한 밸런스 유지	사용자에 의한 밸런스 유지
'핸디캡' 모드 없음	'핸디캡' 모드 있음
플레이 지속 수단 : 사용자	관계 지속 수단 : 게임텍스트

현실 인맥과의 우호적 상호작용을 위한 수단으로 〈철권 4〉를 플레이한다.[36] 때문에 콘솔은 특정한 사용자의 실력이 월등할 때, 플레이가 지속되지 않으며, 플레이가 지속되지 않는다는 것은 게임의 밸런스가 붕괴된 것을 의미한다. 때문에 콘솔의 〈철권 4〉는 사용자의 조작능력 차이로 발생하는 붕괴된 밸런스를 바로잡기 위한 수단으로 '핸디캡' 모드를 사용한다. '핸디캡' 모드는 콘솔이 위치한 공간의 특성, 즉 폐쇄적 공간에서 발생하는 개방적 상호작용을 위한 것으로 볼 수 있다. 아케이드 공간과 콘솔이 위치한 공간은 목표와 수단이 다름을 알 수 있는데, 아케이드의 상대방 사용자는 플레이 지속이란 목표 달성을 위한 수단일 뿐이다. 반면, 콘솔은 상대방 사용자와의 관계가 목표이며, 플레이의 지속은 수단일 뿐이다.[37]

아케이드의 공간과 콘솔에서 발생하는 상호작용을 폐쇄적 성격과 개

---

[36] 아케이드 공간에서 경쟁에서의 승리는 사용자의 플레이 지속을 의미한다. 때문에 사용자가 플레이를 지속하기 위해서는 계속해서 승리해야만 한다. 때문에 아케이드 공간에서 플레이되는 게임텍스트는 카이와가 말한 '루두스'의 성격을 갖는다. 이와 달리 가정에서 플레이되는 경쟁적 상호작용의 게임은 친밀한 관계의 사용자의 놀이적 성격이 부각된다. 때문에 콘솔의 게임은 '파이디아'적 성격을 갖는다(로제카이와, 이상률 역, 『놀이와 인간』, 문예출판사, 1994, 35~70쪽 참조).

[37] 소셜네트워크게임은 커뮤니티가 중심으로 한 게임이며, 온라인게임은 게임을 중심으로 커뮤니티가 형성된다(김정우, 최민규, 「소셜네트워크게임 확장성에 따른 서비스 개선 방안 연구」, 『조형미디어학』 Vol15, 2012, 215쪽). 이 같은 특징은 플랫폼의 개인화 현상에 따른 것으로 보이는데, 콘솔과 SNG의 상호작용 성격은 유사한 것으로 보인다.

방적 성격으로 구분하는 것이 가능하다. 콘솔은 아케이드에 비해 개인화된 플랫폼이며, 때문에 〈철권 4〉의 구조가 개인화된 플랫폼에 적합한 형태로 변화했음을 살펴보았다. 플랫폼의 변화에 따라 콘솔의 〈철권 4〉 구조는 롤플레잉게임 구조로 변했으며, '핸디캡' 모드를 통해 개방적 상호작용이 가능하도록 변했다. 〈철권 4〉를 통해 플랫폼 변화에 따른 게임텍스트의 변화 양상을 살펴보았는데, 이는 플랫폼의 특성이 게임텍스트 구조를 결정한다는 것을 의미한다. 이제 SNG와 MMORPG의 구조적 유사성을 통해 플랫폼의 특성과 게임텍스트의 관계를 살피도록 하겠다.

2) SNG의 MMORPG구조

율은 휴대폰이나 웹, 그리고 Wii 플랫폼 등에서 간단한 게임이 플레이됨에 따라 게임사용자 계층 확대의 현상을 '캐주얼 레볼루션'이라 하며, 간단해 보이는 게임이 사용자에 따라 '하드코어'한 방식으로 플레이된다고 하였다.[38] SNG는 게임을 통한 사회적 관계의 강화 측면에서 플랫폼과 게임의 관계가 연구되고 있는데, 본고는 표면적으로 간단한 게임으로 보이는 SNG의 구조가 MMORPG와 유사한 점을 확인하고자 한다. SNG와 MMORPG의 구조적 유사성은 달리 말해 하드코어한 방식의 플레이 원인을 사용자가 아닌 게임텍스트에서 찾고자 하는 것이다. SNG와 MMORPG의 구조적 유사성을 확인하기 위하여 카카오톡을 기반으로 한 〈쿠키런 for Kakao〉(이하 쿠키런)의 구조를 분석하겠다.

---

[38] 예스퍼 율, 이정엽 역, 『캐주얼게임』, 커뮤니케이션북스, 2012, 67쪽.

기반스토리를 통해 개발자가 사용자에게 제공한 〈쿠키런〉의 목표는 쿠키들을 오븐에서 탈출시키는 것인데, 이 목표달성은 불가능하다. 다만 사용자는 달리기 형식의 게임으로 획득한 자원으로 '쿠키'를 성장시킬 뿐이다. 예를 들어 '좀비쿠키'의 경우 '부활'이라는 능력을 사용할 수 있는데, 성장을 통해 부활의 횟수가 증가한다. 또한 '천사쿠키'의 경우 '자력'을 통해 동전과 젤리를 끌어당기는 능력을 지니고 있는데, 이 역시 성장을 통해 그 강도를 증가시킬 수 있다. 쿠키의 성장은 게임의 구조 자체를 변화하게 하는데, 우선 '좀비쿠키'는 시간의 제약을 극복하며, '천사쿠키' 사용자의 조작을 쉽게 한다. 시간의 증가와 조작의 단순화 등과 같은 성장을 통해 사용자는 공간이동을 경험하는 것이다.

또한 사용자의 조작능력보다는 쿠키의 성장 정도에 따라 승패가 결정된다는 점에서 〈쿠키런〉은 롤플레잉게임과 유사하다. 〈쿠키런〉의 사용자는 현재 총 22개의 쿠키를 조작할 수 있는데, 22개의 쿠키는 등급에 따른 능력 차이가 존재한다. 아케이드게임의 캐릭터는 상호우위 관계에 있는 반면, 〈쿠키런〉의 캐릭터는 그렇지 않은 것이다. 예를 들어 '좀비' 쿠키는 A등급이며, '천사맛 쿠키'는 S등급, '버터크림 초코쿠키'는 B등급, 게임 초기부터 제공되는 '용감한 쿠키군'은 C등급으로 되어 있다.

〈쿠키런〉의 구조는 동일한 공간을 반복적으로 이동하며 점수를 획득한다는 점에서 동일퀘스트의 반복 구조인 아케이드게임과 동일한 것처럼 보인다. 하지만 콘솔의 롤플레잉게임과 마찬가지로 퀘스트의 연쇄 구조를 확인할 수 있는데, '쿠키' 획득 과정을 통해 살펴보겠다. '히어로맛 쿠키'를 획득하기 위해서 사용자는 150명의 친구 초대란 목표를 달성해야 하며, 또한 '치어리더맛 쿠키'를 획득하기 위해서 최고

레벨의 펫을 12개 보유해야 한다. 그리고 '특전사맛 쿠키'는 최고레벨인 쿠키를 10개 보유해야만 획득이 가능하다. '요정맛 쿠키' 획득 과정을 통해 〈쿠키런〉의 구조를 살펴보겠다. 우선 '요정맛 쿠키' 획득을 위한 조건은 '+9강화 보물'을 5개 보유하는 것이다(Q). 이를 위해 우선 '보물'이 5개 필요(Q1)하며, 다시 '보물' 5개를 획득하기 위해서는 최대치로 성장한 '쿠키'5개가 필요하다(Q1.1). 쿠키 5개를 최대치로 성장시키기 위해서는 반복해서 게임을 플레이해야 한다(q). 현금을 결제하여 게임 속 자원을 획득하는 방법과 크리스탈을 이용한 방법을 제외한 방법으로 '요정맛 쿠키' 획득 과정을 살펴보면 〈표 9〉와 같다.

〈표 9〉 〈쿠키런〉 퀘스트 연쇄 구조

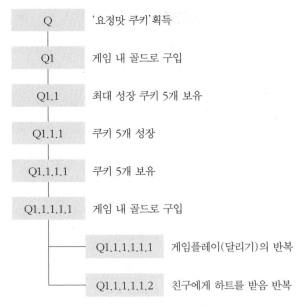

Q	'요정맛 쿠키' 획득
Q1	게임 내 골드로 구입
Q1.1	최대 성장 쿠키 5개 보유
Q1.1.1	쿠키 5개 성장
Q1.1.1.1	쿠키 5개 보유
Q1.1.1.1.1	게임 내 골드로 구입
Q1.1.1.1.1.1	게임플레이(달리기)의 반복
Q1.1.1.1.1.2	친구에게 하트를 받음 반복

〈표 9〉의 구조는 앞서 살핀 콘솔의 〈철권 4〉에서 모든 캐릭터를 선택이란 목표 달성 과정과 유사하다. 또한 〈쿠키런〉은 사용자가 설정한 목표에 따라 플레이 방식의 변화가 발생하는데, 〈쿠키런〉의 사용자는 플레이 지속을 통해 '쿠키', '펫', 그리고 '보물'을 획득할 수 있다. 쿠키가 총 22개의 계열체를 갖고 있는 것과 마찬가지로, 펫과 보물 역시 수많은 계열체로 되어 있으며, 때문에 사용자는 스스로 설정한 목표 달성에 최적화된 방식으로 계열체를 조합한다. 이때 〈쿠키런〉의 플레이 방식과 계열체의 조합은 무한대에 가깝게 되며, 이는 MMORPG의 구조와 유사한 것으로 볼 수 있다.

SNG의 상호작용은 앞서 언급한 것과 같이 개방적 상호작용과 순차적 퀘스트 수행, 그리고 캐릭터의 성장을 특징으로 하며, 이는 콘솔의 롤플레잉게임과 동일하다. 온라인을 통해 사용자들 간의 상호작용이 발생한다는 점에서 SNG는 MMORPG와 유사하다. MMORPG와 SNG는 게임 공간과 상호작용 공간의 분리에서만 차이가 드러날 뿐이다.[39]

〈쿠키런〉은 달리기 형식의 게임플레이 공간과 그 공간에서 획득한 점수를 통해 다른 사용자들과 경쟁하는 공간이 구분되어 있다. 때문에 사용자가 조작하는 대상을 두 가지로 볼 수 있는데, 하나는 달리기 형식의 게임 공간의 캐릭터이며, 또 하나는 다른 사용자와 경쟁하는 공간의 사용자 자신의 닉네임인 것이다. 〈철권 4〉의 특정 캐릭터가 사용자

---

[39] MMORPG는 사용자–NPC, 사용자–사용자 등의 다양한 상호작용이 모두 오픈월드란 동일 공간에서 발생한다. 이와 달리 SNG는 사용자와 NPC의 상호작용(U-N)이 발생하는 공간과 사용자들 간 상호작용(U-U)이 발생하는 공간이 분리되어 있다. 때문에 SNG를 '간단한 게임'으로 보는 시각은 사용자–NPC의 공간만을 '게임'으로 보는 것에서 비롯된다. 사용자–NPC의 공간 재진입은 결국 사용자–사용자의 경쟁에서 승리를 위한 수단일 뿐이며, 때문에 사용자–사용자 공간 역시 게임으로 보아야한다. 이 같은 관점에서 SNG는 '간단한 게임'일 수 없게 된다.

의 아바타가 아닌 것과 마찬가지로 〈쿠키런〉의 쿠키(User-NPC)는 다른 사용자와의 경쟁(User-User)에서 승리하기 위한 수단일 뿐이다. 이 같은 성격은 콘솔플랫폼의 〈철권 4〉의 롤플레잉게임 구조와 동일한 것이라 할 수 있다. 이런 관점에서 SNG의 아바타는 게임텍스트 그 자체이며, 사용자는 자신의 변화된 텍스트를 통해 다른 사용자들과 상호작용한다. 이는 MMORPG에서 사용자가 자신의 아바타를 통해 다른 사용자의 아바타와 상호작용하는 것과 동일한 것으로 볼 수 있다.

SNG는 경험치와 아이템 획득의 공간(사용자-NPC)에서 아케이드게임(조작능력)의 특성이 발견되며, 아바타화 된 게임텍스트의 성장이란 측면에서 롤플레잉게임과 유사하다. 또한 사용자들 간 상호작용에 의해 플레이가 지속된다는 점에서 아케이드의 성격과 그 상호작용이 온라인을 바탕으로 한다는 점에서 온라인PC게임과 유사하다. 이 같이 다양한 패턴의 다양화 방식을 갖고 있는 SNG 바탕에는 퀘스트의 연쇄와 성장의 누적이란 롤플레잉게임의 구조가 있으며, 온라인을 통해 사용자들 간 상호작용이 끝없이 발생한다는 점에서 MMORPG의 구조와 유사한 것이다.

율이 말한 하드코어한 플레이 방식은 결국 사용자의 플레이 지속을 의미하며, 플레이지속은 게임 내 다양한 패턴이 존재할 때 가능하다. 때문에 SNG 사용자가 하드코어한 방식으로 게임을 플레이한다는 것은 게임텍스트가 다양한 패턴을 갖고 있다는 것이다. SNG는 앞서 살핀 것과 같이 롤플레잉게임과 아케이드게임, 그리고 PC온라인게임의 모든 특성을 갖고 있는데, 이는 현재 가장 개별화된 플랫폼인 스마트폰이 기존 플랫폼의 특성을 모두 갖고 있기 때문으로 볼 수 있을 것이다.

5. 결론

본고는 디지털게임을 서사의 연장으로 보아 매체에 따른 서사구조의 변화 관점에서 게임플랫폼과 게임텍스트의 관계를 살피고자 하였으며, 이를 위하여 아케이드게임과 롤플레잉게임의 특성을 살펴보았다. 아케이드게임은 다른 사용자와의 상호작용을 통해 플레이의 지속을 가능하게 했으며, 롤플레잉게임은 캐릭터 성장의 누적과 성장에 따른 공간의 이동, 그리고 공간 이동에 따른 스토리 결말 경험을 패턴의 다양화 방식으로 삼고 있었다. 아케이드게임의 플랫폼은 언제나 잠재적 사용자가 존재하는 개방적 공간을 특성으로 하며, 롤플레잉게임이 플레이되는 플랫폼은 폐쇄적 공간에 위치한다는 특성을 갖고 있었다. 때문에 각 플랫폼에서 발생하는 상호작용의 양상 역시 다름을 알 수 있었는데, 개방적 공간에 위치한 플랫폼은 폐쇄적 상호작용이, 폐쇄적 공간에 위치한 플랫폼은 개방적 상호작용이 가능함을 확인하였다. 이를 통해 게임텍스트와 플랫폼이 밀접하게 관계 맺고 있음을 알 수 있었는데, 〈철권 4〉의 플랫폼에 변화에 따른 게임텍스트 구조의 변화 양상을 통해 이를 확인할 수 있었다. 또한 가장 개인화된 매체인 스마트폰에서 플레이되는 SNG의 구조가 MMORPG와 유사함을 살펴보았는데, 이는 아케이드게임과 롤플레잉게임의 패턴화 다양화 방식을 모두 갖고 있기 때문이며, 스마트인 것으로 파악할 수 있었다.

앞서 확인한 것과 같이 게임텍스트는 플랫폼과 밀접한 관계를 맺고 있으며, 나아가 게임텍스트의 구조는 플랫폼에 의해 결정되는 것으로 볼 수 있다. 스마트폰의 등장 초기 수많은 게임텍스트가 등장하였으며,

그중 몇몇은 과거 성공한 게임을 이식한 형태였다. 하지만 이식된 게임은 본래 플레이되던 플랫폼에서처럼 사용자에게 지속적으로 플레이되지 않았다. 이 같은 실패 사례는 플랫폼과 게임텍스트 관계에 대한 이해가 미비했기 때문으로 볼 수 있을 것이다. 현재 다양한 플랫폼에서 게임이 플레이되고 있으며, 새로운 플랫폼의 등장 역시 계속될 것이다. 증강현실이나 VR과 같은 새로운 플랫폼의 등장은 스마트폰 초기와 마찬가지로 기존 게임의 이식 과정을 거칠 것이다. 하지만 플랫폼은 자신에게 최적화된 방식으로 게임텍스트의 구조를 결정한다. 때문에 새로운 게임텍스트가 사용자들에게 플레이되기 위해선 그것이 플레이될 플랫폼의 이해가 선행되어야만 한다. 동일 게임텍스트가 플랫폼만 달리할 때, 플랫폼에 따라 사용자의 플레이 정도에서 차이가 발생할 수밖에 없다. 콘솔의 〈디아블로〉는 PC에서만큼 활발히 플레이되지 않는 것이다. 디지털게임은 디지털미디어란 매체적 특성에 의해 다른 텍스트와 구분되며, 게임플랫폼에 따라 게임텍스트의 구조는 변할 수밖에 없음을 확인하였다. 때문에 게임을 대상으로 한 연구는 게임텍스트뿐 아니라 그것이 플레이되는 플랫폼까지 확대되어야 할 것이다.

‖ 참고문헌 ‖

[논문 및 단행본]

권영민, 『문학의 이해』, 민음사, 2009.

길태숙, 「행위서사로서의 게임스토리텔링의 본질」, 『한국게임학회 논문집』 제11권 제3호, 한국
게임학회, 2011.

김동섭, 「스마트폰을 활용한 미디어 공간의 개인화에 관한 연구-애플 아이폰의 영향력을 중심
으로」, 『한국공간디자인학회 논문집』, 제5권 제2호, 한국공간디자인학회, 2008.

김봉섭, 「디지털기기 의존증의 기능성에 대한 탐색적 연구-미디어 측면에서의 접근」, 『KADO이
슈리포트』 통권30호, 한국정보문화진흥원, 2006.

김소연, 「SNG의 특성과 사회적 지지에 대한 탐색적 연구」, 서강대 석사논문, 2010.

김용영·김미혜, 「상호작용성 정도에 따른 게임 장르 유형의 탐색적 연구」, 『게임기획 및 디자
인』 제10권 제5호, 한국게임학회, 2010.

김정우·최민규, 「소셜네트워크게임 확장성에 따른 서비스 개선 방안 연구」, 『조형미디어학』
Vol15, 한국일러스트아트학회, 2012.

류미영, 「소셜 네트워크 게임의 사회문화적 기능과 가치에 관한 연구」, 한양대 석사논문, 2012.

박 진, 『서사학과 텍스트 이론』, 랜덤하우스중앙, 2005.

송 봉, 「스마트폰 게임 특성이 몰입, 이용자의 만족도와 충성도에 미치는 영향」, 공주대 석사논
문, 2013.

안현수, 「게임 플랫폼에 따른 이용 동기가 게임 중독에 미치는 영향」, 이화여대 석사논문, 2013.

양기민, 『게임과 문화연구』, 커뮤니케이션북스, 2008.

우 란, 「스마트폰 게임 이용 증가와 캐주얼 게임 확산에 따른 게임 이용 행태 변화에 대한 연구」,
서울대 석사논문, 2012.

이재홍, 『게임 스토리텔링』, 생각의 나무, 2011.

최민규, 「소셜 네트워크게임의 지속적 사용의도에 영향을 미치는 요인 분석」, 호서대 석사논문,
2012.

최유찬, 『컴퓨터 게임의 이해』, 문학과학사, 2002.

한혜원, 「한국 온라인 게임의 영웅서사 연구」, 『기호학연구』 제22집, 한국기호학회, 2007.

_____, 『디지털 게임 스토리텔링-게임 은하계의 뉴 패러다임』, 살림, 2005.

한혜원, 윤혜영, 「콘솔 게임용 조작도구와 게임 콘텐츠 구성의 상관관계 연구」, 『한국게임학회
지』 제11권 제4호, 한국게임학회, 2011.

한혜원, 조성희, 「구조주의 서사이론에 기반한 MMORPG 퀘스트 분석-〈월드 오브 워크래프
트〉를 중심으로」, 『한국콘텐츠학회논문집』 Vol.9, No.9, 한국콘텐츠학회, 2009.

허준석 외, 『한국의 디자인02 ─ 시각문화의 내밀한 연대기』, 디플, 2008.

H. 포터 애벗, 우찬제 외역, 『서사학 강의』, 문학과지성사, 2010.
S. 채트먼, 한용환 역, 『이야기와 담론』, 푸른사상, 2003.
라프코스터, 안소현 역, 『재미이론』, 디지털미디어리서치, 2005.
롤랑 바르트, 김희영 역, 『텍스트의 즐거움』, 동문선, 2002.
사르티에, 로제 · 굴리엘모 카발로, 이종삼 역, 『읽는다는 것의 역사』, 한국출판마케팅연구소,
    2006.
예스퍼 율, 이정엽 역, 『캐주얼 게임』, 커뮤니케이션북스, 2012.
월터 J. 옹, 이기우 · 임명진 역, 『구술문화와 문자문화』, 문예출판사, 1995.
제임스 뉴먼, 박근서 외 역, 『비디오 게임』, 커뮤니케이션북스, 2008.

초출

이 저서에 수록된 글들의 출처는 다음과 같음.

Ⅰ.1. 이지양, 「프로그램의 성격에 따른 TV 영상 자막의 분석」, 『성심어문논집』 27, 성심어문학회, 2005.

Ⅰ.2. 윤신원, 「대중매체 언어와 교육적 활용 방안 연구-광고 텍스트를 중심으로」, 『텍스트언어학』 38, 한국텍스트언어학회, 2015.

Ⅱ.1. 송성욱, 「고전소설과 TV 드라마-TV 드라마의 한국적 아이콘 창출을 위한 시론」, 『국어국문학』 137, 국어국문학회, 2004.

Ⅱ.2. 송성욱, 「조선시대 대하소설의 현재성-TV 드라마와의 비교를 통하여」, 『개신어문연구』 31, 2010.

Ⅱ.3. 송성욱, 「『구운몽』과의 현대적 소통-현대역 텍스트에 대한 분석을 중심으로」, 『한국고전연구』 23, 한국고전연구학회, 2011.

Ⅱ.4. 강미선, 「웹툰에 나타난 신화적 상상력-〈신과 함께〉를 중심으로」, 『디지털콘텐츠와 문화정책』 5, 가톨릭대 콘텐츠산업과 문화정책연구소, 2011.

Ⅲ.1. 정선희・이지양, 「매체적 관점에서 텍스트의 변환 양상 및 의의 고찰-〈오늘이〉 텍스트를 중심으로」, 『어린이문학교육연구』 16-3, 한국어린이문학교육학회, 2015.

Ⅲ.2. 이임정, 「각색영화 시청이 중학생 독자의 텍스트 이해에 미치는 영향-〈이상한 나라의 앨리스〉를 중심으로」, 『사고와표현 7-1』, 한국사고와표현학회, 2014.

Ⅲ.3. 손충근, 「플랫폼의 변화가 게임텍스트 구조에 미치는 영향」, 가톨릭대 석사학위논문, 2014.

Ⅳ.1. 정선희・이지양, 「그림책에서의 만화적 표현 연구-매체 변환의 관점을 중심으로」, 『어린이문학교육연구』 15-4, 한국어린이문학교육학회, 2014.

Ⅳ.2. 이윤영, 「윤태호 〈미생〉 서사구조 분석」, 가톨릭대 석사논문, 2015.

필자소개

이지양 가톨릭대학교 국어국문학전공 교수
서울대학교 국어국문학과 문학박사 (국어학 전공)
「TV 방송 자막의 기능과 우리말」, 『국어의 융합현상』 외 다수.

송성욱 가톨릭대학교 국어국문학전공 교수
서울대학교 국어국문학과 문학박사 (고전문학 전공)
「디지털 기술과 한국고전소설 연구」, 『조선시대 대하소설의 서사문법과 창작의식』 외 다수.

강미선 가톨릭대학교 국어국문학과 문학박사 (고전문학 전공)
「양문충의록 연구」, 「고전소설에 나타난 혼인 첫날밤 살인사건과 여성의식」 외 다수

윤신원 가톨릭대학교 국어국문학과 문학박사 (응용텍스트학 전공)
「매체 담화 특성에 따른 독서행위 비교 연구」, 「수사구조이론(RST)을 활용한 학습자의
의미구성 능력 진단 가능성 탐색」 외 다수

정선희 가톨릭대학교 국어국문학과 박사수료 (응용텍스트학 전공)
「초등학생과 중학생들의 읽기 동기 분석」

손충근 가톨릭대학교 국어국문학과 박사수료 (응용텍스트학 전공)
「플랫폼의 변화가 게임텍스트의 장르별 구조에 미치는 영향」

이임정 가톨릭대학교 국어국문학과 박사수료 (응용텍스트학 전공)
「각색영화시청이 중학생 독자의 독자반응과 이해에 미치는 영향」

이윤영 가톨릭대학교 국어국문학과 석사 (응용텍스트학 전공)
「윤태호 만화 연구-〈YAHOO〉, 〈이끼〉, 〈미생〉의 분석을 중심으로」

—